Es to izdarīju "Viņa ceļš"

Personīgā liecība, ko raksta

Elizabete Das

Latvian

© Autortiesības Elizabeth Das 2024

Visas tiesības uz "Es to izdarīju "Viņa ceļš"" audiogrāmatām, e-grāmatām un iespiestajiem izdevumiem ir aizsargātas. Jebkāda šīs grāmatas reproducēšana bez rakstiskas atļaujas ir stingri aizliegta, izņemot īsus citātus kritiskos rakstos un recenzijās. Tā kā internets nepārtraukti attīstās, šajā grāmatā minētās tīmekļa adreses vai saites var būt mainījušās kopš tās publicēšanas un tagad var būt nederīgas. Visas personas, kas attēlotas Think-stock krājuma attēlos, ir modeļi, un šie attēli tiek izmantoti tikai ilustrācijas nolūkos. Noteikti krājuma attēli ir © Think stock.

Fragments no Elizabeth DAS. "Es to izdarīju"Viņa ceļš"."

ISBN Grāmatiņas formāts
I did it His Way : Es to izdarīju "Viņa ceļš"
ISBN paperback:978-1-961625-59-4
ISBN Ebook:978-1-961625-60-0

Kongresa bibliotēkas kontroles numurs:
"Šī grāmata kristīgajā un reliģiskajā pasaulē ir novērtēta ar "A"."
Contact:nimmidas@gmail.com; nimmidas1952@gmail.com
YouTube kanāls "Daily Spiritual Diet Elizabeth Das
https://waytoheavenministry.org
1. youtube.com/@dailyspiritualdietelizabet7777/videos
2. youtube.com/@newtestamentkjv9666/videos
https://waytoheavenministry.org

Papildus citiem formātiem grāmatas "Es to izdarīju "Viņa ceļš"" ir pieejamas arī audiogrāmatās, papīra formātā un e-grāmatu platformās. Grāmatas ir pieejamas vairāk nekā 30 dažādās valodās.

Gada lasījums "Ikdienas garīgā diēta", ko sarakstījusi Elizabete Das, ir pieejams daudzās valodās. Tā ir pieejama gan e-grāmatas, gan papīra formātā.

FOREWARD

"Jo manas domas nav jūsu domas un jūsu ceļi nav mani ceļi, saka Tas Kungs. Jo, kā debesis ir augstākas par zemi, tā mani ceļi ir augstāki par jūsu ceļiem un manas domas - par jūsu domām.""
(Jesajas 55:8-9)

Šajā grāmatā apkopotas Elizabetes Dasas kundzes atmiņas un īsas liecības, kura ir veltījusi sevi evaņģelizācijas kalpošanai un Tā Kunga Vārda mācīšanai. Meklējot "Viņa ceļu" caur apņēmību un lūgšanas spēku, Das kundze jūs aizvedīs personīgā ceļojumā, iepazīstinot ar savu dzīves pārmaiņu pieredzi. Dzimusi un uzaugusi Indijā, Das kundze regulāri pielūdza ģimenes altāri. Viņa nebija apmierināta ar reliģiju, jo sirds viņai teica, ka Dievam ir jābūt kaut kam vairāk. Viņa bieži apmeklēja baznīcas un iestājās reliģiskajās organizācijās, taču nekad nebija pilnībā apmierināta.

Kādu dienu viņa devās meklēt patiesību tālajā zemē, tālu no savām dzimtajām mājām, Indijā. Viņas ceļojums sākas Ahmadabadā, Indijā, kur viņai radās dziļa vēlme atrast vienīgo patieso Dievu. Tā laika brīvdomu dēļ Amerikā un tālu no savas dzimtenes reliģiskās kultūras un tradīcijām Das kundze devās uz Ameriku ar mērķi atrast šī Dzīvā Dieva patiesību. Ne jau tāpēc, ka Dievu nevar atrast nekur citur kā tikai Amerikā, jo Dievs ir visur klātesošs un visvarens. Tomēr tieši turp Kungs aizveda Das kundzi, jo šajā grāmatā tiks izskaidrots ceļš uz viņas pestīšanu un viņas dziļo mīlestību pret savas dvēseles mīļāko.

"Lūdziet, un jums tiks dots; meklējiet, un jūs atradīsiet; klauvējiet, un jums tiks atvērts. Jo katrs, kas lūdz, saņem, un, kas meklē, atrod, un tam, kas klauvē, tiks atvērts."
(Mt.ev.7:7-8)

Das kundzi es personīgi pazīstu jau gandrīz 30 gadus, kad viņa pirmo reizi ienāca mazajā draudzē, kuru es apmeklēju Dienvidkalifornijā. Mīlestība pret savu dzimteni un Indijas tautu ir steidzami jūtama kalpošana Das kundzei, kurai ir dziļa vēlme iekarot dvēseles no visām kultūrām un izcelsmēm Kungam.

*"Taisno auglis ir dzīvības koks, un, kas iegūst dvēseles, ir gudrs.
(Salamana pamācības 11:30)*

Dasa aktīvi darbojas, izplatot Dieva Vārdu no sava mājas biroja Wylie, Teksasas štatā. Jūs varat apmeklēt viņas tīmekļa vietni waytoheavenministry.org, kur jūs varat saņemt Bībeles studijas, kas tulkotas no angļu valodas uz gudžarati valodu. Jūs varat arī atrast vietu, kur atrodas draudzes Indijā. Šo draudžu mācītājiem ir tāda pati mīlestība uz patiesību kā Das kundzei. Viņa sadarbojas ar apustuliskās ticības kalpotājiem Amerikas Savienotajās Valstīs un ārzemēs, lai iegūtu vieslektorus ikgadējām konferencēm, kas notiek Indijā. Dasas kundzes kalpošana un darbs Indijā ir labi pazīstams. Tā ietver apustuliskās Bībeles koledžas, bāreņu nama un dienas aprūpes centru izveidošanu Indijā. No Amerikas Das kundze ir palīdzējusi dibināt draudzes Indijā, kur daudzi ir iepazinuši Kungu Jēzu Kristu. Viņa ir liela ticības sieviete, noturīga un nelokāma lūgšanā. Šos sasniegumus viņa ir guvusi, esot pilnīgi atkarīga no Dieva un dzīvojot ar invaliditāti. Viņas niecīgais finansiālais atbalsts ir liecība viņas stiprajai gribai un apņēmībai, kas ir lielāka par viņas līdzekļiem. Das kundze ar pārliecību teiks" :Dievs mani vienmēr apgādā un rūpējas par mani." Jā, kaut kādā veidā Viņš to dara un bagātīgi pārsniedz viņas vajadzības!

Nodarbināta ar Tā Kunga darbu no rītausmas līdz vakaram, Das kundze vienmēr ir gatava lūgties kopā ar mani vai ikvienu, kam nepieciešama palīdzība. Dievs vienmēr ir atbilde. Viņa stāv starp šo plaisu, acumirklī dziļā lūgšanā, ar autoritāti un aizlūgšanu. Dievs rūpējas par Das kundzi, jo viņai ir mīlestība uz evaņģelizāciju. Viņa ieklausās Viņa balsī un neies pret "Viņa ceļiem". Paklausība ir lielāka par upuri, paklausība ar aizrautību izpatikt Dievam.

Šis ir šīs grāmatas rakstīšanas laiks. Dievs ir "Lielais stratēģis". Viņa ceļi ir perfekti un precīzi. Lietas un situācijas nenotiek pirms tām noteiktā laika. Lūdzieties par vadību, lai caur Svēto Garu sadzirdētu Dieva prātu un sajustu Viņa sirdi. Šī grāmata turpinās rakstīties to vīriešu un sieviešu dzīvēs, kurus Viņa ceļi ir ietekmējuši.

Rose Reyes,

PATEICĪBAS

Izsaku visdziļāko pateicību savai ģimenei un draugiem, īpaši mammai Esterei Dasai. Viņa ir vislabākais kristietes piemērs, kas man ir palīdzējusi turpināt kalpošanu un vienmēr mani atbalsta visos virzienos.

Es pateicos savai draudzenei Rozei par atbalstu un palīdzību šīs grāmatas tapšanā.

Vēlos pateikties arī savai lūgšanu partnerei māsai Venedai Ingai par to, ka viņa ir man pieejama visu laiku, bet visvairāk es pateicos viņai par viņas dedzīgajām lūgšanām.

Es pateicos Dievam par visiem, kas ir bijuši tik liels palīgs tulkošanā un rediģēšanā. Es pateicos Dievam par daudziem citiem, kas ziedoja savu laiku, lai palīdzētu man sagatavot šo grāmatu.

Satura rādītājs

Nodaļa Nr.   **Lapas Nr.**

1. NODAĻA 2
SĀKUMS: MEKLĒJOT PATIESĪBAS GARU. 2
2. NODAĻA 19
VARENAIS ĀRSTS 19
3. NODAĻA 31
DIEVA SPĒCĪGIE IEROČI "LŪGŠANA UN GAVĒŠANA" 31
4. NODAĻA 34
DIEVS LIELAIS STRATĒĢIS 34
5. NODAĻA 43
TICĪBAS IZTEIKŠANA 43
6. NODAĻA 45
DIEVA UN VIŅA KALPA DZIEDINOŠAIS SPĒKS 45
7. NODAĻA 50
NEDOT CEĻU VELNAM VAI VELNA LIETĀM 50
8. NODAĻA 54
SAPNIS UN VĪZIJA - "BRĪDINĀJUMS" 54
9. NODAĻA 57
VISU NAKTI NOTIEKOŠĀ LŪGŠANU SAPULCE 57
10. NODAĻA 60
PRAVIETISKAIS VĒSTĪJUMS 60
11. NODAĻA 64
TICĪBAS KUSTĪBA 64
12. NODAĻA 73
DĒMONU ATBRĪVOŠANA UN DIEVA DZIEDINOŠAIS SPĒKS 73
13. NODAĻA 75
ATZĪŠANĀS UN TĪRA SIRDSAPZIŅA 75

14. NODAĻA. ...77
PIE NĀVES ROBEŽAS ...77

15. NODAĻA ...81
MIERS DIEVA KLĀTBŪTNĒ ...81

16. NODAĻA. ...83
UPURĒTS DZĪVESVEIDS DZĪVĒ ...83

17. NODAĻA ...100
CEĻOJUMU MINISTRIJA: KALPOJOŠAIS CEĻOJUMU DIENESTS: AICINĀTS MĀCĪT UN IZPLATĪT EVAŅĢĒLIJU ...100

18. NODAĻA ...113
KALPOŠANA MUMBAJĀ, INDIJĀ "LIELAS TICĪBAS CILVĒKS" ...113

19. NODAĻA ...120
MINISTRIJA GUDŽARATAS ŠTATĀ! ...120

20. NODAĻA ...128
MŪSU DVĒSELES GANS: THE SOUND OF THE TRUMPET ...128

21. NODAĻA ...132
KALPOŠANA DARBĀ ...132

22. NODAĻA ...137
MĀCĪTIES VIŅA CEĻUS, PAKLAUSOT VIŅA BALSIJ ...137

23. NODAĻA ...142
PĀRVIETOŠANĀS UZ PLAŠSAZIŅAS LĪDZEKĻIEM ...142

24. NODAĻA ...145
PĒTĪJUMS, KAS PĒTA ...145

25. NODAĻA ...152
DZĪVES IZMAINĪŠANAS PERSONĪGĀS LIECĪBAS ...152
CILVĒKU LIECĪBAS ...154

II SADALA ...179

A. ...181
VALODAS, KO DIEVS IZMANTOJA ...181

B. ...184
KĀ DIEVS SAGLABĀJA SAVU VĀRDU? ...184

C. 191
BĪBELES TULKOJUMI MŪSDIENĀS: 191
D. 207
KJV VS MŪSDIENU BĪBELE: IZMAIŅAS, KAS IR PIEVIENOTAS VAI NOŅEMTAS. 207

Es to darīju "Viņa veidā"

TĀ KUNGA CEĻI

- *Dieva ceļš ir pilnīgs, Tā Kunga vārds ir pārbaudīts, Viņš ir plecs visiem, kas uz Viņu paļaujas. (Psalmi 18:30)*

- *Bet Viņš zina ceļu, pa kuru es eju, un, kad Viņš mani pārbaudīs, es iznākšu kā zelts. Mana kāja ir turējusies pie Viņa soļiem, Viņa ceļu es esmu turējis un neesmu atkāpies. Un es neesmu atkāpies no Viņa lūpu pavēles, Viņa mutes vārdus es vērtēju vairāk nekā savu vajadzīgo barību. (Ījaba 23:10-12).*

- *Gaidi uz To Kungu un turies Viņa ceļā, un Viņš tevi paaugstinās, lai tu mantotu zemi; kad bezdievīgie tiks iznīcināti, tu to redzēsi. (Psalmi 37:34)*

- *Tas Kungs ir taisns visos Savos ceļos un svēts visos Savos darbos. (Psalmu 145:17)*

- *Tas Kungs tevi nodibinās sev par svētu tautu, kā Viņš tev ir zvērējis, ja tu turēsi Tā Kunga, sava Dieva, baušļus un staigāsi pa Viņa ceļiem. (5. Mozus 28:9)*

- *Un daudzi ļaudis aizies un sacīs: "Nāciet, ejiet, un mēs kāpsim uz Tā Kunga kalnu, uz Jēkaba Dieva namu, un Viņš gribēs. mācīs mums Savus ceļus, un mēs staigāsim pa Viņa ceļiem, jo no Ciānas izies bauslība un Tā Kunga vārds no Jeruzalemes. (Jesajas 2:3)*

- *Klusos Viņš vadīs tiesā, un lēnprātīgos Viņš mācīs savā ceļā. (Psalmi 25:9)*

Atsauces uz grāmatām: Bībele, Karaļa Džeimsa versija

Elizabete Das

1. nodaļa

Sākums: Meklējot patiesības garu.

I 1980. gada jūnijā es ierados Amerikas Savienotajās Valstīs ar spēcīgu vēlmi atrast patiesību par Dievu, visu lietu Radītāju. Nebija tā, ka Indijā es nevarētu atrast Dievu, jo Dievs ir visur un piepilda visumu ar Savu klātbūtni un godību, bet man ar to bija par maz. Es vēlējos iepazīt Viņu personīgi, ja vien tas būtu iespējams.

"Un es dzirdēju kā lielu ļaužu pūļa balsi, kā daudzu ūdeņu balsi un kā spēcīgu pērkonu balsi: "Aleluja, jo Kungs Dievs, kas ir visvarenais, valda.""" (Atklāsmes 19:6).

Kad Dievs mani aizveda uz Amerikas Savienotajām Valstīm, es biju neparastā ceļojumā. Es domāju, ka tā ir vieta, kur es esmu izvēlējies doties, bet laiks pierādīja, ka es kļūdījos. Es sapratu, ka Dievam bija vairāk sakara ar šo lēmumu, nekā es sapratu. Tas bija "Viņa veids", kā mainīt manas domas un dzīvi.

Amerika ir valsts, kas piedāvā reliģiskās pārliecības brīvību, multikulturālu cilvēku apvienošanos, brīvību un aizsardzību tiem, kuri vēlas īstenot savas reliģiskās tiesības, nebaidoties no vajāšanas. Es sāku veikt lēcienus pāri nesakārtotajiem ūdeņiem šajā valstī, jo Dievs sāka mani vadīt. Bija tā, it kā Viņš būtu licis pakāpiena akmeņus, lai mani vadītu. Šie "akmeņi "bija tas, kas lika pamatus garam un vētrainam ceļojumam, kas noveda pie atklāsmes, no kuras vairs nebūs atpakaļceļa. Atlīdzība būtu tā vērta, ka būtu vērts dzīvot Viņa Ceļos, katrā pagriezienā un pārbaudījumā manai ticībai.

"Es tiecos uz mērķi, lai iegūtu augstā aicinājuma balvu Kristū Jēzū. Tāpēc, kas esat pilnīgi, esiet šādi noskaņoti; bet, ja jūs kaut kādā jautājumā esat citādi noskaņoti, tad Dievs jums atklās arī to. Tomēr, ko mēs jau esam sasnieguši, staigāsim pēc tā paša noteikuma, domāsim to pašu." (Filipiešiem 3:14-16)

Kad es ierados Kalifornijā, šajā laikā es neredzēju daudz austrumu indiāņu. Es pielāgojos dzīvei Amerikā un koncentrējos uz to, kāpēc esmu šeit. Es meklēju Bībeles Dzīvo Dievu, apustuļu Jāņa, Pētera un Pāvila un citu, kas nesa krustu un sekoja Jēzum, Dievu.

Es uzdrošinājos atrast Jaunās Derības Dievu, kurš saskaņā ar Bībeli, Dzīvā Dieva Vārdu, darīja daudzus brīnumainus brīnumus, zīmes un zīmes. Vai es varēju būt tik pārdrošs, lai pat domātu, ka Viņš mani patiešām pazīst? Dievam bija jābūt kaut kam vairāk. Es sāku apmeklēt daudzas dažādu konfesiju baznīcas Losandželosas apgabalā, metropolē, kas atrodas Dienvidkalifornijā. Vēlāk es pārcēlos uz pilsētu uz austrumiem no Losandželosas, kas saucās Rietumkovina, un sāku apmeklēt baznīcas arī šajā rajonā. Es nāku no ļoti reliģiozas valsts, kurā, iespējams, ir vairāk dievību nekā jebkurā citā pasaules valstī. Es vienmēr ticēju vienam Dievam, Radītājam. Mana sirds vēlējās Viņu iepazīt personīgi. Es domāju, ka Viņš noteikti eksistē un Viņš mani atradīs, jo es dedzīgi vēlējos Viņu iepazīt personīgi. Es neatlaidīgi meklēju un nemitīgi lasīju Bībeli, bet kaut kā vienmēr pietrūka. 1981. gada augustā es saņēmu darbu Amerikas Savienoto Valstu pasta nodaļā, kur es sāku uzdot saviem kolēģiem jautājumus par Dievu. Es arī sāku klausīties kristīgo radio, kur dzirdēju, kā dažādi sludinātāji diskutē par Bībeles tēmām, bet nekad nespēj vienoties pat savā starpā.

Es nodomāju, ka tas noteikti nevar būt Dievs, kas rada neskaidrības? Uz šo reliģisko jautājumu bija jābūt patiesai atbildei. Es zināju, ka man jāmeklē Svētie Raksti un jāturpina lūgt. Arī daudzi kristīgie kolēģi mani uzrunāja un dalījās ar savām liecībām. Es biju pārsteigts, ka viņi tik daudz zināja par To Kungu. Toreiz es vēl nezināju, ka Dievs man jau bija noteicis laiku, kad man jāsaņem Viņa brīnišķīgās patiesības atklāsme.

Mans brālis bija nomocīts ar dēmonu apsēstību, un viņam bija nepieciešams brīnums. Es biju spiests meklēt Bībelei ticīgus kristiešus, kuri tic brīnumiem un atbrīvošanai no šiem dēmoniskajiem spēkiem. Bez žēlastības šie dēmoniskie gari mocīja mana brāļaprātu. Mana ģimene bija ārkārtīgi noraizējusies par viņu, un mums nebija citas iespējas, kā vien aizvest viņu pie psihiatra. Es zināju, ka tas bija velna prieks mocīt un iznīcināt manu brāli. Tā bija Bībelē aprakstītā garīgā cīņa. Mēs izmisumā aizvedām brāli pie psihiatra. Pēc viņa novērtējuma viņa mums jautāja, vai mēs ticam Jēzum. Mēs atbildējām, ka jā, ka ticam, tad viņa sāka pierakstīt divu baznīcu adreses ar to tālruņu numuriem un iedeva man. Atgriezies mājās, es abus papīrus ar šo informāciju noliku uz skapja ar nodomu piezvanīt abiem mācītājiem. Es lūdzos, lai Dievs mani aizved pie pareizās baznīcas un pareizā mācītāja. Es dzirdēju par dažām ļoti negatīvām lietām attiecībā uz baznīcām Amerikā, tāpēc tas mani padarīja ļoti piesardzīgu. Tas Kungs izmanto praviešus, skolotājus un sludinātājus, lai vestu tos, kas Viņu mīl, pie visas patiesības. Tas Kungs kļuva par manu lukturi un gaismu, kas izgaismoja manu tumsu. Dievs noteikti izvedīs arī manu brāli no tumsas. Es patiesi ticēju, ka Dievs mani atradīs tajā, kas šķita kā bezgalīga tumsas jūra; jo šis bija ļoti tumšs un grūts laiks manai ģimenei.

"Tavs vārds ir gaismeklis manām kājām un gaisma manam ceļam."
(Psalmi 119:105)

Es to darīju "Viņa veidā"

"Lūgšana un gavēnis."

Abas adreses novietoju uz kumodes. Es piezvanīju abiem mācītājiem un sazinājos ar viņiem abiem. Vienlaikus es lūdzos par Tā Kunga norādījumu mācītājam, ar kuru es varētu turpināt sarunu. Šajā laikā es sapratu, ka viens numurs no kumodes pazudis. Es to rūpīgi meklēju, bet nevarēju atrast. Tagad man bija pieejams tikai viens numurs. Es piezvanīju uz šo numuru un runāju ar draudzes mācītāju, kas atradās Kalifornijā, tikai 10 minūšu brauciena attālumā no manām mājām. Es aizvedu savu brāli uz šo baznīcu, domādams, ka mans brālis šodien būs brīvs, taču tā nenotika. Tajā dienā mans brālis netika pilnībā atbrīvots. Tāpēc mācītājs mums piedāvāja Bībeles studijas. Mēs pieņēmām viņa piedāvājumu un arī sākām apmeklēt viņa draudzi bez nodoma kļūt par draudzes locekļiem, bet tikai apmeklētājiem. Es nezināju, ka tas būs pagrieziena punkts manā dzīvē. Tajā laikā es biju pret Vasarsvētku ticību un to, ka viņi runā mēlēs.

Baznīcas svētie bija ļoti sirsnīgi savos uzskatos. Viņi brīvi pielūdza un paklausīja mācītājam, kad viņš aicināja gavēt, jo garīgie spēki, kas kontrolēja manu brāli, varēja izkļūt, kā teikts Dieva Vārdā, tikai "ar lūgšanu un gavēni". Reiz Jēzus mācekļi nespēja izdzīt dēmonu. Jēzus viņiem teica, ka tas ir viņu neticības dēļ, un sacīja, ka viņiem nekas nebūs neiespējams.

"Bet tas neiziet ārā citādi kā vien ar lūgšanu un gavēni."
(Mt.ev.17:21)

Vairākkārt mēs visi gavējām pa dažām dienām, un es redzēju, ka manam brālim kļūst daudz labāk. Mēs turpinājām Bībeles studijas manās mājās ar mācītāju, saprotot visu, ko viņš mums mācīja, tomēr, kad viņš sāka skaidrot Kristību ūdenī, mani satrauca viņa skaidrojums. Es nekad nebiju dzirdējis par kristīšanu Jēzus vārdā, lai gan viņš mums skaidri parādīja Rakstus. Tas tur bija rakstīts, bet es to neredzēju. Varbūt mana izpratne bija apžilbusi.

Kad mācītājs aizgāja, es vērsos pie sava brāļa, sakot" :Vai esi pamanījis, ka visi sludinātāji, izmantojot vienu un to pašu Bībeli, nāk ar dažādām idejām? Es tiešām vairs neticu tam, ko šie sludinātāji saka." Mans brālis pagriezās pret mani, sakot" :Viņam ir taisnība!" Es ļoti sadusmojos uz savu brāli un jautāju viņam: "Tātad tu ticēsi šī mācītāja mācībai? Es tam neticu." Viņš atkal paskatījās uz mani un sacīja" :Viņš saka patiesību." Un es teicu: "Viņš saka patiesību." Brālis teica: "Viņš saka patiesību. Es atkal atbildēju" :Jūs ticat visiem sludinātājiem, bet ne man!" Mans brālis atkal uzstāja: "Viņam ir taisnība." Šoreiz es redzēju, ka mana brāļaseja ir ļoti nopietna. Vēlāk es paņēmu Bībeli un sāku studēt Apustuļu darbu grāmatu, kur bija aprakstīta agrīnās baznīcas vēsture. Es studēju un studēju; es joprojām nevarēju saprast, kāpēc, Dievs bija Savā Ceļā. Vai jūs ticat, ka Dievs ar katru cilvēku rīkojas atšķirīgi? Lūk, es meklēju Dievu visos avotos un plašsaziņas līdzekļos. Šajā laikā es dzirdēju, ka Dievs runā uz manu sirdi: "Tev ir jākristās." Es dzirdēju, ka Dievs runā uz manu sirdi. Es sadzirdēju Viņa pavēli un paslēpu šos vārdus savā sirdī, nevienam citam nezinot.

Pienāca diena, kad mācītājs pienāca pie manis un uzdeva man jautājumu: "Tātad, vai esi gatavs kristīties?" Es pārsteigti paskatījos uz viņu, jo nekad agrāk neviens man nebija uzdevis šādu jautājumu. Viņš man teica, ka Kungs Jēzus ir runājis ar viņu par manu kristīšanu, tāpēc es atbildēju: "jā". Es biju pārsteigts, ka Dievs par šo jautājumu runāja ar mācītāju. Es aizgāju no baznīcas ar domu: "Ceru, ka Dievs šim mācītājam nesaka visu, jo mūsu domas ne vienmēr ir pareizas vai pat piemērotas." Es biju ļoti priecīgs, ka Dievs man teica: "Es tā daru.

Kristība grēku piedošanai.

Pienāca mana kristību diena. Es lūdzu mācītāju, lai viņš mani kristītu Tēva, Dēla un Svētā Gara vārdā. Mācītājs man atbildēja: "Jā, tas ir Jēzus vārds." Un es atbildēju: "Jā, tas ir Jēzus vārds." Es biju noraizējies un satraucies; es domāju, ka šis cilvēks mani aizsūtīs uz elli, ja viņš mani nekristīs Tēva, Dēla un Svētā Gara vārdā. Tāpēc es vēlreiz atkārtoju viņam, lai viņš, lūdzu, pārliecinās, ka viņš piesauc Tēva, Dēla un Svētā Gara vārdā, bet mācītājs arī turpināja atkārtot. "Jā, Viņa vārds

Es to darīju "Viņa veidā"

ir Jēzus." Es sāku domāt, ka šis mācītājs tiešām nesaprata, ko es domāju. Tā kā Dievs man bija runājis par kristīšanos, es nevarēju Viņam nepaklausīt. Toreiz es to nesapratu, bet es paklausīju Dievam, nebūdams pilnībā atklājis Viņa vārdu, kā arī pilnībā nesapratu, ka Pestīšana nav nevienā citā vārdā, kā vien Jēzus vārdā.

"Un nevienā citā nav pestīšanas, jo nav cita vārda zem debess, kas dots cilvēkiem, kurā mums tapt pestītiem."" *(Apustuļu darbi 4:12).*

*Jūs esat mani liecinieki, saka Tas Kungs, un mans **kalps**, ko es esmu izredzējis, lai jūs zinātu un ticētu man un saprastu, ka es esmu Viņš: pirms manis nebija Dieva un pēc manis nebūs. Es, es esmu Tas Kungs, un bez manis **nav glābēja**." (Jesajas 43:10-11)*

*Pirms, pēc un mūžīgi ir bijis, ir un būs tikai viens Dievs un Glābējs. Šeit cilvēks būs kā kalpa lomā, Jehovas Dievs saka, ka **Es esmu Viņš**.*

Kas, būdams Dieva veidā, neuzskatīja par laupīšanu būt vienādam ar Dievs: Bet Viņš pats sevi padarīja necienīgu, pieņēma kalpa veidu un kļuva līdzīgs cilvēkiem: Un, būdams cilvēka veidolā, Viņš pazemojās un kļuva paklausīgs līdz nāvei, līdz krusta nāvei. (Filipiešiem 2:6-8)

Jēzus bija Dievs cilvēka miesā.

Un bez strīdiem liels ir dievbijības noslēpums: **Dievs parādījās miesā***, (1.Tim.3:16).*

Kāpēc šis Dievs, kas bija gars, nāca miesā? Kā jūs zināt, garam nav miesas un asiņu. Ja Viņam būtu nepieciešams izliet asinis, tad Viņam būtu nepieciešams cilvēka ķermenis.

Bībele saka:

*Tāpēc rūpējieties par sevi un par visu ganāmpulku, pār kuru Svētais Gars jūs ir iecēlis par pārraugiem, lai jūs barotu **Dieva draudzi, ko Viņš ir ieguvis ar savām asinīm**. (Apustuļu darbi 20:28)*

Lielākā daļa baznīcu nemāca par Dieva vienotību un Jēzus vārda spēku. Dievs, Gars miesā kā cilvēks Jēzus Kristus, deva lielo uzdevumu Saviem mācekļiem:

*Tāpēc ejiet un māciet visas tautas, kristīdami tās **vārdā** (vienskaitlī) no Tēva un Dēla, un Svētā Gara." (Mt.ev.28:19)*

Mācekļi skaidri zināja, ko Jēzus domāja, jo viņi izgāja kristīt Viņa vārdā, kā rakstīts Rakstos. Mani pārsteidza tas, ka viņi katru reizi, kad kristīja, izrunāja "**Jēzus** vārdā". Svētie Raksti to apstiprina Apustuļu darbu grāmatā.

Tajā dienā es tiku kristīts ūdenī, pilnībā iegremdēts Jēzus vārdā, un es iznācu no ūdens, jūtoties tik viegls, it kā es varētu staigāt pa ūdeni. Grēka smagais kalns bija noņemts. Es nezināju, ka šo smagumu nēsāju uz sevis. Kāda brīnišķīga pieredze! Es pirmo reizi savā dzīvē sapratu, ka biju sevi dēvējis par "kristieti ar maziem grēkiem", jo nekad nejutu, ka esmu liels grēcinieks. Neatkarīgi no tā, kam es ticēju, grēks joprojām bija grēks. Es darīju un domāju grēku. Es vairs neticēju tikai Dieva eksistencei, bet piedzīvoju prieku un īstu kristietību, piedaloties tajā, ko teica Dieva vārds.

Es atkal atgriezos pie Bībeles un sāku meklēt to pašu Rakstu vietu. Ziniet ko? Viņš atvēra manu izpratni, un es pirmo reizi skaidri ieraudzīju, ka Kristība ir tikai Jēzus Vārdā.

Tad Viņš atvēra viņu sapratni, lai viņi saprastu Rakstus (Lk.ev.24:45).

Es sāku tik skaidri saskatīt Rakstus un domāju, cik viltīgs ir sātans, lai vienkārši iznīcinātu Visaugstākā Dieva plānu, kurš nāca miesā, lai izlietu asinis. Asinis ir apslēptas zem **Jēzus** vārda. Es uzreiz sapratu, ka sātana uzbrukums bija vērsts pret Vārdu.

*"Atgriezieties no grēkiem un ikviens no jums lai top kristīts **<u>Jēzus Kristus vārdā</u>** grēku piedošanai, un jūs saņemsiet Svētā Gara dāvanu." (Apustuļu darbi 2:38).*

Es to darīju "Viņa veidā"

Šos vārdus apustulis Pēteris teica Vasarsvētku dienā, kad sākās agrīnā Jaunās Derības baznīca. Pēc kristībām es saņēmu Svētā Gara dāvanu viena sava drauga draudzē Losandželosā.

Tas izpaudās kā mana runāšana nezināmā valodā vai valodās un saskaņā ar Rakstiem par Svētā Gara kristību:

*"Kamēr Pēteris vēl runāja šos vārdus, Svētais Gars nolaidās pār visiem, kas to dzirdēja. Un tie no apgraizītajiem, kas ticēja, bija pārsteigti, tāpat kā tie, kas bija nākuši kopā ar Pēteri, jo arī uz pagāniem tika izlieta Svētā Gara dāvana. Jo tie dzirdēja tos **runājam mēlēs** un slavējam Dievu." (Apustuļu darbi 10: 44-46).*

Es skaidri sapratu, ka vīrieši bija izmainījuši kristību ceremoniju. Tāpēc mums šodien ir tik daudz reliģiju. Šie pirmie ticīgie tika kristīti saskaņā ar vēlāk uzrakstītajiem Svētajiem Rakstiem. Pēteris to sludināja, un apustuļi to veica!

*"Vai kāds var aizliegt ūdeni, lai netiktu kristīti tie, kas ir saņēmuši Svēto Garu tāpat kā mēs? Un Viņš pavēlēja viņiem **kristīties Kunga vārdā**. Tad tie lūdza Viņu, lai Viņš uzkavējas dažas dienas."*
(Apustuļu darbi 10:47-48).

Atkal pierādījums par Kristību Jēzus vārdā.

*Bet, kad viņi noticēja Filipam, kas sludināja par Dieva valstību **un Jēzus Kristus vārdu, viņi kristījās, gan vīrieši, gan sievietes**(Jo viņš vēl nebija uzkāpis nevienam no viņiem, **tikai viņi tika kristīti Kunga Jēzus vārdā**)(Ap.d.8:12,16).*

Apustuļu darbi 19

Un notika, ka Apollam atrodoties Korintā, Pāvils, šķērsojis augšējos krastus, ieradās Efezā, un, atradis dažus cilvēkus. Viņš sacīja viņiem: Vai jūs esat saņēmuši Svēto Garu, kopš esat ticējuši? Un viņi sacīja

*Viņam: Mēs neesam ne dzirdējuši, vai ir Svētais Gars. Un Viņš tiem sacīja: Kam tad jūs esat kristīti? Un viņi sacīja: Jāņa kristībā. Tad Pāvils sacīja: Jānis patiesi kristīja ar grēku nožēlas kristību, sacīdams ļaudīm, lai tie ticētu uz To, kam jānāk pēc viņa, tas ir, uz Jēzu Kristu. To dzirdēdami, tie **kristījās Kunga Jēzus vārdā**. Un, kad Pāvils bija uzlicis uz tiem rokas, **Svētais Gars nāca pār tiem, un tie runāja mēlēs** un pravietoja. (Ap.d.19:1-6)*

*Apustuļu darbi 19 man ļoti palīdzēja, jo Bībelē ir teikts, ka ir **viena kristība**. (Efeziešiem 4:5)*

Mani kristīja Indijā, un šeit man jāsaka, ka mani apsmidzināja, nevis kristīja.

*Patieso mācību noteica **apustuļi un pravieši**. Jēzus nāca izliet asinis un rādīt piemēru. (1.Pēt.2:21)*

*Ap.d.2:42 Un viņi neatlaidīgi palika **apustuļu mācībā** unsadraudzībā, un maizes laušanā, un maizes laušanā.*

Efeziešiem-2:*20 Un tie ir **celti uz apustuļu un praviešu pamata**, bet pats Jēzus Kristus ir galvenais stūra akmens;*

Galatiešiem. 1:8, 9 Bet, ja mēs vai eņģelis no debesīm sludinātu jums citu evaņģēliju, kā to, ko mēs jums sludinām, lai tas ir nolādēts! Kā iepriekš sacījām, tā tagad atkal saku: ja kāds jums sludinātu citu evaņģēliju, nekā jūs esat saņēmuši, lai tas ir nolādēts!

(Tas ir dziļi; neviens nevar mainīt mācību, pat apustuļi, kas jau bija nostiprinājušies.)

Šie Rakstu panti atvēra man acis, un tagad es sapratu Mateja 28:19. Baznīca ir Jēzus līgava, un, kad mēs tiekam kristīti Jēzus vārdā, mēs uzņemamies Viņa vārdu. Salamana dziesma ir alegorija par baznīcu un līgavaini, kurā līgava ir pieņēmusi Viņa Vārdu.

Es to darīju "Viņa veidā"

Tavu labo ziedu smaržas dēļ **Tavs vārds ir kā** *izlietas ziedes, tāpēc jaunavas Tevi mīl (Solomana dziesma 1:3).*

Tagad man bija Bībelē aprakstītā kristība un tas pats Svētais Gars. Tas nebija kaut kas iedomāts, tas bija reāli! Es to varēju sajust un dzirdēt, un arī citi bija liecinieki jaunpiedzimšanas izpausmei. Vārdus, ko es izrunāju, es nezināju un nevarēju saprast. Tas bija satriecoši.

"Jo, kas runā **svešā valodā,** *tas nerunā ar cilvēkiem, bet ar Dievu, jo neviens cilvēks viņu nesaprot, lai gan garā viņš runā noslēpumus.""*
(I Korintiešiem 14:2)

"Jo, ja es lūdzos nezināmā valodā, mans gars lūdzas, bet mans **saprāts ir neauglīgs.**" *(I Korintiešiem 14:14)*

Mana mamma liecināja, ka kādu laiku pirms manas piedzimšanas kāds misionārs no Dienvidindijas kristīja viņu upē, un, izkāpjot no tās, viņa bija pilnīgi dziedināta. Nezinot, kā šis sludinātājs viņu kristīja, es interesējos, kā viņa tika dziedināta. Pēc daudziem gadiem mans tēvs man apstiprināja, ka šis mācītājs kristīja viņu Jēzus vārdā, kas ir Bībeles mācība.

Bībele saka:

"Kas piedod visus tavus pārkāpumus, kas dziedina visas tavas slimības." (Psalmu 103:3)

Pēc jaunpiedzimšanas es sāku vadīt Bībeles studijas saviem draugiem darbā un ģimenei. Mans brāļadēls saņēma Svētā Gara dāvanu. Mans brālis, brālēns un tante tika kristīti kopā ar daudziem manas ģimenes locekļiem. Es nezināju, ka šajā ceļojumā bija daudz vairāk nekā tikai vēlme tuvāk iepazīt Dievu. Es neapzinājos, ka šāda pieredze ir iespējama. Dievs mājo ticīgajā caur Garu.

Elizabete Das

Atklāsme un izpratne.

Es pievērsos Svēto Rakstu studijām un vairākkārtēju Bībeles lasīšanu, un Dievs turpināja atvērt manu izpratni.

> *"Tad Viņš atvēra viņu sapratni, lai viņi saprastu Rakstus."*
> *(Lūkas 24:45).*

Pēc Svētā Gara saņemšanas mana sapratne kļuva skaidrāka, jo es sāku mācīties un redzēt daudzas lietas, ko iepriekš nebiju redzējis.

> *"Bet Dievs **mums to atklāja caur savu Garu**, jo Gars visu izdzird, arī Dieva dziļumus.""* (1. Korintiešiem 2:10)

Es iemācījos, ka mums ir jāsaprot Viņa griba attiecībā uz mums, jābūt gudriem, lai dzīvotu saskaņā ar Viņa Vārdu, jāzina "**Viņa ceļi**" un jāpieņem, ka paklausība ir prasība, nevis izvēles iespēja.

Kādu dienu es jautāju Dievam" :Kā Tu mani izmanto?" Viņš man atbildēja: "Lūgšanā."

> *Tādēļ, brāļi, jo vairāk centieties, lai jūsu aicinājums un izredzētība būtu droša, jo, ja jūs to darīsiet, jūs nekad nekritīsiet:*
> *(2.Pēt.1:10)*

Es iemācījos, ka baznīcas apmeklēšana var radīt viltus drošības sajūtu. Reliģija nav pestīšana. Reliģija pati par sevi var tikai likt jums justies labi par savu paštaisnību. Svēto Rakstu zināšana pati par sevi nesniedz pestīšanu. Jums ir jāsaprot Svētie Raksti caur studijām, jāsaņem atklāsme caur lūgšanu un jāizjūt vēlme iepazīt patiesību. Arī velns zina Svētos Rakstus, un viņš ir nolemts mūžībai ugunī degošā ezerā. Neļaujieties vilku vilkiem aitu drēbēs, kuriem ir **dievbijības āriene**, bet kuri **noliedz Dieva spēku**, maldināt. Neviens man nekad nav teicis, ka man ir nepieciešams Svētais Gars ar pierādījumiem par runāšanu mēlēs, kā par to runā Bībele. Kad ticīgie saņem Svēto Garu, notiek kaut kas brīnumains. Mācekļi tika piepildīti ar Svēto Garu un uguni.

Es to darīju "Viņa veidā"

*Bet jūs saņemsiet **spēku**, kad Svētais Gars nāks pār jums, un jūs būsiet man liecinieki gan Jeruzalemē, gan visā Jūdejā, gan Samarijā, gan līdz zemes galam. (Ap.d.1:8)*

Viņi tik ļoti dedzīgi dedzināja evaņģēlija izplatīšanu, ka daudzi tā laika kristieši, tāpat kā daži kristieši vēl šodien, zaudēja savas dzīvības patiesības evaņģēlija dēļ. Es uzzināju, ka tā ir dziļa ticība un stabila mācība, atšķirībā no mācības, ko mūsdienās māca dažas baznīcās.

Pēc augšāmcelšanās Jēzus Savā Vārdā saka, ka tā būs zīme, ka cilvēks ir Viņa māceklis.

"....tie runās jaunās mēlēs." (Marka 16:17).

Valoda grieķu valodā ir glossa, angļu valodā - Supernatural gift of language given by God. Jums nav jāiet skolā, lai iemācītos šo runas veidu. Tāpēc ir teikts, ka tā ir **jauna valoda**.
Tā ir viena no pazīmēm, pēc kuras var atpazīt Visaugstākā Dieva mācekli.
Vai Dievs nav tik brīnišķīgs? Viņš lika Savus mācekļus atpazīt ļoti īpašā veidā.

Pielūgsmes spēks.

Es uzzināju par pielūgsmes spēku un to, ka pielūgsmes laikā var sajust Svētā klātbūtni. Kad 1980. gadā ierados Amerikā, es novēroju, ka austrumu indieši kautrējas brīvi pielūgt Dievu. Vecajā Derībā ķēniņš Dāvids dejoja, lēkāja, klaigāja un augstu pacēla rokas Tā Kunga priekšā. Dieva godība nāk tad, kad Dieva tauta pielūdz Dievu ar visaugstāko slavu un cildinājumu. Dieva tauta rada atmosfēru, lai Tā Kunga klātbūtne varētu mājot tās vidū. Mūsu pielūgsme sūta Tam Kungam smaržu, kurai Viņš nevar pretoties. Viņš nāks un dzīvos Savas tautas slavēšanā. Pēc lūgšanas veltiet laiku, lai vienkārši slavētu un pielūgtu Viņu no visas sirds, neprasot Viņam nekādas lietas vai labvēlības. Bībelē Viņš ir salīdzināts ar līgavaini, kas nāk pēc savas līgavas (baznīcas). Viņš meklē kaislīgu līgavu, kas nekaunētos Viņu pielūgt. Es iemācījos, ka mēs varam piedāvāt pielūgsmi, kas sasniegs troņa zāli, ja mēs atbrīvosimies no sava lepnuma. Paldies Dievam par sludinātājiem, kas sludina Vārdu un nekautrējas pateikt, cik ļoti svarīgs Dievam ir pielūgsmes darbs.

> *"Bet stunda nāk, un tagad ir, kad patiesie pielūdzēji ir Pielūdziet Tēvu garā un patiesībā, jo Tēvs meklē tādus, kas Viņu pielūdz."*
> *(Jņ.ev.4:23).*

Kad Dieva klātbūtne nolaižas pār Viņa bērniem, sāk notikt brīnumi: dziedināšana, atbrīvošana, mēles un tulkojumi, pravietošana, gara dāvanu izpausmes. Ak, cik daudz Dieva spēka mēs varam ietvert vienā dievkalpojumā, ja mēs visi kopā varam nākt, piedāvājot pielūgsmi, paaugstināšanu un visaugstāko slavu. Kad jums vairs nav vārdu, lai lūgtu, pielūdziet un nesiet slavas upuri! Velns ienīst, kad jūs pielūdzat viņa Radītāju, vienīgo patieso Dievu. Kad jūs jūtaties vientuļi vai jūs pārņem bailes, pielūdziet un savienojiet sevi ar Dievu!

Sākumā man bija ļoti grūti pielūgt un slavēt, bet vēlāk tas kļuva viegli. Es sāku dzirdēt Viņa balsi, kas mani uzrunāja. Viņš gribēja, lai es būtu paklausīgs Viņa Garam. Mana reliģiskā pagātne bija atturējusi mani no brīvas Dieva pielūgsmes. Drīz vien es guvu svētību Garā, nāca dziedināšana, un es tiku atbrīvots no lietām, kuras nebiju uzskatījis par grēku. Tas viss man bija jaunums; katru reizi, kad es sajutu Dieva klātbūtni savā dzīvē, es sāku iekšēji mainīties. Es pieaugu un piedzīvoju uz Kristu vērstu personīgu staigāšanu ar Dievu.

Patiesības gars.

Mīlestība pret patiesību ir būtiska, jo reliģija var būt maldinoša un sliktāka par alkohola vai narkotiku atkarību.

> *Dievs ir Gars, un tiem, kas Viņu pielūdz, jāpielūdz Viņu garā unpatiesībā." (Jņ.ev.4:24).*

Es to darīju "Viņa veidā"

Reliģijas verdzības ķēdes no manis nokrita, kad Svētais Gars mani atbrīvoja. Kad mēs runājam nezināmās mēlēs vai valodās Svētajā Garā, mūsu gars runā ar Dievu. Dieva mīlestība ir visaptveroša, un šī pieredze ir pārdabiska. Es nevarēju nedomāt par visiem tiem gadiem pirms tam, kad es saņēmu Bībeles mācību, kas bija pretrunā ar Dieva vārdu.

Manās attiecībās ar Dievu Viņš atklāja arvien vairāk patiesības, jo es pieaugu Viņa Vārdā un iepazinu **"Viņa ceļus"**. Tas bija kā zvirbulis, kas baro savus mazuļus ar mazām porcijām, tie ar katru dienu kļūst arvien spēcīgāki un pastāvīgāki, līdz ir iemācījušies pacelties debesīs. Meklējiet Patiesības Garu, un Viņš jūs vadīs, lai jūs uzzinātu visas lietas. Kādu dienu arī mēs pacelsimies debesīs kopā ar Kungu.

"Kad nāks patiesības Gars, Viņš jūs ievedīs visā patiesībā."
(Jāņa 16:13a)

Svētā vienreizēja svaidīšana:

Caur lielām bēdām, kas bija saistītas ar mana brāļastāvokli ar ļaunajiem gariem, mēs atklājām šo brīnišķīgo patiesību. Es pieņemu šo patiesību, un Svētais Gars deva man spēku pārvarēt šķēršļus, kas traucēja manai jaunajai dzīvei Jēzū Kristū, kas man deva svētu svēto svēto svētību darboties un kalpot, mācot cilvēkus. Es iemācījos, ka caur šo svēto svēto vienreizību Dievs pārvietojas caur garīgo dedzību un izpausmēm. Tā nāk no Svētā, kas ir pats Dievs, nevis no reliģiska rituāla vai formālas ordinācijas, kas dod cilvēkam šo privilēģiju.

Svaidīšana:

Es sāku sajust Dieva svaidījumu savā dzīvē un liecināju tiem, kas gribēja klausīties. Es atklāju, ka Dieva svaidījuma spēka dēļ kļūstu par Vārda skolotāju. Bija laiks Indijā, kad es gribēju nodarboties ar jurisprudenci, bet Kungs mani pārvērta par sava Vārda skolotāju.

"Bet svaidījums, ko jūs no Viņa esat saņēmuši, paliek jūsos, un jums nav vajadzīgs, lai kāds jūs mācītu, bet, kā tas pats svaidījums jūs

māca par visām lietām, un tas ir patiesība, un nav meli, un kā tas jūs ir mācījis, tā arī jūs Viņā palīdzēsiet."'' (1. Jāņa 2:27).

"Bet jums ir Svētā svaidījums, un jūs visu zināt."
(1.Jāņa 2:20)

Es darīju sevi pieejamu Dievam, un Viņš darīja visu pārējo caur savu svaidīšanas spēku. Kāds apbrīnojams Dievs! Viņš neatstās jūs bez spēka, lai darītu Viņa darbu. Es sāku vairāk lūgt, jo mans ķermenis kļuva vājš slimības un slimības dēļ, bet Dieva Gars manī ar katru dienu kļuva spēcīgāks, jo es ieguldīju laiku un pūles savā garīgajā ceļā, lūdzoties, gavējot un pastāvīgi lasot Viņa Vārdu.

Dzīves pārmaiņas:

Atskatoties uz brīdi atpakaļ, es ieraudzīju, no kurienes Dievs mani bija atvedis un kā mana dzīve bija tukša no Viņa ceļiem. Man bija miesīga daba bez spēka to mainīt. Man bija citi gari, bet ne Svētais Gars. Es uzzināju, ka lūgšana maina lietas, bet patiesais brīnums bija tas, ka arī es biju mainījies. Es vēlējos, lai mani ceļi būtu līdzīgāki **Viņa ceļiem**, tāpēc es gavēju, lai mainītu savu miesīgo dabu. Mana dzīve šajā ceļā bija ievērojami mainījusies, bet tas bija tikai sācies, jo mana kaislīgā vēlme pēc Dieva pieauga. Citi, kas mani labi pazina, varēja apliecināt, ka es biju mainījies.

Garīgā cīņa:

Es centos mācīt tikai patiesību, nevis reliģiju. Es mācīju, ka kristība Jēzus Kristus Vārdā un Dieva Svētā Gara (Svētā Gara) saņemšana ir nepieciešamība. Tas ir mierinātājs un jūsu spēks, lai pārvarētu šķēršļus un ļaunos spēkus, kas nāk pret ticīgajiem.

Esiet vienmēr gatavi cīnīties uz ceļiem par to, ko vēlaties no Dieva. Velns vēlas sagraut tevi un tavu ģimeni. Mēs esam karā ar tumsas spēkiem. Mums ir jācīnās par dvēseļu glābšanu; un jālūdz, lai grēcinieku sirdis aizskar Dievs, lai viņi varētu novērsties no spēkiem, kas valda pār viņiem.

"Jo mēs cīnāmies ne pret miesu un asinīm, bet pret valdībām, pret varām, pret šīs pasaules tumsības valdniekiem, pret garīgo ļaunumu augstumos."" (Efeziešiem 6:12)

Dzīva dvēsele.

Katram cilvēkam ir dzīva dvēsele; tā nav jūsu, tā pieder Dievam. Kādu dienu, kad mēs nomirsim, dvēsele atgriezīsies pie Dieva vai sātana. Cilvēks var nogalināt ķermeni, bet dvēseli var nogalināt tikai Dievs.

*"Redzi, visas dvēseles ir Manas; kā tēva dvēsele, tā arī dēla dvēsele ir Mana; kas grēko, tas **mirs**."* (Ecēhiēla 18:4)

"Un nebīstieties to, kas miesu nonāvē, bet dvēseli nespēj nonāvēt, bet drīzāk bīstieties Tā, kas var pazudināt gan dvēseli, gan miesu ellē."" (Mt.ev.10:28)

Mīlestības gars.

Viena dzīve Dievam nozīmē tik daudz, jo Viņš rūpējas un mīl katru no mums tik ļoti. Ticīgie, kuriem ir šis patiesības evaņģēlijs, ir atbildīgi par to, lai **mīlestības** Garā stāstītu citiem par Jēzus mīlestību.

*"Jaunu bausli es jums dodu, lai jūs cits **citu mīlētu**, kā es jūs esmu **mīlējis**, lai arī jūs cits **citu mīlētu**. No tā visi pazīs, ka jūs esat mani mācekļi, ja jūs **mīlēsiet** cits citu.""* (Jāņa 13:34-35)

Velns vērsīsies pret mums, kad mēs kļūsim viņam bīstami. Viņa uzdevums ir mūs atbaidīt, taču mums ir apsolījums par uzvaru pār viņu.

Bet paldies Dievam, kas mums dod uzvaru caur mūsu Kungu Jēzu Kristu." (1. Korintiešiem 15:57)

Vēlos uzsvērt, ka to, ko sātans bija iecerējis kā ļaunumu, Dievs pārvērta par svētību.

Bībele saka:

"Un mēs zinām, ka tiem, kas mīl Dievu, viss nāk par labu, tiem, kas ir aicināti pēc Viņa nodoma."" *(Romiešiem 8:28)*

Slavēts lai ir Kungs Jēzus Kristus!

Es to darīju "Viņa veidā"

2. nodaļa

Varenais ārsts

M medicīnas zinātne ziņo, ka kopumā ir trīsdesmit deviņas slimību kategorijas. Piemēram, vēzis - ir tik daudz vēža veidu. Ir arī daudz drudža veidu, bet tie visi ietilpst drudža kategorijā. Saskaņā ar vecajiem romiešu likumiem un Mozus likumiem par sodu nedrīkstēja uzlikt vairāk par 40 sitieniem (pātagām). Lai nepārkāptu šo romiešu un jūdu likumu, viņi piešķīra tikai trīsdesmit deviņas sitienus. Vai tā ir sakritība, ka Jēzus saņēma trīsdesmit deviņas sitienus pa muguru? Es, tāpat kā daudzi citi, ticu, ka šim skaitlim un Jēzum ir sakarība.

"Četrdesmit sitienus viņš drīkst viņam iedot, bet ne vairāk, lai, ja viņš pārsniegtu un nesaņemtu viņam vairāk sitienu, tavs brālis tev nešķistu necienīgs." (5. Mozus 25:3)

*"Kas pats Savā miesā uz koka nesa mūsu grēkus, lai mēs, grēkam miruši, dzīvotu taisnībai; ar Viņa brūcēm jūs esat dziedināti.""
(1.Pēt.2:24).*

"Bet Viņš tika ievainots par mūsu pārkāpumiem, Viņš tika sists par mūsu netaisnībām; mūsu miera sods bija pār Viņu, un ar Viņa brūcēm mēs esam dziedināti."" (Jesajas 53:5).

Šajā grāmatā jūs lasīsiet liecības par Dieva dziedinošo spēku un atbrīvošanas spēku no narkotikām, alkohola un dēmonu apsēstības. Es sāku ar savām personīgajām slimībām, kurās Dievs man jau agri parādīja, ka nekas Viņam nav par grūtu vai par lielu. Viņš ir Varenais Ārsts. Mana fiziskā stāvokļa smagums mainījās no slikta uz sliktāku sāpīgu slimību dēļ. Tas bija un ir Dieva Vārds un Viņa apsolījumi, kas mani uztur šodien.

Hronisks sinusīts.

Man bija tik smagas sinusa problēmas, ka tās neļāva man gulēt. Dienas laikā es zvanīju un lūdzu cilvēkus lūgties par mani. Šobrīd man viss būtu kārtībā, bet naktī tas atsākās, un es nevarēju gulēt.

Kādu svētdienu es aizgāju uz baznīcu un lūdzu mācītāju par mani aizlūgt. Viņš uzlika roku uz manas galvas un lūdza par mani.

"Vai kāds no jums ir slims? Tas lai aicina draudzes vecākos, un tie lai lūdzas par viņu, svaidīdami viņu ar eļļu Kunga vārdā."
(Jēkaba 5:14).

Kad sākās dievkalpojums, es sāku slavēt un pielūgt Dievu, jo gars nāca pār mani tik brīvi. Tas Kungs man lika dejot Viņa priekšā. Garā es sāku dejot Viņa priekšā paklausībā, kad pēkšņi mans aizliktais deguns atbrīvojās un tas, kas bija aizsprostojis deguna eju, izgāja ārā. Uzreiz es sāku elpot, un šis stāvoklis vairs neatgriezās. Es biju pieņēmis šo deguna blakusdobumu stāvokli ar saviem vārdiem un domām. Tomēr galu galā es iemācījos, ka mums vienmēr ir jārunā par savu ticību un nekad nav jāatzīst vai jādomā šaubas.

Tonsilīts.

Es to darīju "Viņa veidā"

Man bija hronisks tonsilīts, un es nevarēju gulēt briesmīgo un pastāvīgo sāpju dēļ. Es daudzus gadus cietu no šī stāvokļa. Pēc vizītes pie ārsta mani nosūtīja pie hematologa. Lai veiktu salīdzinoši nelielu mandeļu operāciju, man tā būtu bīstama un ilga operācija, jo manas asins slimības dēļ bija apgrūtināta asins recēšana. Citiem vārdiem sakot, es varēju nokasīņot līdz nāvei! Ārsts teica, ka es nekādā gadījumā nevarētu izturēt šo operāciju vai paciest sāpes. Es lūdzos par savu dziedināšanu un lūdzu arī draudzi lūgties par mani. Kādu dienu manā draudzē ieradās viesmācītājs. Viņš sveicināja draudzi un jautāja, vai kādam ir nepieciešama dziedināšana.

Nebūdams pārliecināts par savu dziedināšanu, es tik un tā devos uz priekšu, uzticoties Dievam. Kad es atgriezos savā vietā, es dzirdēju balsi, kas man teica.

"Jūs netiksiet dziedināti."
Es biju dusmīgs uz šo balsi. Kā šī balss varēja drosmīgi izteikt šādas šaubas un neticību? Es zināju, ka tas bija velna triks, lai apturētu manu dziedināšanu. Es atbildēju šai balsij pretēji,

"Es saņemšu savu dziedināšanu!"

Mana atbilde bija stingra un spēcīga, jo es zināju, ka tā nāk no visu melu tēva - velna. Svētais Gars dod mums varu pār velnu un viņa eņģeļiem. Es negrasījos ļaut viņam atņemt man dziedināšanu un mieru. Viņš ir melis, un viņā nav patiesības! Es cīnījos pretī ar Dieva Vārdu un apsolījumiem.

> *"Jūs esat no sava tēva velna, un jūsu tēva kārības jūs darīsiet. Viņš jau no paša sākuma bija slepkava un nepalika patiesībā, jo viņā nav patiesības. Kad viņš runā melus, viņš runā pats no sevis, jo viņš ir melis un melu tēvs." (Jņ.ev.8:44).*

Man uzreiz sāpes pazuda, un es biju dziedināts! Dažreiz mums ir jāiet ienaidnieka nometnē, lai cīnītos par to, ko vēlamies, un atgūtu to, ko ienaidnieks, velns, vēlas mums atņemt. Kad sāpes mani atstāja, velns teica: "Tu neesi bijis slims." Kad sāpes mani atstāja, velns teica: "Tu neesi bijis slims. Ienaidnieks ar "šaubu mākoņa" palīdzību centās mani pārliecināt, ka es patiesībā neesmu bijis slims. Šo velna melu iemesls bija tas, lai es nedotu Dievam godu. Ar stingru atbildi sātanam es teicu : "Jā, es biju slims!". Tūlīt Jēzus uzlika sāpes uz katru manu mandeļu pusi. Es atbildēju: "Kungs Jēzu, es zinu, ka biju slims, un Tu mani dziedināji." Sāpes mani atstāja uz visiem laikiem! Es vairs nekad vairs necietu. Tūlīt es pacēlu rokas, slavēju Kungu un devu Dievam godu. Jēzus ņēma rētas uz muguras, lai es tajā dienā tiktu dziedināts. Viņa Vārds arī saka, ka man tiks piedoti arī mani grēki. Tajā pašā dienā es piecēlos un liecināju draudzē, kā Tas Kungs mani dziedināja. Savu dziedināšanu es pieņēmu ar varu.

"Un no Jāņa Kristītāja dienām līdz pat šai dienai debesu valstība cieš vardarbību, un vardarbīgie to ieņem ar varu." (Mt.ev.11:12)

"Un ticības lūgšana izglābs slimo, un Tas Kungs viņu uzmodinās, un, ja viņš ir darījis grēkus, tie viņam tiks piedoti." (Jēkaba 5:15)

Kas piedod visus tavus pārkāpumus, kas dziedina visas tavas slimības." (Psalmu 103:3)

Kad mēs pieceļamies un liecinām par to, ko Kungs ir darījis, mēs ne tikai dodam Dievam godu, bet arī stiprinām ticību citiem, kuriem ir nepieciešams to dzirdēt. Turklāt tās ir svaigas asinis pret velnu.

"Un tie uzvarēja viņu ar Jēra asinīm un savas liecības vārdu, un viņi nemīlēja savu dzīvību līdz nāvei." (Atklāsmes gr.12:11)

Dievs dara gan lielus, gan mazus brīnumus. Jūs uzvarat velnu, kad stāstāt citiem par to, ko Dievs ir darījis jūsu labā. Jūs liekat velnam bēgt, kad sākat pielūgt Dievu no visas sirds! Jums ir pieejami ticības ieroči un Svētā Gara spēks, lai uzvarētu visu melu tēvu. Mums ir jāmācās tos lietot.

Redzes defekts.

Es to darīju "Viņa veidā"

1974. gadā, pirms ierados Amerikā, man bija problēmas ar redzi. Es nespēju atšķirt attālumu starp sevi un citu objektu man priekšā. Tas izraisīja stipras galvassāpes un sliktu dūšu. Ārsts teica, ka man ir tīklenes slimība, ko var izlabot ar vingrinājumiem, tomēr man tas nepalīdzēja, un galvassāpes turpinājās.

Es apmeklēju baznīcu Kalifornijā, kas ticēja dziedināšanas spēkam. Es lūdzu draudzi lūgties par mani. Es turpināju dzirdēt dziedināšanas liecības, kas man palīdzēja ticēt dziedināšanai. Es esmu tik pateicīgs, ka draudzes ļāva liecībām, ka arī citi var dzirdēt slavinošus ziņojumus par brīnumiem, ko Dievs šodien ir darījis vienkāršu cilvēku dzīvēs. Klausoties liecības, mana ticība vienmēr tika pacelta. Es daudz ko iemācījos no liecībām.

Vēlāk es devos pie acu ārsta, jo Dievs mani lūdza apmeklēt acu speciālistu.

Šis ārsts pārbaudīja manas acis un konstatēja to pašu problēmu, bet lūdza, lai es saņemu otru atzinumu. Pēc nedēļas es lūdzu lūgšanu, jo man bija stipras galvassāpes un nepanesamas sāpes acīs.

Es devos pēc otra atzinuma, kas pārbaudīja manas acis un teica, ka ar manām acīm nekas nav kārtībā. Es biju ļoti laimīga.

Pēc sešiem mēnešiem es braucu uz darbu un domāju par to, ko teica ārsts, un sāku ticēt, ka nekas nav nepareizi un ka otrs ārsts, kurš diagnosticēja acu nepilnības, kļūdījās. Visus šos mēnešus es biju dziedināts un aizmirsu par to, cik slims biju.

Dievs sāka uz mani runāt: "Vai tu atceries, ka tev bija nepanesamas sāpes, galvassāpes un slikta dūša?"

Es atbildēju: "Jā." Tad Dievs sacīja" :Vai atceries, kad esi bijis Indijā un ārsts teica, ka tev ir acu slimība, un tev mācīja acu koordinācijas vingrinājumus? Vai atceries, ka pēdējo sešu mēnešu laikā šīs problēmas dēļ tu neesi atgriezies mājās slims?" Vai atceries?

Es atbildēju: "Jā."

Dievs man sacīja: "Es dziedināju tavas acis!"

Paldies Dievam, tas izskaidroja, kāpēc trešais ārsts nevarēja atrast, ka man kaut kas nav kārtībā. Dievs ļāva man pārdzīvot šo pieredzi, lai parādītu, ka Viņš spēj iedziļināties manās acīs un tās dziedināt. Dieva Vārds saka: "Es pazīstu sirdi, nevis to, kam pieder sirds." Dieva Vārds saka: "Es pazīstu sirdi, nevis to, kam pieder sirds." Es uzmanīgi sāku pārdomāt šos vārdus savā prātā. Varbūt man pieder mana sirds, bet es nepazīstu savu sirdi, nedz arī zinu, kas ir manā sirdī. Tādēļ es nepārtraukti lūdzos, gavēju un lasu Vārdu, lai Dievs manā sirdī atrastu tikai labestību, mīlestību un ticību. Mums ir jābūt uzmanīgiem ar to, ko mēs domājam un kas iziet no mūsu mutes. Pārdomājiet par labestību, jo Dievs zina visas mūsu domas.

"Lai manas mutes vārdi un manas sirds pārdomas ir tīkamas Tavās acīs, Kungs, mans spēks un mans izpircējs!" (Psalmi 19:14)

"Sirds ir viltīga pāri visam un izmisīgi ļauna; kas to var zināt? Es, Tas Kungs, pārmeklēju sirdi, Es pārbaudu vadoņus, lai dotu katram pēc viņa ceļiem un pēc viņa darbu augļiem."
(Jeremijas 17:9-10)."

Es lūdzu par sevi 51. psalmu:

Radī manī tīru sirdi, ak, Dievs, un atjauno manī taisnu garu.
(Psalmi 51:10).

Trauksme.

Man bija periods, kad es piedzīvoju kaut ko tādu, ko nevarēju izteikt vārdos. Atceros, ka sacīju Dievam, ka nezinu, kāpēc es tā jūtos savā

Es to darīju "Viņa veidā"

prātā. Es lūdzos un lūdzu Dievu, ka nespēju saprast šo pārņemošo sajūtu, jo tobrīd mani nekas neuztrauca. Šī sajūta turpinājās kādu laiku, un tā lika man justies "izslēgtam" garīgi, bet ne fiziski, kas ir labākais veids, kā es to varu raksturot. Vēlāk darbā man rokā bija šī mazā iedvesmas grāmatiņa.

Kungs sacīja: "Atver šo grāmatu un lasi."

Es atradu tēmu par "trauksmi". Dievs teica, ka tas, kas jums ir, ir trauksme. Man šis vārds nebija pazīstams. Tā kā man nebija skaidras izpratnes par šo vārdu, Jēzus teica, lai es paskatos vārdnīcā. Es atradu precīzus simptomus, kas man bija. Definīcija bija bažas vai rūpes par kādu lietu vai notikumu, nākotnes vai neskaidru, kas satrauc prātu un uztur to sāpīgā nemiera stāvoklī.

Es teicu: "Jā, Kungs, es jūtos tieši tā!"

Es strādāju mainīgajā maiņā un brīvajā dienā gāju agri gulēt. Šajā laikā es mēdzu pamosties agri no rīta, lai lūgtos, un kādu dienu Dievs man lika iet gulēt. Es domāju: "Kāpēc Dievs to teica?" Šajā agrīnajā staigāšanas ar Dievu posmā es mācījos atšķirt un sadzirdēt Viņa balsi. Es atkal sev teicu: kāpēc Dievs man saka, lai es eju gulēt? Es domāju, ka tas ir velns.

Tad es atcerējos, ka dažreiz Dievs mums saka lietas, kurām var nebūt nekādas jēgas, bet Viņš dod mums svarīgu vēstījumu. Īsi sakot, Viņa vēstījums bija tāds, ka mums nav jābūt svētākiem par tevi.

"Jo manas domas nav jūsu domas un jūsu ceļi nav mani ceļi, saka Tas Kungs. Jo, kā debesis ir augstākas par zemi, tā mani ceļi ir augstāki par jūsu ceļiem un manas domas - par jūsu domām."
(Jesajas 55:8-9)

Citiem vārdiem sakot, lūgšana ir pareizais ceļš, bet tajā laikā tā nebija. Viņš jau bija sūtījis Savu eņģeli, lai kalpotu man, un man vajadzēja atrasties gultā. Ir laiks atpūsties un laiks, kad Dievs piepilda mūsu lampas ar svaigu eļļu caur lūgšanu, atjaunojot Svēto Garu. Dabā mums ir nepieciešams miegs un atpūta, lai atsvaidzinātu savu ķermeni un prātu, kā Dievs to ir paredzējis. Mēs esam Dieva templis, un mums ir jārūpējas par sevi.

> *Bet kuram no* **eņģeļiem** *Viņš kādreiz sacīja: Sēdi pie manas labās rokas, līdz Es tavus ienaidniekus padarīšu par tavu kāju pakāji? Vai tie visi nav* **kalpojoši gari, kas sūtīti kalpot tiem, kas būs pestīšanas mantinieki?** *(Ebrejiem 1:13,14).*

Kad es atkal gulēju, man bija sapnis par vīrieti bez galvas. Vīrietis bez galvas pieskārās manai galvai. Vēlāk es pamodos, jūtoties atsvaidzināts un pilnīgi normāli; zinādams, ka Dievs bija sūtījis dziedinošo eņģeli, lai tas pieskartos manai galvai un atbrīvotu mani no šīs trauksmes. Es biju tik pateicīgs Dievam, ka pastāstīju par to visiem, kas klausījās. Es piedzīvoju briesmīgos nomācošos trauksmes simptomus, kas bija skāruši manu prātu. Tu katru dienu pamosties ar to, ka tā ieilgst; nekad nedod tev mieru, jo tavs prāts nav pilnībā atpūties, lai varētu atslābināties. Trauksme ir arī velna rīks, kas liek jums justies pārņemtam baiļu vai panikas. Tā izpaužas dažādos veidos, un jūs pat nezināt, ka jums tā ir. Vislabāk ir mainīt savu reakciju uz stresu un pajautāt sev, vai ikdienā sniedzat savam ķermenim to, kas tam nepieciešams, lai atjaunotos. Dievs darīs visu pārējo, kad jūs rūpēsieties par "Viņa Templi".

"Ja kāds apgāna Dieva templi, to Dievs iznīcinās, jo Dieva templis ir svēts, un tas templis esat jūs." (1. Korintiešiem 3:17)

Viņa balss.

Kad tev ir Dievs, tu esi pilns, jo esi iegremdēts Viņa mīlestībā. Jo vairāk jūs Viņu iepazīstat, jo vairāk jūs Viņu mīlat! Jo vairāk jūs runājat ar Viņu, jo vairāk jūs mācāties dzirdēt Viņa balsi. Svētais Gars palīdz tev atšķirt Dieva balsi Tev vienkārši ir jāieklausās tajā klusajā, mazajā balsī. Mēs esam Viņa ganību avis, kas pazīst Viņa balsi.

Es to darīju "Viņa veidā"

"Tad Jēzus tiem atbildēja: Es jums sacīju, bet jūs neticējāt: darbi, ko Es daru sava Tēva vārdā, tie liecina par Mani. Bet jūs ticat ne, jo jūs neesat no manām avīm, kā es jums sacīju. Manas avis dzird manu balsi, un es tās pazīstu, un tās man seko: Un Es tām dodu mūžīgo dzīvību, un tās nekad nepazudīs, un neviens tās neizraus no Manas rokas. Mans Tēvs, kas man tās devis, ir lielāks par visiem, un neviens cilvēks nevar tās izraut no mana Tēva rokas. Es un mans Tēvs esam viens." (Jņ.ev.10:25-30)

Ir tādi, kas sevi sauc par Viņa "avīm", un tādi, kas netic. Viņa avis dzird Dieva balsi. Reliģiskie dēmoni ir maldinoši. Tie liek mums justies tā, it kā mums būtu Dievs. Bībele mūs brīdina par viltus mācībām.

"kam ir dievbijības forma, bet kas noliedz tās spēku."
(2.Tim.3:5)

Dievs saka: "Meklējiet mani no visas sirds, un jūs mani atradīsiet." Runa nav par to, lai atrastu mums piemērotu dzīvesveidu. Sekojiet patiesībai, nevis reliģiskajām tradīcijām. Ja jūs alkstat pēc Dieva patiesības, jūs to atradīsiet. Jums ir jālasa un jāmīl Dieva vārds, jāslēpj tas savā sirdī un jāparāda tas jūsu dzīvesveidā. Vārds maina jūs iekšēji un ārēji.

Jēzus nāca, lai salauztu tradīciju un reliģijas varu ar Savu asiņu cenu. Viņš atdeva Savu dzīvību, lai mēs varētu saņemt grēku piedošanu un tiešu sadraudzību ar Dievu. Bauslība tika piepildīta Jēzū, taču viņi neatzina Viņu par Kungu un Glābēju, par Mesiju.

"Tomēr arī starp priekšniekiem daudzi ticēja Viņam, bet farizeju dēļ viņi Viņu neatzina, lai netiktu izraidīti no sinagogas: Jo viņi vairāk mīlēja cilvēku slavu nekā Dieva slavu." (Jņ.ev.12:42, 43).

Gripa:

Man bija augsts drudzis un ķermeņa sāpes. Man bija arī ļoti pietūkušas acis un seja. Es tikko varēju runāt un piezvanīju savas draudzes vecākajam, lai lūgtos par manu dziedināšanu. Manas sejas vaibsti uzreiz atkal kļuva normāli, un es biju dziedināts. Es pateicos Dievam par ticības vīriem un pārliecību, ko Viņš dod tiem, kuri Viņam uzticas.

"Jo mūsu evaņģēlijs nenāca pie jums tikai vārdos, bet arī spēkā, Svētajā Garā un lielā pārliecībā."" (1.Tesaloniķiešiem 1:5a).

Alerģija acīm.

Dienvidkalifornijā mums ir nopietna smoga problēma. Man bija kairinājums acīs, kas pastiprinājās līdz ar gaisa piesārņojumu. Nieze, apsārtums un nemitīgās sāpes bija nepanesamas; man gribējās izņemt acis no acs kaktiņa. Kāda briesmīga sajūta. Es joprojām augu un mācījos uzticēties Dievam. Es domāju, ka Dievam nav iespējams to izārstēt, lai gan pagātnē Viņš mani jau bija dziedinājis. Man vienkārši bija grūti noticēt Dievam par manu dziedināšanu. Es domāju, ka, tā kā Dievs jau zina katru manu domu, Viņš nevar dziedināt manas acis manas neticības dēļ, tāpēc es lietoju acu pilienus, lai mazinātu niezi. Tas Kungs sāka mani uzrunāt, lai pārtraucu lietot acu pilienus. Taču nieze bija ļoti stipra, un es to nepārtraucu. Viņš to atkārtoja trīs reizes, līdz es beidzot atmetu acu pilienus.

"Bet Jēzus, tos uzlūkojis, sacīja: "Cilvēkiem tas ir neiespējami, bet **Dievam viss ir iespējams."** *(Mt.ev.19:26)*

Dažas stundas vēlāk, kamēr es biju darbā, nieze mani pameta. Es biju tik laimīga, ka sāku visiem darbā stāstīt par savu dziedināšanu. Man vairs nekad nebija jāuztraucas par savām acīm. Mēs tik maz zinām par Dievu un to, kā Viņš domā. Mēs nekad nevaram Viņu iepazīt, jo **Viņa ceļi** nav mūsu ceļi. Mūsu zināšanas par Viņu ir tik ļoti niecīgas. Tieši tāpēc patiesiem ticīgajiem ir tik svarīgi staigāt Garā. Mēs nevaram paļauties uz savu cilvēcisko izpratni. Tajā dienā Jēzus bija laipns, pacietīgs un žēlsirdīgs ar mani. Jēzus mācīja man lielu mācību. Man bija šaubas par dziedināšanu, bet tajā dienā es paklausīju, un Viņš mani dziedināja! Viņš nekad neatkāpās no manis, un Viņš nekad neatkāpsies arī no jums!

Es to darīju "Viņa veidā"

Pēc šīs stundas par paklausību es atmetu visus medikamentus. Savā sirdī es noticēju un sāku uzticēties Dievam, ka Viņš mani dziedinās no visām manām slimībām un kaitēm. Laika gaitā es iemācījos Viņam ticēt, un es pieaugu Kungā. Viņš turpina būt mans ārsts arī šodien.

Kakla traumas:

Kādu pēcpusdienu braucu uz baznīcu, kad mani notrieca cits transportlīdzeklis, un es guvu kakla traumu, kas prasīja medicīnisku atvaļinājumu no darba. Es gribēju atgriezties darbā, bet ārsts atteica. Es sāku lūgt: "Jēzu, man ir garlaicīgi, lūdzu, atlaid mani." Es sāku lūgt: "Jēzu, man ir garlaicīgi, lūdzu, atlaid mani." Jēzus teica: "atgriezies darbā, un neviens nevarēs pateikt, ka esi guvis traumu".

"Jo Es tev atgriezīšu veselību un dziedināšu tavas brūces, saka Tas Kungs." (Jeremijas 30:17a).

Pēc tam es atgriezos pie ārsta, un viņš atļāva man atgriezties darbā, jo es uzstāju. Es atkal sāku just sāpes, un man tika izteikts aizrādījums par pārāk ātru atgriešanos darbā. Es atcerējos, ko Jēzus man teica un apsolīja. Es sāku sev teikt, lai turos pie Dieva apsolījuma, un ar katru dienu man sāka kļūt labāk. Pirms es to pamanīju, sāpes bija atkāpušās. Tajā vakarā mans priekšnieks lūdza, lai es strādātu ilgāku laiku. Es jokojot pasmējos un teicu viņam, ka neesmu tik labi, lai strādātu virsstundu, jo man ir sāpes. Es atzinos, ka man ir kaut kas tāds, kā nav. Sāpes uzreiz atgriezās, un mana seja kļuva ļoti bāla, tāpēc priekšnieks lika man doties mājās. Es atcerējos, ka agrāk Dievs teica, ka man viss būs labi, un biju apņēmības pilna pie tā pastāvēt. Es teicu savam vadītājam, ka nevaru doties mājās Dieva apsolījuma dēļ. Cita priekšniece bija kristiete, tāpēc es lūdzu viņu par mani lūgt. Viņa uzstāja, lai es atkal dodos mājās. Es sāku pārmācīt sāpes un runāju ticības vārdu. Es nosaucu velnu par meli ar Svētā Gara autoritāti. Man uzreiz sāpes pārgāja.

"Tad Viņš aizskāra viņu acis un sacīja: "Lai jums ir pēc jūsu ticības!"" (Mt.ev.9:29).

Es atgriezos pie savas vadītājas un izstāstīju viņai, kas notika. Viņa piekrita, ka velns ir melis un visu melu tēvs. Svarīgi ir nekad nesaukt slimību vai sāpes. Tajā dienā Dievs man deva ļoti svarīgu mācību par to, kā jokot ar nepatiesību.

"Bet jūsu saziņa lai ir: jā, jā, nē, nē, jo viss, kas ir vairāk par tiem, nāk no ļaunuma." (Mt.ev.5:37).

Es to darīju "Viņa veidā"

3. nodaļa

Dieva spēcīgie ieroči "Lūgšana un gavēšana"

O Svētdienas rītā dievkalpojuma laikā es guļēju uz pēdējā soliņa ar mokošām sāpēm un tikko varēju staigāt. Pēkšņi Dievs man teica, lai eju uz priekšu un saņemu lūgšanu. Kaut kādā veidā savā sirdī un Garā es zināju, ka netiku dziedināts, bet, tā kā dzirdēju Dieva balsi, es paklausīju. Kā mēs lasām

1 Samuēla 15:22b. Paklausīt ir labāk nekā upurēt.

Es lēnām virzījos uz priekšu un, ejot pa sānu eju, pamanīju, ka cilvēki, man ejot garām, sāka celties. Es biju liecinieks tam, kā Dieva Gars krita pār katru cilvēku, un es aizdomājos, ar kādu nolūku Dievs mani sūtīja uz priekšu.

"Un notiks, ja tu rūpīgi klausīsi Tā Kunga, sava Dieva, balsij un ievērosi un pildīsi visus Viņa baušļus, ko es tev šodien pavēlu, ka Tas Kungs, tavs Dievs, tevi paaugstinās pāri visām zemes tautām: Un

visas šīs svētības nāks pār tevi un tevi apsteigs, ja tu klausīsi Tā Kunga, sava Dieva, balsij." (5. Mozus 28:1-2)

Kad tas notika, es apmeklēju vietējo baznīcu, bet kādu laiku domāju par šo dienu. Pēc tam, kad es devos apmeklēt baznīcu Upland pilsētā. Šo draudzi apmeklēja arī māsa no mūsu iepriekšējās draudzes. Viņa ieraudzīja manu sludinājumu uz automašīnas, kurā es piedāvāju matemātikas apmācību, un vēlējās mani pieņemt darbā. Kādu dienu, mācot viņu manā mājā, viņa man teica: "Māsa, es atceros to dienu, kad jūs slimojāt mūsu vecajā draudzē un gājāt uz priekšu, lai saņemtu lūgšanu. Es nekad iepriekš neesmu piedzīvojusi tādu Dieva klātbūtni, lai gan esmu kristīta Jēzus Vārdā un divus gadus gāju uz baznīcu. Tajā dienā, kad tu gāji garām, es pirmo reizi sajutu Dieva Garu, un tas bija tik spēcīgs. Vai atceries, ka visa draudze piecēlās, jo, tev ejot garām, Gars krita uz viņiem?" Es labi atcerējos to dienu, jo vēl aizvien brīnījos, kāpēc Dievs mani sūtīja uz priekšu, kad es tikko varēju staigāt. Es jutu, ka Dievs ne velti ļāva viņai atkal šķērsot manu ceļu. Caur viņu Dievs atbildēja uz manu jautājumu par to dienu.

Es priecājos, ka sadzirdēju Dievu un paklausīju Viņa balsij.

"Jo mēs staigājam ticībā, nevis redzēdami." (2. Korintiešiem 5:7).

Pēc traumas 1999. gada septembrī es vairs nevarēju staigāt, tāpēc dienu un nakti nepārtraukti gulēju gultā, lūdzos un gavēju, jo 48 stundas nemaz negulēju. Es lūdzos dienu un nakti, domādams, ka labāk paturēšu Dievu savā prātā, nevis jutīšu sāpes. Es nepārtraukti runāju ar Dievu. Mēs esam goda vai negoda trauki. Kad mēs lūdzamies, mēs piepildām savu trauku ar svaigu Dieva eļļu, lūdzoties Svētajā Garā.

Mums ir gudri jāizmanto savs laiks un neļaut dzīves rūpēm atturēt mūs no garīgi tuvām attiecībām ar mūsu Radītāju. Visspēcīgākais ierocis pret velnu un viņa armiju ir lūgšana un gavēšana.

"Bet jūs, mīļie, stipriniet sevi uz savas vissvētākās ticības, lūdzoties Svētajā Garā," (Jūdas 20. pants).

Jūs uzvarēsiet ļaunumu, kad lūgsieties un konsekventi uzturēsiet lūgšanu dzīvi. Konsekvence ir visvarena. Gavēšana vairos Svētā Gara spēku, un jums būs vara pār dēmoniem. Jēzus Vārds ir tik spēcīgs, kad jūs sakāt vārdus: "Jēzus Vārdā." Jēzus Vārds ir tik spēcīgs, kad jūs sakāt vārdus: "Jēzus Vārdā." Atcerieties arī, ka dārgās "Jēzus asinis" ir jūsu ierocis. Lūdziet Dievu, lai Viņš pārklāj jūs ar savām Asinīm. Dieva Vārds saka:

*"Un no Jēzus Kristus, kas ir uzticamais liecinieks un mirušo pirmdzimtais, un zemes ķēniņu ķēniņš. Viņam, kas mūs mīlējis un **mazgājis mūs no mūsu grēkiem Savās asinīs**." (Atklāsmes 1:5).*

*"Viņi iznesa slimos uz ielām un guldīja tos uz gultām un dīvāniem, lai vismaz Pētera **ēna**, ejot garām, aizēnotu dažus no viņiem." (Ap.d.5:15).*

Elizabete Das

4. nodaļa

Dievs Lielais stratēģis

Who var zināt Dieva prātu? 1999. gadā es strādāju maiņu pasta nodaļā, kad noliecos, lai paņemtu sūtījumu, un sajutu stipras sāpes mugurā. Es meklēju savu vadītāju, bet nevarēju atrast ne viņu, ne kādu citu. Es devos mājās, domādams, ka sāpes pāries pēc lūgšanas pirms gulētiešanas. Kad nākamajā rītā pamodos ar sāpēm, es piezvanīju draudzes vecākajam, kurš lūdza par manu dziedināšanu. Lūgšanas laikā es dzirdēju To Kungu, kas man teica, lai es piezvanu savam darba devējam uz pastu un paziņotu par savu traumu. Pēc tam man tika pavēlēts, lai, tiklīdz atgriezīšos darbā, es par to paziņoju savam priekšniekam. Kad atgriezos darbā, mani izsauca uz biroju, lai aizpildītu ziņojumu par traumu. Es atteicos apmeklēt viņu ārstu, jo neticēju, ka jāiet pie ārsta. Es paļāvos uz Dievu. Diemžēl muguras sāpes tikai pastiprinājās. Manam darba devējam vajadzēja ārsta izziņu, kas apliecinātu, ka esmu guvis traumu, lai attaisnotu atvieglotu darba pienākumu. Līdz tam laikam es jau biju vairākkārt lūdzis, lai mani apmeklē viņu ārsts, bet tagad viņi nebija tik ļoti noskaņoti mani sūtīt. Viņi uzskatīja, ka esmu atveseļojies, tikai tad, kad ieraudzīja uzlabojumus, kad es staigāju. Tagad viņi mani nosūtīja pie sava darba traumu ārsta, kurš vēlāk mani nosūtīja pie ortopēda

Es to darīju "Viņa veidā"

speciālista. Viņš apstiprināja, ka esmu guvis paliekošu muguras traumu.

Tas ļoti sarūgtināja manu darba devēju. Es biju ļoti priecīga, ka šoreiz piekritu apmeklēt viņu ārstu. Es nezināju, kas mani sagaida nākotnē, bet Dievs zināja. Man ne tikai tika piešķirts atvieglots darbs darbā, bet tagad viņi zināja, ka man ir nopietna invaliditāte. Tā kā mans stāvoklis pasliktinājās, man atļāva strādāt tikai sešas stundas, pēc tam četras un tad divas. Manas sāpes kļuva tik nepanesamas, ka braukšana uz darbu apgrūtināja braukšanu turp un atpakaļ. Es zināju, ka man ir jāpaļaujas uz Dievu, lai mani dziedinātu. Es lūdzos un jautāju Dievam, kāds ir Viņa plāns attiecībā uz mani? Viņš atbildēja: *"Tu dosies mājās."* Es domāju, ka viņi noteikti mani izsauks uz biroju un nosūtīs mājās. Vēlāk es tiku izsaukts uz biroju un nosūtīts mājās tieši tā, kā Tas Kungs bija teicis. Laikam ejot, mans stāvoklis pasliktinājās, un man bija nepieciešams atbalsts, lai staigātu. Ārsts, kurš apzinājās manas traumas nopietnību, ieteica man apmeklēt ārstu, kas nodarbotos ar manas lietas izskatīšanu.

Kādu piektdienas vakaru, kad, izejot no pasta nodaļas, atvēru durvis, es dzirdēju Dieva balsi, kas teica: *"Tu nekad vairs neatgriezīsies šajā vietā."* Mani šie vārdi tik ļoti pārsteidza, ka es sāku domāt, ka varbūt mani varētu paralizēt vai pat atlaist no darba. Balss bija ļoti skaidra un spēcīga. Es bez šaubām zināju, ka tas piepildīsies, un es vairs neatgriezīšos šajā vietā, kur biju nostrādājis 19 gadus. Nebija skaidrs, kā man klāsies finansiāli. Tomēr Dievs redz lietas no attāluma, jo Viņš vēl bija licis vēl vienu soli, norādot ceļu, pa kuru man jāiet..

Dievs lēnām un prasmīgi kā meistarīgs stratēģis veidoja manas nākotnes pamatu laikam, kad es vairs nestrādāšu nevienam citam, tikai Viņam. Pēc nedēļas nogales es biju atradis jaunu ārstu ortopēdu, kurš mani pārbaudīja. Viņš noteica man pagaidu darbnespēju uz gandrīz gadu. Pasta nodaļa nosūtīja mani izvērtēt vienam no saviem ārstiem, un viņa viedoklis bija pretējs mana ārsta viedoklim. Viņš teica, ka ar mani viss ir kārtībā un ka es varu pacelt līdz 100 kg. Es nevarēju pat staigāt, stāvēt vai pat ilgi sēdēt, nemaz nerunājot par sava trauslā ķermeņa svaram līdzvērtīga svara pacelšanu. Mans ārsts bija ļoti satraukts. Viņš nepiekrita otra ārsta vērtējumam par manu veselību un fiziskajām spējām. Paldies Dievam, ka mans ārsts to apstrīdēja manā vārdā un pretēji mana darba devēja ārstam. Tad mans darba devējs nodeva šo jautājumu trešajam ārstam, kurš darbotos kā starpnieks "tiesnesis". Šis tiesnesis bija ortopēds ķirurgs, kurš vēlāk man noteica invaliditāti. Tas nebija darba traumas dēļ, bet gan manas asins slimības dēļ. Tāpēc tagad viss iegāja citā gultnē. Es piedzimu ar šo slimību. Es neko nezināju par invaliditātes pensiju. Es lūdzos par šo situāciju ar dusmām sirdī. Es zinu, ka viņa uzdevums bija darīt to, kas ir taisnīgi pret pacientu, nevis pret darba devēju. Un vīzijā es redzēju šo ārstu pilnīgi neprātīgu.

Es nekavējoties lūdzu Jēzu, lai Viņš piedod. Tas Kungs sāka runāt ar mani, sakot, ka ārsts ir darījis visu, ko varēja darīt jūsu labā. Es lūdzu Kungu, lai Viņš man to parāda, jo es to tā neredzēju, tomēr mana atbilde nāks vēlāk. Tikmēr es pieteicos pastāvīgas invaliditātes pabalstam, jo vairs nevarēju strādāt. Es nebiju pārliecināts, vai mans lūgums tiks apstiprināts. Gan mans darba devējs, gan mans ārsts zināja, ka man ir ne tikai muguras trauma, bet arī trīs audzēji muguras lejasdaļā un Hemongijoma mugurkaulā. Man bija deģeneratīvas disku slimības un asins slimība. Mans ķermenis strauji un ļoti sāpīgi bojājās.

Sāpīgie slimību un traumu simptomi mani bija smagi nomocījuši. Es nespēju staigāt pat ar atbalsta palīdzību. Nebija zināms, kas izraisa paralīzi, kas skāra manas kājas, tāpēc mani nosūtīja uz galvas magnētiskās rezonanses izmeklējumu. Ārsts meklēja jebkādu psiholoģisku stāvokli. Kas var zināt Dieva prātu un to, kādus soļus Viņš bija spēris manā nākotnē? Dievs ir liels stratēģis, jo tolaik es maz zināju, ka tam visam bija kāds iemesls. Man vajadzēja tikai uzticēties Viņam, ka Viņš par mani parūpēsies. Pastāvīgas invaliditātes pabalstus var apstiprināt tikai personām, kurām ir personīga veselības stāvokļa problēmas, ko var medicīniski pamatot ar personīgā ārsta atzinumu. Tā kā manam jaunajam ārstam nebija nekādas slimības vēstures, viņš atteicās sniegt invaliditātes departamentam pilnīgu medicīnisku

Es to darīju "Viņa veidā"

novērtējumu par manu nespēju strādāt. Es arī saskāros ar dilemmu par savām finansēm. Es vērsos pie vienīgā man zināmā avota, lai saņemtu atbildes. Kungs teica: *"Jums ir daudz medicīnisku ziņojumu, nosūtiet tos visus ārstam."* Dievs teica: *"Jums ir daudz medicīnisku ziņojumu.*

Es ne tikai iesniedzu ārstam visas savas medicīniskās izziņas, bet viņš jau bija gatavs aizpildīt manu iesniegumu par pastāvīgas invaliditātes pensijas piešķiršanu. Slava Dievam! Dievs vienmēr ir gatavs sniegt atbildi, ja mēs Viņu nopietni lūdzam. Ir svarīgi vienmēr būt klusiem un klausīties Viņa atbildi. Dažreiz tā nenāk uzreiz. Es gaidīju, kad "Lielais stratēģis" sakārtos manu dzīvi saskaņā ar Viņa gribu. Nākamie daži mēneši bija mokoši un izaicinoši. Es ne tikai pārdzīvoju fiziskas sāpes, bet arī vairs nespēju pāršķirt nevienu grāmatas lappusi. Tā kā mana atkarība dziedināšanas ziņā ir atkarīga no Dieva, es ticēju, ka man tam ir kāds iemesls, bet es noteikti nemiršu. Ticot tam, es vienkārši katru dienu pateicos Dievam par katru mirkli, ko dzīvoju, un par to, kādā stāvoklī es biju. Es veltīju sevi lūgšanām un gavēnim, lai pārdzīvotu šos mokošo sāpju laikus. Viņš bija mans vienīgais spēka avots un patvēruma vieta lūgšanā.

Mana dzīve bija mainījusies uz sliktāku pusi. Es vairs nespēju strādāt šajā novājinātajā stāvoklī. Katru dienu daudz lūdzot un lūdzot, šķita, ka mana situācija nevis uzlabojas, bet gan pasliktinās. Tomēr es zināju, ka Dievs ir vienīgā atbilde. Bez šaubām, es zināju, ka Viņš man palīdzēs. Viņš bija darījis man zināmu Savu eksistenci un klātbūtni, un es zināju, ka Viņš mani mīl. Ar to pietika, lai turētos un gaidītu "galveno stratēģu", kuram bija konkrēts plāns manai dzīvei.

Mana māte, kurai bija 85 gadi, tajā laikā dzīvoja kopā ar mani. Viņa bija arī invalīde, un viņai bija nepieciešama palīdzība un aprūpe, jo viņa bija piestiprināta pie gultas. Brīdī, kad mana mīlošā māte man bija visvairāk vajadzīga, es nevarēju apmierināt viņas pamatvajadzības. Tā vietā manai trauslajai mātei nācās vērot, kā viņas acu priekšā pasliktinās meitas veselība. Divas sievietes, māte un meita, atradās, šķiet, bezcerīgā situācijā, taču mēs abas ticējām "varenajam brīnumu

Dievam". Kādu dienu mana māte redzēja, kā es sabruku uz grīdas. Viņa kliedza un raudāja, bezspēcīga, neko nevarēja man palīdzēt. Šī aina manai mātei bija tik nepanesama un šausminoša, redzot mani guļam uz grīdas, taču Kungs savā žēlastībā pacēla mani no grīdas. Mans brālis, māsa un ģimene, uzzinājuši par to, bija ļoti noraizējušies, ka mans stāvoklis ir nonācis līdz šādam galējumam. Mans mīļais un vecais tēvs, par kuru rūpējās citur, tikai raudāja un neko daudz neteica, es lūdzu Kungu, lai tas viss beigtos mūsu visu labā. Tās nebija tikai manas personīgās sāpes un pārbaudījumi, kas man bija jāizcieš; tagad tas skāra arī manus tuviniekus. Šis bija tumšākais laiks manā dzīvē. No paša sākuma es vērsos pie Dieva apsolījuma:

"Kad tu ej, tavi soļi netiks apgrūtināti, un, kad tu skriesi, tu neklupsi."
(Salamana pamācības 4:12).

Ar lielu prieku sirdī es domāju par Dieva vārdu un apsolījumu. Es ne tikai būšu spējīgs spert soli, bet man būs iespēja kādu dienu skriet. Es veltīju vairāk laika lūgšanām, jo neko daudz citu nevarēju darīt, kā vien lūgt un meklēt Dieva vaigu. Tas kļuva par apsēstību dienu un nakti. Dieva vārds kļuva par manu "cerības enkuru" viļņojošajā jūrā. Dievs nodrošina mūsu vajadzības, tāpēc Viņš radīja man iespēju iegūt motorizētu ratiņkrēslu, kas atviegloja manu dzīvi, lai es varētu pārvietoties. Kad es stāvēju, es nespēju noturēt līdzsvaru, pat ja man palīdzēja. Visā manā ķermenī bija tikai diskomforts un sāpes, un viss mierinājums, kas man bija, nāca no "Mierinātāja", Svētā Gara. Kad Dieva ļaudis lūdza par mani, mans ķermenis piedzīvoja īslaicīgu sāpju atvieglojumu, tāpēc es vienmēr meklēju lūgšanu no citiem. Kādu dienu es sabruku uz grīdas, un mani nogādāja slimnīcā. Slimnīcas ārsts centās mani pārliecināt lietot pretsāpju zāles. Viņš bija neatlaidīgs šajā jautājumā, jo redzēja, ka manas sāpes bija ārkārtīgi stipras jau vairākas dienas. Beidzot es pakļāvos viņa norādījumiem lietot zāles, taču tas bija pretēji tam, kam es ticēju.

Man Dievs bija mans dziednieks un ārsts. Es zināju, ka Dievam ir spēja mani dziedināt jebkurā laikā, tāpat kā Viņš to bija darījis tik daudz reižu iepriekš, tad kāpēc gan Viņš nevarētu mani dziedināt tagad? Es stingri

Es to darīju "Viņa veidā"

uzskatīju, ka tas bija Dieva pienākums man palīdzēt. Tā es domāju un lūdzos ticībā, un neviens nevarēja mainīt manu domāšanu šajā jautājumā. Es nevarēju to redzēt citādi, tāpēc es gaidīju uz "Meistaru stratēģu". Mans domāšanas process kļuva arvien spēcīgāks, balstoties uz Dievu. Jo vairāk es lūdzos, jo vairāk pieauga manas attiecības ar Viņu. Tā bija tik dziļa un personiska, ka to nevar izskaidrot cilvēkam, kurš nezina par Dieva garīgajiem ceļiem vai par Viņa eksistenci. Viņš ir apbrīnojams Dievs! Dienā, kad iznācu no slimnīcas, es piezvanīju draugam, lai viņš mani paņemtu. Viņa uzlika savu roku pār mani, lai lūgtos, un es piedzīvoju īslaicīgu sāpju atvieglojumu. Tas bija kā lietot Dieva izrakstītas zāles. Šajā laikā Dievs sūtīja kādu kundzi, lai tā katru rītu plkst. 4.00 lūgtos kopā ar mani. 4.00 no rīta viņa uzlika pār mani rokas un lūdza. Es piedzīvoju tikai īslaicīgu atvieglojumu, un tagad man bija dots lūgšanu partneris. Es no visas sirds ticēju, ka Dievs visu kontrolē.

Situācija pasliktinājās, jo mana ķermeņa stāvoklis turpināja pasliktināties. Nervu bojājumu dēļ es nesaņēmu pietiekamu asinsapgādi un skābekli uz apakšējām un augšējām ekstremitātēm. Simptomu sarakstam pievienojās arī urīna nesaturēšana. Man sākās grūtības izrunāt vārdus, jo mutē bija spazmas. Man bija skābais nervs, un simptomu saraksts turpināja paplašināties.

Mana dziedināšana nenotika ātri. Es brīnījos, kas noticis ar Viņa solījumu, kas dots Salamana pamācībā 4:12. Es domāju, ka varbūt esmu grēkojis. Tāpēc es lūdzu: "Kungs Jēzu, lūdzu, dod man zināt, ko es esmu darījis nepareizi, lai es varētu nožēlot grēkus." Es lūdzu Dievu, lai Viņš runā ar mani vai manu draugu, lai Viņš sūta man kādu vārdu. Es nebiju dusmīgs uz Dievu, bet lūdzu Viņu ar pazemīgu sirdi. Es izmisīgi ilgojos pēc dziedināšanas.

Vēlāk tajā pašā dienā piezvanīja mans telefons, un es nodomāju, ka tā varētu būt mana atbilde? Taču, man par vilšanos, zvanīja kāds cits. Es aizgāju gulēt un pamodos pulksten 4 no rīta, lai lūgtos. Mana lūgšanu partnere sis. Rena nāca pie manis, lai lūgtos kopā ar mani. Es paskatījos uz viņu un nodomāju, ka, iespējams, Dievs ir runājis ar viņu un viņai ir mana atbilde, bet, manai vilšanās kārtai, atbilde nesekoja.

Pēc viņas aiziešanas es devos uz savu istabu, lai pagulētu un atpūstos. Kad gulēju, pulksten 9.00 es dzirdēju, ka atveras aizmugurējās durvis; tas bija namīpašnieks Karmens. Viņa ienāca un jautāja man: "*Kā tu jūties?*" Es atbildēju" :*Es jūtos briesmīgi.*" Tad es pagriezos atpakaļ un devos atpakaļ uz savu istabu. Karmena teica: "*Man tev ir vārds.*" Šodien, kad es lūdzos baznīcā, Jēzus pienāca pie manis un teica: "*Māsiņa. Elizabete Das pārdzīvo pārbaudījumu, tas ir viņas ugunīgs, ilgs pārbaudījums, un viņa nav izdarījusi neko sliktu. Viņa iznāks kā zelts, un Es viņu ļoti mīlu.*" Viņa ir mana sieva. Es zinu, ka iepriekšējā vakarā biju kopā ar Viņu troņa istabā, kad lūdzu atbildi uz savu jautājumu.

Redzi, Tā Kunga roka nav saīsināta, ka tā nevarētu glābt, un Viņa auss nav smaga, ka tā nevarētu dzirdēt. (Jesajas 59:1)

Šajā dzīves posmā es jutos tā, it kā es būtu ārprātā. Es vairs nespēju ne normāli lasīt, ne atcerēties, ne koncentrēties. Mana vienīgā izvēle un dzīves jēga bija pielūgt Dievu un ārkārtīgi daudz lūgt. Katru otro dienu es gulēju tikai īsu brīdi - aptuveni trīs līdz četras stundas. Kad es gulēju, Dievs bija mans Šaloms. Gods un slava, un gods Viņa Svētajam Vārdam! Savās lūgšanās es saucu uz To Kungu: "Dievs, es zinu, ka varu no tā izkļūt uzreiz, jo es ticu, ka Tu vari un izdziedināsi mani." Es biju ļoti priecīgs, ka Tu mani dziedināji. Es sāku domāt par savu pārbaudījumu, ka, iespējams, es nevarētu no tā iziet tikai ar savu ticību. Izmēģinājumiem ir sākums un beigas.

Ir laiks nogalināt un laiks dziedināt, ir laiks sagraut un laiks uzcelt (Salamans Mācītājs 3:3).

Man bija jātic, ka tad, kad tas viss būs beidzies, man būs spēcīga ticības liecība, kas paliks mūžīgi. Ticības liecība, kurā es dalītos ar daudziem kā liecinieks par Visvarenā Dieva brīnišķīgajiem darbiem! Tas viss būs tā vērts, - to es sev atkārtoju. Man bija jātic savam "Cerības enkuram", jo nebija cita ceļa kā vien **Viņa Ceļš**! Un tieši **Viņa ceļā** notika tas, ka

Es to darīju "Viņa veidā"

es tiku aizvests pie Tā, kurš bija apveltīts ar spēcīgu dziedināšanas dāvanu, kas tika dota Viņa vārdā. Dieva Vārds nekad nemainās, tāpēc arī Dievs nemainās. Viņš ir tas pats vakar, šodien un mūžīgi. Kā jaunpiedzimušajiem ticīgajiem mums ir mīlestībā jāizpauž sava ticība un jāmīl Dieva Vārds.

"Atdzimuši no jauna, ne no iznīcīgas sēklas, bet no iznīcīgas, ar Dieva vārdu, kas ir dzīvs un paliek mūžīgi." (1.Pēt.1:23)

Arī Bībelē aprakstītajiem Dieva vīriem bija pārbaudījumi. Kāpēc mūsdienās būtu citādāk, lai Dievs mūs neizmēģinātu? Es nesalīdzinu sevi ar dievbijīgajiem Bībeles vīriem, jo es esmu tālu no salīdzināšanas ar svētajiem mācekļiem. Ja Dievs pārbaudīja cilvēku ticību pirms simtiem gadu, tad Viņš pārbaudīs arī mūsdienu vīriešus un sievietes.

*Svētīgs tas vīrs, kas panes kārdinājumus, jo, kad viņš tiks **pārbaudīts**, viņš saņems dzīvības vainagu, ko Kungs apsolījis tiem, kas Viņu mīl."" (Jēkaba 1:12).*

Es domāju par Bībeles stāstu par Daniēlu. Viņš nonāca situācijā, kad viņa ticība tika pārbaudīta. Dievs pasargāja Daniēlu lauvu bedrē, jo viņš nevēlējās paklausīt ķēniņa Dārija likumam. Viņš tikai lūdza Dievu un atteicās lūgt ķēniņu Dāriju. Vēl bija Ījabs, dievbijīgs vīrs, kurš mīlēja Dievu, kurš zaudēja visu, kas viņam piederēja, un cieta no slimības savā miesā, tomēr Ījabs neklusēja Dievu. Bībelē bija mīnēti vēl daudzi citi vīrieši un sievietes. Neatkarīgi no tā, ko viņi piedzīvoja, viņu pārbaudījumiem bija sākums un beigas. Kungs bija ar viņiem visā tajā, jo viņi paļāvās uz Viņu. Es turos pie šo Bībeles stāstu mācībām, kas mums ir dotas kā piemērs un iedvesma. Dievs ir atbilde uz visu. Uzticieties tikai Viņam un palieciet uzticīgi Viņa Vārdam, jo Viņa Vārds ir uzticīgs jums!

turēt ticību un labu sirdsapziņu, ko daži, atmetuši ticību, ir sagrāvuši (1.Tim.1:19).

Kad jūsu ticība tiek pārbaudīta, atcerieties, ka jāstājas uz Dieva vārda. Katrā ienaidnieka uzbrukumā cīņu var uzvarēt, balstoties uz Dieva Vārda spēku.

Tas Kungs ir mans spēks un dziesma, Viņš ir mans glābiņš, Viņš ir mans Dievs (2.Moz.15:2a).

Dievs, mana klints Dievs, uz Viņu es paļaušos, Viņš ir mans vairogs un manas pestīšanas rags, mans augstais tornis, mans patvērums, mans glābējs, Tu mani glāb no vardarbības (2.Sam.22:3).

Tas Kungs ir mana klints, mans cietoksnis un mans glābējs, mans Dievs, mans spēks, uz kuru es paļaujos, mans balsts, manas glābšanas rags un mans augstais tornis. (Ps.18:2)

Tas Kungs ir mana gaisma un mana pestīšana, no kā man bīties, Kungs ir manas dzīvības spēks, no kā man baidīties? (Ps.27:1).

Es paļaujos uz Dievu: Es nebaidīšos no tā, ko cilvēks man var darīt. (Ps.56:11)

Dievā ir mana pestīšana un mana godība, mana spēka klints un mans patvērums ir Dievā. (Ps 62:7)

Es to darīju "Viņa veidā"

5. nodaļa

Ticības izteikšana

Ikādu laiku man bija alerģija pret putekļiem, kas izraisīja sejas niezi. Es ticēju, ka Dievs mani dziedinās no šīs slimības. Kādu dienu kāds kolēģis paskatījās uz mani, sakot, ka mana alerģija ir ļoti spēcīga. Es viņai teicu, ka man nav alerģijas, paskaidrojot, ka ticu, ka Dievs jau rūpējas par manu lūgumu pēc dziedināšanas. Tā bija mana pārliecība, ka "nevajag to nosaukt vārdā" un "nevajag to pieprasīt". Tas Kungs tajā pašā dienā izpildīja manu lūgumu, atceļot slimību un visus simptomus. Kādam brīnišķīgam Dievam mēs kalpojam! Mums nav ar savu muti jāizsūdzas un jāsniedz vārdi mūsu simptomiem. Kad saņemat lūgšanu, ticiet, ka par to jau ir parūpējušies debesīs un ka eņģelis ir sūtīts, lai atnestu jums jūsu dziedināšanu. Runājiet par savu ticību, nevis par savām slimībām un slimībām. Es atsaucu atmiņā Bībeles stāstu par Jēzu un simtstūrnieku Kafarnaumā:

"Kad Jēzus bija iegājis Kafarnaumā, pie Viņa pienāca simtnieks un lūdza Viņu, sacīdams: "Kungs, mans kalps guļ mājās slims ar triekas slimībām, smagi nomocīts. Un Jēzus viņam sacīja: Es nāku un dziedināšu viņu. Un simtnieks atbildēja un sacīja: Kungs, es neesmu cienīgs, lai Tu ienāktu zem mana jumta, bet tikai pasaki vārdu, un

mans kalps taps dziedināts. Jo es esmu vīrs, kam ir vara, un man ir kareivji; un es saku šim: Ej, un viņš iet, un citam: Nāc, un viņš nāk, un manam kalpam: Dari to, un viņš to dara. To dzirdēdams, Jēzus brīnījās un sacīja tiem, kas sekoja: "Patiesi Es jums saku: tik lielu ticību Es neesmu atradis ne Israēlā, ne Israēlā."" (Mateja 8:5-10)

Simtnieks pazemīgi nāca pie Kunga, ticēdams Jēzus vārdu spēkam. Simtnieka paša vārdi atklāja Jēzum viņa ticību "teiktā vārda" spēkam, kas dziedinās viņa kalpu. Mēs varam sniegt ticību un cerību citiem ar to, ko mēs viņiem sakām. Mums ir jāļauj Svētajam Garam runāt caur mūsu muti, kad mums ir iespēja liecināt citiem.

Tas ir Viņa veids, kā Viņš mūs izmanto, lai efektīvi ietekmētu citu cilvēku dzīves un sētu Pestīšanas sēklu. Šādos brīžos Dievs dos mums vārdus, ko runāt ar svaidījumu, jo Viņš zina mūsu sirdi un mūsu vēlmi aizsniegt grēciniekus. Es esmu tik pateicīgs par Dieva Mīlestību, Žēlsirdību un Žēlastību, kas ved mūs uz grēku nožēlu. Viņš ir gatavs piedot mums grēkus un zina mūsu vājības, jo Viņš zina, ka mēs esam cilvēki.

"Un Viņš man sacīja: pietiek tev manas žēlastības, jo mans spēks ir pilnīgs vājumā. Tāpēc es labprātāk lepojos ar savām vājībām, lai Kristus spēks balstītos uz manis. Tāpēc es priecājos par vājībām, par pārmetumiem, par trūkumiem, par vajāšanām, par bēdām Kristus dēļ, jo, kad es esmu vājš, tad es esmu stiprs." (2. Korintiešiem 12:9-10).

Un Jēzus tiem sacīja: "Jūsu neticības dēļ, jo patiesi Es jums saku: ja jums būs ticība kā sinepju graudiņam, jūs sacīsiet šim kalnam: pārcelies šurp uz turieni, un tas pārcelsies, un nekas jums nebūs neiespējams. (Mt.ev.17:20)

Tajā vakarā ādas alerģija bija pilnībā izārstēta, jo es nepieņēmu sātana iepakojumu.

Es to darīju "Viņa veidā"

6. nodaļa

Dieva un Viņa kalpa dziedinošais spēks

I vispirms vēlos sākt šo nodaļu, pastāstot jums nedaudz par brāli Džeimsu Minu. Brālim Džeimsam bija apavu labošanas darbnīca Diamond Bar, Kalifornijā, kur viņš arī liecināja saviem klientiem par Dieva spēku. Savulaik viņš bija ateists, taču pieņēma kristīgo ticību. Vēlāk viņš iepazina apustuļu patiesības mācību un tagad ir stingri ticīgs cilvēks, kristīts Jēzus vārdā un saņēmis Svēto Garu ar liecībām par runāšanu citās valodās jeb mēlēs. Kad es pirmo reizi satiku brāli Jēkabu, viņš man pastāstīja par savu liecību un to, kā viņš lūdzās, lūdzot Dievu izmantot viņu dāvanās, lai citi ticētu un iepazītu Dievu caur brīnumiem.

Kā kristiešiem mums ir jādarbojas ar dāvanām un nav jābaidās lūgt Dievu, lai Viņš mūs izmanto. Šīs dāvanas ir domātas arī mums šodien. Jaunās Derības agrīnā draudze bija jūtīga pret Dieva Garu un kalpoja ar Gara dāvanām.

Elizabete Das

Jēzus sacīja:

Patiesi, patiesi, patiesi Es jums saku: kas tic uz mani, tas arī darīs darbus, ko es daru, un **vēl lielākus** *par tiem darīs, jo es aizeju pie sava Tēva." (Jņ.ev.14:12)*

Lūdzieties, lai jūsu draudzes vadītājs palīdzētu jums izprast šīs dāvanas un atbalstītu jūsu dāvanas. Lūdziet Dievu, lai Viņš palīdz jums tās izmantot, jo tās nāk tieši no Dieva. Neesiet augstprātīgi, ja jūsu dāvana ir tā, kas atklāti darbojas draudzē. Ar dažām dāvanām Dievs jūs izmantos kā trauku, lai panāktu to, ko Viņš vēlas. Iespējams, jums ir vairākas dāvanas, bet jūs to nezināt. Dažas dāvanas nepadarīs jūs ļoti populāru, bet jums būs jāpaklausa Dievam, kad Viņš runās. Tas viss ir atkarīgs no dāvanas. Lūdzieties par gudrību, lai izmantotu savu dāvanu Viņa svaidījuma spēkā. Dievs jūs izvēlējās ne velti, un Viņš nekļūdās. Dāvanas ir draudzes celšanai.

Ir tikai viena patiesa baznīca, kas pielūdz Dievu garā un patiesībā.

"Bet ir dažādas dāvanas, bet viens un tas pats Gars. Un ir dažādas pārvaldes, bet tas pats Kungs. Un ir dažādas darbības, bet tas ir viens un tas pats Dievs, kas darbojas visos. Bet Gara izpausme ir dota katram cilvēkam, lai ar to gūtu labumu. Jo vienam no Gara tiek dots gudrības vārds, citam no tā paša Gara - atziņas vārds, citam no tā paša Gara - ticība, citam no tā paša Gara - dziedināšanas dāvanas, citam no tā paša Gara - brīnumu darīšana, citam - pravietošana, citam - garu atšķiršana, citam - dažāda veida valodas, citam - valodu tulkošana: Bet to visu dara viens un tas pats Gars, sadalīdams to katram atsevišķi, kā viņš grib." (I Korintiešiem 12:4-11).

Brālis Džeimss man teica, ka viņš lūdzis par šīm dāvanām, lai darbotos Svētajā Garā ar brīnumu zīmēm par Dieva brīnišķīgajiem darbiem. Viņš dienām un naktīm nepārtraukti lasīja Bībeli. Viņš saprata, ka, darbojoties Svētā Gara dāvanām, neticīgā sirdī tiks iesēta ticības sēkla. Mums ir jākalpo par ticības piemēru, kā pats Jēzus teica, ka ticīgie paši darīs šos brīnumus un vēl daudz ko citu.

Es to darīju "Viņa veidā"

Bet ticība ir cerēto lietu saturs, neredzēto lietu pierādījums." (Ebrejiem 11:1)

"Bet bez ticības nav iespējams Viņam patikt, jo tam, kas nāk pie Dieva, jātic, ka Viņš ir un ka Viņš atalgo tos, kas Viņu centīgi meklē." (Ebrejiem 11:6)

Brālim Jēkabam bija redzējums, ka Dievs viņam dos garīgās dāvanas. Šodien viņš darbojas ar dziedināšanas un atbrīvošanas dāvanām. Pateicoties brāļa Džeimsa kalpošanai, debesīs tika noteikts laiks, kad es atkal staigāšu brīvs no jebkādas palīdzības. Brālis Džeimss nav mācītājs vai baznīcas kalpotājs. Viņš neieņem nekādu augstu amatu baznīcā, lai gan garīgo dāvanu dēļ viņam ir piedāvāti amati un nauda. Viņš ir pazemīgs par dāvanu, ko Dievs viņam ir uzticējis. Esmu redzējis, kā Dievs viņu izmanto, lai Jēzus Vārdā izdzītu dēmonus no cilvēkiem un dziedināšana nāktu pie slimajiem. Kad brālis Jēkabs izdzen dēmonus no cilvēkiem Jēzus vārdā, tie ir Dieva pakļautībā. Viņš uzdod dēmoniem jautājumus Jēzus vārdā, un tie atbild brālim Jēkabam. Es to esmu redzējis personīgi daudzas reizes; īpaši tad, kad viņš lūdza dēmonus atzīt, kas ir īstais Dievs. Dēmons atbildēja: "Jēzus". Bet viņiem ir par vēlu pievērsties Jēzum. Piedzīvojot šo pārbaudījumu un paļaujoties uz Dievu, es daudz iemācījos par garīgo pasauli, lai saņemtu dziedināšanu.

"Un Viņš tiem sacīja: "Ejiet pa visu pasauli un sludiniet evaņģēliju visai radībai! Kas tic un tiek kristīts, tas tiks pestīts, bet, kas netic, tas tiks nolādēts. Un šīs zīmes sekos tiem, kas ticēs: Manā vārdā tie izdzīs ļaunos garus; tie runās jaunām valodām; tie ķers čūskas; un, ja viņi dzers ko nāvējošu, tas tiem nekaitēs; tie liks rokas uz slimiem, un tie izveseļosies."" (Marka 16:15-18).

Pateicoties Dieva žēlastībai, brālis Džeimss ir gatavs liecināt par Jēzu ikvienam un jebkurā laikā. Viņš darbojas dziedināšanas un atbrīvošanas kalpošanā mājas sapulcēs vai draudzēs, kur viņš ir uzaicināts. Brālis Džeimss citē Bībeli:

Tomēr, brāļi, jo drosmīgāk esmu jums rakstījis, lai jūs to paturētu prātā, jo man no Dieva dota žēlastība, ka es esmu Jēzus Kristus kalps pagāniem, kalpodams Dieva evaņģēlijam, lai pagānu upuris būtu patīkams, svētīts ar Svēto Garu. Tāpēc man ir, ar ko es varu lepoties caur Jēzu Kristu ar to, kas attiecas uz Dievu. Jo es neuzdrošināšos runāt par neko no tā, ko Kristus nav darījis caur mani, lai ar vārdu un darbiem, ar varenām zīmēm un brīnumiem, ar Dieva Gara spēku padarītu pagānus paklausīgus, tā ka no Jeruzalemes un apkārt līdz pat Ilirikai esmu pilnīgi sludinājis Kristus evaņģēliju. (Romiešiem 15:15-19)

Tajā dienā, kad viņu satiku, brālis Džeimss man uzdeva dažus jautājumus par manu veselību. Es viņam visu izstāstīju un pastāstīju par saviem simptomiem. Es viņam arī parādīju, kur man bija trīs audzēji. Audzēji atrodas mana mugurkaula ārpusē, bet otrs bija mugurkaula iekšpusē. Brālis Džeimss pārbaudīja manu mugurkaulu un paskaidroja, ka mans mugurkauls no vidus nav taisns. Viņš pārbaudīja manas kājas, salīdzinot tās blakus, un parādīja, ka viena kāja ir gandrīz par 3 collām īsāka par otru. Arī viena roka bija īsāka par otru. Viņš lūdza par manu mugurkaulu, un tas atgriezās sākotnējā vietā, kur viņš varēja palaist pirkstu taisni inline paralēli manam mugurkaulam. Viņš lūdza par manu kāju, un tā sāka kustēties manu acu priekšā, pēc tam, kad tā bija izlīdzinājusies ar otru kāju, tā pārstāja augt. Tas pats notika ar manu roku. Tā auga vienmērīgi ar otru roku. Tad brālis Džeimss lūdza mani nolikt savu staigāšanas atbalstu un lika man piecelties un staigāt Jēzus Vārdā. Es darīju tā, kā viņš lūdza, un sāku brīnumaini staigāt. Tam liecinot, pie manis pieskrēja mans draugs, kliedzot: "Līze, turies pie manis, turies pie balsta, citādi tu nokritīsi!" Un es uzrunāju viņu. Es zināju, ka tajā brīdī man ir spēks staigāt, un spēru šo soli ticībā. Es biju tik pacilāta no prieka!

Man bija muskuļu vājums kājās, jo ilgu laiku nevarēju staigāt, jo trūka kustību. Pagāja ilgs laiks, līdz muskuļi atkal ieguva formu; pat šodien man nav pilnīga muskuļu spēka. Paldies Dievam, es staigāju un vadu savu automašīnu. Neviens nevar man teikt, ka Dievs šodien nedara brīnumus. Ar Dievu nav nekā neiespējama. Ar milzīgu prieku es devos

Es to darīju "Viņa veidā"

pie ārsta, kurš zināja par manu invaliditāti. Uzreiz, kad es iegāju kabinetā, brīva no jebkādas palīdzības, nūjas vai ratiņkrēsla, medicīnas personāls bija pilnīgi izbrīnīts. Māsas steidzās pie ārsta, kurš arī bija neticami pārsteigts, ka viņš pat veica rentgenu. Viņš redzēja, ka audzēji joprojām ir turpat, bet kaut kāda noslēpumaina iemesla dēļ es, neskatoties uz to, spēju staigāt. Slava Dievam! Es ticu, ka arī šie audzēji drīz izzudīs!

Tajā dienā, kad Dievs mani dziedināja, es sāku visiem stāstīt, ka Dievs ir mūsu dziedinātājs un Viņa glābšanas plāns ir domāts tiem, kas tic un seko Viņam. Paldies Dievam par brāli Jēkabu un par visiem Dieva labumiem!

Mana pirmā apsolījuma daļa bija piepildījusies.

"Kad tu ej, tavi soļi netiks apgrūtināti, un, kad tu skriesi, tu neklupsi." (Salamana pamācība 4:12).

Daudzas reizes es domāju, ka nokritīšu, bet es nekad to nedarīju.

"Svētī Kungu, mana dvēsele, un neaizmirsti visus Viņa labumus: Viņš piedod visus tavus pārkāpumus, Viņš dziedina visas tavas slimības, Viņš atpestī tavu dzīvību no pazušanas, Viņš vainago tevi ar laipnību un žēlastību, Viņš apmierina tavu muti ar labumiem, tā ka tava jaunība atjaunojas kā ērgļa."" (Psalmi 103:2-5).

Elizabete Das

7. nodaļa

Nedot ceļu velnam vai velna lietām

Magri no rīta man piezvanīja draudzene Roze no Kalifornijas. Viņa man pastāstīja, ka iepriekšējā vakarā viņas vīrs Rauls bija devies gulēt, bet viņa palika viesu istabā, klausoties populāru nakts radio sarunu šovu par uija dēli. Gaisma bija izslēgta, un istabā bija tumšs. Pēkšņi viņa teica, ka pēkšņi sajutusi klātbūtni telpā. Viņa paskatījās uz durvīm, un tur stāvēja vīrietis, kas izskatījās līdzīgs viņas vīram. Šī figūra ātri pārcēlās kā zibens un piespieda viņu pie gultas, uz kuras viņa atradās. Pēc tam šī "lieta" viņu aiz rokām pacēla sēdus stāvoklī, skatoties viņam acīs. Viņa skaidri redzēja, ka actiņās nav acu, bet tikai dziļa dobja melnums. Rokas, kas joprojām turēja viņu augšā, bija pelēcīgā krāsā kā nāve, un viņa vēnas izvirzījās ārā no ādas. Viņa uzreiz saprata, ka tas nav viņas vīrs, bet gan nešķīsts kritušais eņģelis.

Kā jūs zināt, dēmonam un kritušajam eņģelim ir pilnīgi atšķirīgas īpašības. Kritušie eņģeļi tika izmesti no debesīm kopā ar Luciferu, viņiem ir pilnīgi atšķirīgi uzdevumi. Kritušie eņģeļi var pārvietot lietas tāpat kā cilvēki, bet dēmonam ir nepieciešams cilvēka ķermenis, lai

Es to darīju "Viņa veidā"

īstenotu savu plānu. Dēmoni ir to cilvēku gari, kuri ir miruši bez Jēzus nāves; arī tiem ir ierobežota vara.

Un parādījās cits brīnums debesīs, un redzi, liels sarkans pūķis ar septiņām galvām un desmit ragiem, un septiņi kroņi uz viņa galvām. Un viņa aste ievilka trešo daļu debesu zvaigžņu un nometa tās zemē, un pūķis stāvēja priekšā sievai, kas bija gatava dzemdēt, lai apēstu viņas bērnu, tiklīdz tas piedzims. (Atklāsmes gr.12:3,4).

Roze joprojām bija neaizsargāta un nespēja runāt sasalusi. Viņa sacīja, ka mēģinājusi saukt Raulu, bet varējusi izdot tikai īsas cīņas skaņas, it kā kāds būtu sasprindzinājis viņas balss saites. Viņa joprojām fonā dzirdēja radio vadītāju un zināja, ka nav aizmigusi, jo viņas acis bija pilnībā atvērtas, un atkārtoja sev, ka nedrīkst tās aizvērt. Agrāk viņa atcerējās, ka pirms šī incidenta viņa uz īsu brīdi aizvēra acis un redzēja vīziju vai sapni par lielām nagu pēdām, kas plēsa tapetes.

Ar Rozi esmu pazīstama gandrīz 30 gadus. Roze aptuveni pirms 10 gadiem pameta draudzi un vairs nestaigāja ar Kungu. Mēs vienmēr uzturējām kontaktu, un es turpināju lūgt, lai viņa atgrieztos pie Dieva. Roze man pastāstīja, ka, braucot mājās no darba, viņa vismaz vairākas reizes bez redzama iemesla ļoti spēcīgi runājusi mēlēs. Viņa uzskatīja, ka tas ir ļoti neparasti, jo viņa nemaz nav lūgusi. Viņa saprata, ka Dievs ar viņu rīkojas caur Svēto Garu. Viņa mīlestība sasniedza viņu, un viņa zināja, ka Dievs to kontrolē, jo Viņš izvēlējās laiku, kad notika apmeklējumi. Roze teica, ka viņa aizvēra acis un prātu un kliedza: "JĒZUS!". Mirklī kritušais eņģelis atlēca no viņas ķermeņa un aizgāja prom, nepieskaroties zemei.

Viņa palika nekustīga, līdz atkal varēja kustēties. Viņa pamodināja Raulu, kurš teica, ka tas bijis tikai slikts sapnis. Viņš nolika viņu gultā sev blakus un ātri aizmiga. Roze sāka raudāt un domās par tikko notikušo šausmu un pamanīja, ka viņa atrodas augļa pozā. Pēkšņi viņa sāka runāt mēlēs, jo viņu pārņēma Svētā Gara pārdabiskais spēks un aizveda atpakaļ uz šo tumšo istabu. Viņa aizvēra aiz sevis durvis, saprotot, kas viņai jādara. Viņa sāka skaļi pielūgt Dievu un cildināt Viņa Vārdu, līdz nokrita uz grīdas, jūtoties nogurusi, bet ar lielu mieru.

Kad viņa atvēra durvis, viņas izbrīnam Rauls stāvēja viesistabā, kur bija iedegtas visas gaismas. Viņa aizgāja tieši līdz viņu gultai un aizmiga ar satriecošu mieru. Nākamajā vakarā, gatavojot vakariņas, Rauls pajautāja Rozai, vai tā "lieta" no iepriekšējās nakts neatgriezīsies. Pārsteigta par viņa jautājumu, Roze jautāja, kāpēc viņš to jautā, jo viņš pat neticēja, ka tas ir noticis. Rauls pastāstīja Rozai, ka pēc tam, kad viņa devās istabā lūgties, kaut kas nāca viņam pakaļ. Tāpēc viņš esot gulējis ar ieslēgtu apgaismojumu. Pēc tam, kad viņa bija lūgusies un devusies gulēt, viņam uzbruka kaut kas šausmīgs, kas neļāva viņam gulēt līdz pat 4.00 nākamajā rītā. Viņš izmantoja Om humming meditāciju, cīnoties no pulksten 23:00 līdz rītam. Roze atcerējās, ka Raulam priekšnama skapī bija Ouija tāfele, no kuras viņš atteicās atbrīvoties, kad viņa pirmo reizi ievācās šajā mājā. Viņa teica Raulam, ka nezina, vai tas atgriezīsies, bet viņam vajadzētu atbrīvoties no Ouija tāfeles. Rauls to ātri izmeta ārā atkritumu tvertnē. Roze teica, ka bija vajadzīgs šis briesmīgais incidents, lai viņš no tās atbrīvotos!

Kad Roze man piezvanīja, es viņai teicu, ka kritušais eņģelis joprojām varētu būt mājā, tāpēc mums kopā jālūdz pa telefonu. Roze dabūja olīveļļu, lai kopā ar mani pa skaļruni svaidītu māju. Kad es pateicu vārdu "gatavs", es viņai teicu, ka viņa nekavējoties sāks runāt mēlēs Svētajā Garā. Kad es teicu "gatavs ,"Rose uzreiz sāka runāt mēlēs un nolika telefonu, lai svaidītu. Es varēju dzirdēt, kā viņas balss izklīst, kamēr viņa lūdzās pa visu māju, svaidot durvis un logus Jēzus vārdā. Tagad Rose bija jau ārpus manas dzirdamības diapazona, kad kaut kas man lika viņai pateikt, lai iet uz garāžu. Tajā pašā brīdī Rose teica, ka viņa svaidīja telpas un atradās pie aizmugurējām durvīm, kas ved uz garāžu. Kad viņa svaidīja durvis, viņa sajuta ļaunu klātbūtni aiz tām. Ticēdama Dieva aizsardzībai, Rose teica, ka atvēra tās un iegāja ļoti tumšā garāžā. Svētā Gara spēks kļuva arvien spēcīgāks, kad viņa iegāja iekšā un varēja sajust, ka tas tur ir! Viņa devās pretī citām durvīm, kas veda uz terasi, kur atradās atkritumu urna. Tā bija tā pati atkritumu urna, kurā Rauls iepriekšējā dienā bija izmetis Ouija tāfeli.

Es to darīju "Viņa veidā"

Nesatraucoties Roze teica, ka viņa uzlej olīveļļu uz Ouija tāfeles, skaļi un dedzīgi lūdzoties Svētajā Garā, tad aizvēra vāku. Viņa devās atpakaļ uz dzīvojamo istabu un dzirdēja manu balsi, kas viņu sauca" :Ej garāžā, jo tas ir tur". Roze man teica, ka viņa jau ir par "to" parūpējusies. Tas apstiprināja, ka ļaunums atradās garāžā, kamēr mēs lūdzāmies.

Roze teica, ka tagad viņai tas viss ir saprotams. Dievs savā maigajā žēlastībā un mīlošajā labestībā bija sagatavojis Rozi šai dienai, lai gan viņa Viņam nekalpoja. Pēc Rozes teiktā, šī pieredze ir tā, kas viņu atgriezusi pie Dieva ar tādu apņemšanos, kādu viņa nekad iepriekš nebija jutusi. Tagad viņa apmeklē Apustulisko bāku Norvalkā, Kalifornijā. Viņa bija ļoti pateicīga Dievam par Viņa mīlestību un aizsardzību. Dievs padarīja viņu gatavu stāties pretī kritušajam eņģelim tajā naktī ar nenoliedzamām Svētā Gara garīgajām bruņām. Rozai tas, kas notika, bija pārdabiska Dieva spēka izpausme Jēzus Vārdā. Tā bija Viņa mīlestība pret Rozi, lai tā atgrieztos Viņa ceļos. Ticiet, ka Viņa roka nav pārāk īsa, lai glābtu vai atbrīvotu, pat attiecībā uz tiem, kas paši sev pretojas, kas izvēlas neticēt tam, ko viņi nevar redzēt vai sajust. Mūsu Pestītājs samaksāja cenu par mums pie krusta ar Savām Asinīm. Viņš nekad nevienu neuzspiedīs mīlēt Viņu. Dieva Vārds mums saka, ka jums ir jānāk kā mazam bērnam, un apsola, ka, ja jūs meklēsiet Viņu no visas sirds, jūs Viņu atradīsiet. Neticīgie un skeptiķi nevar mainīt to, kas ir un kas nāks. Dzeriet pēc Dieva taisnības un dzeriet no dzīvā dzīvības ūdens.

"Kāpēc, kad es atnācu, nebija neviena cilvēka? Kad es saucu, vai nebija neviena, kas atbildētu? Vai mana roka ir tik īsa, ka tā nevar izpirkt? Vai

Vai man nav spēka piegādāt? Redzi, pēc manas pārmetuma Es iztukšoju jūru, upes pārvēršu par tuksnesi; to zivis smird, jo nav ūdens, un mirst no slāpēm.'''' (Jesajas 50:2)

"Klusībā pamāca tos, kas paši sev pretojas, ja Dievs varbūt dos viņiem atgriešanos, lai atzītu patiesību, un lai tie izkļūtu no velna slazda, kas ir viņa gūstā pēc viņa iegribas.'''' (2. Timotejam 2:25-26).

8. nodaļa

Sapnis un vīzija - "Brīdinājums"

One no rīta man bija sapnis par draudošām briesmām, kas notika, kamēr es braucu ar savu automašīnu. Šajā sapnī ar skaļu skaņu plīsa priekšējā riepa. Tā bija tik skaļa, ka mani pamodināja. Tas bija tik reāli, ka sapnis bija tāds, it kā es būtu nomodā vai kaut kur pa vidu. Nedēļas laikā es par to lūdzos un nolēmu aizvest savu automašīnu, lai pārbaudītu riepas. Diemžēl mani plāni tika pārtraukti, un es par to nerūpējos. Tajā pašā nedēļā mēs ar dažiem draugiem devāmies lūgt par kādu indiešu ģimeni, kurai bija nepieciešamas lūgšanas. Pa ceļam uz viņu mājām manas automašīnas riepa plīsa uz šosejas pie kapsētas. Es uzreiz atcerējos sapni tieši tā, kā to redzēju. Mēs bijām šeit, manā mašīnā ar plīsušu riepu, un ģimene uzstāja, lai mēs ierodamies viņu mājās. Kad riepa bija salabota, mēs atgriezāmies, lai paņemtu citu transportlīdzekli, un turpinājām ceļu pie ģimenes. Ģimenes situācija bija saistīta ar viņu vienīgo dēlu, kurš bija iesaistīts kādā juridiskā lietā un kuram draudēja cietumsods. Viņi bija noraizējušies, ka viņš tiks deportēts uz dzimteni. Jaunieša māte man iepriekš tajā dienā raudādama piezvanīja un paskaidroja, kādas apsūdzības viņam draud. Domājot par sliktāko scenāriju, viņa bija pārliecināta, ka viņš tiks atzīts par vainīgu un pēc tam deportēts, lai

Es to darīju "Viņa veidā"

nekad vairs neredzētu savu dēlu. Viņa teica, ka nevarēs strādāt, jo pastāvīgi raudās savu pacientu priekšā. Kamēr viņa raudāja, es pa tālruni ar viņu sāku lūgt par šo situāciju. Es sāku runāt Svētajā Garā nezināmā valodā vai mēlēs, jo Dieva Gars mani aizkustināja. Es lūdzos, līdz viņa teica, ka viņas sirds vairs nav apgrūtināta un viņa jūtas mierināta.

"Tāpat arī Gars palīdz mūsu vājībām, jo mēs nezinām, par ko mums būtu jālūdz, kā mums vajadzētu, bet Gars pats aizlūdz par mums ar nopūtām, kas nav izrunājamas. Un tas, kas pēta sirdis, zina, kāds ir Gara prāts, jo Viņš aizlūdz par svētajiem saskaņā ar Dieva gribu.""
(Romiešiem 8:26-27).

Māte jautāja, vai viņa varētu man piezvanīt, pirms nākamajā rītā doties uz viņa tiesas sēdi. Es viņai piekritu un teicu, ka lūgšu Dievu, lai Dievs iejaucas. Es lūdzu, lai viņa man piezvana pēc tiesas, jo es gribēju zināt, kādu brīnumu Dievs ir paveicis. Nākamajā dienā jaunā vīrieša māte man ar lielu prieku piezvanīja un teica: *"Jūs neticētu, kas notika?"* Es teicu: "Es *neticu, ka tas notika.* Es atbildēju: *"Es ticēšu, jo tāds ir Dievs, kam mēs kalpojam*!". Viņa turpināja stāstīt, ka viņiem nav nekādu ierakstu par manu dēlu. Advokāte teica, ka tiesa nav atradusi šādu vārdu vai kādu apsūdzību pret viņu, lai gan viņai un advokātei rokās bija dokumentu apliecinājums.

Dievs bija atbildējis uz mūsu lūgšanām. Viņas ticība bija tik spēcīga, ka no tās dienas viņa pieņēma, cik varenam Dievam mēs kalpojam un kā Dievs parūpējas par lietām, ja mēs no visas sirds Viņam tās nododam lūgšanā. Viņa kļuva par liecinieci Dieva brīnumu darbībai un liecināja par to, ko Tas Kungs bija darījis viņu labā. Kas attiecas uz plīsušo riepu, tā bija tikai neliela neveiksme, kurai nevajadzēja notikt, ja es par to būtu parūpējies jau iepriekš. Tomēr Tas Kungs radīja mums iespēju sasniegt šo ģimeni, pateicoties viņu neatlaidībai, ka mēs ieradāmies un lūdzāmies kopā ar viņiem. Mums vienmēr ir jābūt gataviem pretdarboties tiem spēkiem, kas traucē mums pildīt Dieva gribu. Mums ir jāiet pretī visiem ienaidnieka, mūsu pretinieka, velna, plāniem ar neatlaidību, īpaši tad, kad mēs redzam šos šķēršļus ceļā.

Elizabete Das

Kad mēs ieradāmies ģimenes mājās, atceros, ka mēs lūdzāmies un liecinājām visai ģimenei. Mēs izbaudījām brīnišķīgu laiku, sludinot un mācot Dieva vārdu. Tajā dienā Tā Kunga prieks bija un joprojām ir mūsu spēks! Viņš svētīs tos, kas pilda Viņa gribu.

Es to darīju "Viņa veidā"

9. nodaļa

Visu nakti notiekošā lūgšanu sapulce

One vakarā mēs ar dažiem draugiem nolēmām lūgties visu nakti. Tad mēs vienojāmies, ka reizi mēnesī lūgsimies "Visu nakti lūgšanu sanāksmē". Šajās visu nakti notiekošajās lūgšanu sapulcēs mēs piedzīvojam brīnišķīgus notikumus. Mūsu vienotais mājas lūgšanu laiks kļuva tik spēcīgs, ka uzreiz tie, kas vēlāk mums pievienojās, sajuta atšķirību savās lūgšanās. Tā vairs nebija reliģiska rutīna, bet gan lūgšana Svētajā Garā ar Gara dāvanu izpausmēm. Kad mēs lūdzāmies, daži sāka piedzīvot, ko nozīmē cīnīties ar velnu. Spēki vērsās pret mums, kad mēs sasniedzām augstāku līmeni savās lūgšanās, kas mūs veda cauri garīgās cīņas laukiem. Mēs cīnījāmies ar velnu un sākām saukt gavēņa dienas. Mēs bijām pieslēgušies kaut kam garīgi spēcīgam, kas piespieda mūs vēl vairāk meklēt Dievu.

Vienā no šādām lūgšanu sanāksmēm pulksten 3:30 no rīta mana draudzene Karena piecēlās, lai atnestu svaidāmo eļļu. Viņa sāka ieziest eļļu manās rokās un kājās un pēc tam sāka pravietot, sakot, ka man jādodas uz daudzām vietām, lai nestu Dieva vārdu, un ka Dievs mani izmantos Savam mērķim. Sākumā es biju ļoti sašutis uz Karenu, jo tas nebija iespējams un tam nebija nekādas jēgas. Tajā laikā savā dzīvē es gandrīz 10 gadus nekur nebiju devies, jo nevarēju staigāt. Manu kāju muskuļi joprojām bija vāji, un man bija tie sāpīgie audzēji, kas spieda pret mugurkaulu. Es pārdomāju Karenas vārdus, un tad Dievs mani uzrunāja, sakot" :Es esmu Tas Kungs, kas runā ar tevi." Tad es sapratu, ka tas nebija tikai Karenas entuziasms, kas runāja ar mani. Es atvainojos un lūdzu Dievu piedot man par manām domām.

Pēc dažām dienām man piezvanīja kāds cilvēks no Čikāgas, Ilinoisas štatā, kuram bija nepieciešama garīga palīdzība, tāpēc mēs nolēmām nākamajā nedēļā doties uz Čikāgu. Tas pats par sevi bija liels brīnums, jo tajā laikā es nebiju domājis par došanos uz ārzemēm. Pateicoties pravietiskajai vēstij, es devos uz Čikāgu tikai ticības vadīts. Bez pravietiskās vēsts es noteikti nebūtu braucis. Tajā nedēļā mana fiziskā veselība pasliktinājās, un es nevarēju piecelties no gultas. Es arī dzirdēju, ka Čikāgā bija pamatīgi snidzis. Es sapratu, ka mana ticība tiek pārbaudīta. Šajā dzīves laikā man bija nepieciešams ratiņkrēsls, lai pārvietotos. Ģimene Čikāgā piedzīvoja, ka pret viņiem vēršas dēmoniski spēki. Viņi nesen bija pievērsušies Dievam un pārtraukuši praktizēt burvestības. Arī daudzi viņu ģimenes locekļi bija pievērsušies mūsu Kungam Jēzum Kristum. Kungs viņus bija dziedinājis un atbrīvojis no šiem dēmoniskajiem spēkiem, kas turēja viņus grēka verdzībā. Es sapratu, ka Dievam būs jādod man izturība, lai es varētu izturēt šādu ceļojumu, un ātri vien kļuva skaidrs, ka tā ir Dieva griba, lai es turp dotos. Es biju piedzīvojis divus sapņus, kuros Dievs man teica, ka man ir jāpaklausa Viņa balsij. Es neklausīju Dievam un biju iemācījies Viņu neapšaubīt. Es ātri iemācījos, ka Viņa ceļiem man nav jābūt bezjēdzīgiem. Dienā, kad ieradāmies Čikāgā, bija karsts laiks. Man arī nebija sāpju. Mēs staigājam ar ticību, nevis ar redzi, kā teikts Svētajos Rakstos. Kad lietas mums šķiet neiespējamas, mums ir jātic, ka "Dievam viss ir iespējams". Viņš par visu parūpējās un deva man enerģiju, lai Čikāgā pildītu Viņa gribu. Mums bija laiks arī apmeklēt un kalpot citām ģimenēm viņu mājās.

Dodoties mājup, sākās negaiss, daudzi lidojumi tika atcelti, bet, paldies Dievam, lai gan mūsu lidojums kavējās, mums izdevās atgriezties

Es to darīju "Viņa veidā"

Kalifornijā. Slava Dievam! Viņš patiesi ir mana "klints un vairogs", mans aizsargs no garīgām un dabas vētrām. Šis ceļojums bija ticības liecība un svētības mums visiem. Ja es nebūtu paklausījis, es nebūtu piedzīvojis svētības, ko nesa Dieva roku darbs. Dievs mani nebeidz pārsteigt ar to, kā Viņš mūs uzrunā šodien. Visvarenais Dievs joprojām runā ar tādiem vienkāršiem cilvēkiem kā es. Kāda privileģija kalpot mūsu Radītājam un redzēt Viņa varenos darbus, kas šodien skar to cilvēku dzīves, kuri tic un piesauc Viņu. Bija nepieciešama pravietiska vēsts un divi sapņi, pirms Dievs pievērsa manu uzmanību. Esmu atgādinājis, ka mēs pilnībā nesaprotam Dieva domas un to, kādi plāni Viņam varētu būt ar kādu cilvēku. Tajā brīdī mums ir jāpaklausa, pat ja mums tam nav nekādas jēgas vai iemesla. Ar laiku es iemācījos sadzirdēt Viņa balsi un atšķirt garus. Viņš nekad neliks jums darīt kaut ko tādu, kas ir pretrunā ar Viņa Vārdu. Paklausība ir labāka par upuri.

"Un Samuēls sacīja: "Vai Tam Kungam ir tikpat liels prieks par dedzināmajiem upuriem un upuriem, kā par paklausību Tā Kunga balsij? Redzi, paklausīt ir labāk par upuri un klausīt - par aunu taukiem." (1.Samuēla 15:22)

*"Jo manas domas nav jūsu domas un jūsu ceļi nav mani ceļi, saka Tas Kungs. Jo, kā debesis ir augstākas par zemi, tā mani ceļi ir augstāki par jūsu ceļiem un manas domas - par jūsu domām.""
(Jesajas 55: 8, 9).*

Elizabete Das

10. nodaļa.

Pravietiskais vēstījums

I tā ir svētība, ja ir draugi, kuriem ir kopīga ticība un mīlestība uz Dievu. Man ir draudzene Karena, kura savulaik bija mana kolēģe, kad es strādāju ASV pasta nodaļā. Karena iepazina Kungu, kad es viņai liecināju. Vēlāk viņa pieņēma agrīnās baznīcas apustulisko patiesības mācību. Karena ir labsirdīgs cilvēks ar sirdi, kas ziedo misionāru darbam Mumbajā, Indijā. Viņa no sirds mīlēja tur notiekošo kalpošanu un ziedoja savu naudu baznīcas celtniecībai Mumbajā.

Kādu dienu, kad dzīvoju Rietumkovinā, Karena atveda pie manis mājās savu draudzeni Angelu. Viņas draudzene bija tik sajūsmināta un dedzīga Dieva dēļ. Viņa man pastāstīja savu liecību par pagātnes mēģinājumiem izdarīt pašnāvību, vairākas reizes pārgriežoties, un par savu pagātni, kad nodarbojās ar prostitūciju. Man ļoti patika viņas mīļais gars, un es jautāju, vai viņa neiebilstu par mani lūgties. "*Šeit*"? Viņa jautāja. "*Jā, šeit,*" es atbildēju. Kad viņa sāka par mani lūgt, viņu pārņēma pravietojuma Gars. Viņa sāka runāt Tā Kunga Vārdu: "*Dievs tev saka, lai tu pabeigtu iesākto grāmatu. Tā būs svētība daudziem cilvēkiem. Caur šo grāmatu daudzi cilvēki tiks glābti.*" Es biju tik laimīgs, jo ne viņai, ne Karenai nebija ne jausmas, ka es pirms

Es to darīju "Viņa veidā"

vairākiem gadiem biju sācis rakstīt savas atmiņas. Pirmo reizi rakstīt šo grāmatu mani iedvesmoja Saroj Das kundze un draudzene pirms gada. Kādu dienu viena māsa Kungā no vietējās draudzes pienāca pie manis ar pildspalvu rokā un pavēlēja" :*Rakstiet tagad*!" Un es viņai atbildēju: "Es *tagad rakstīšu*!" Tā bija mana atbilde.

Es sāku rakstīt, līdz man radās lielākas veselības problēmas, un tad pārtraucu, jo tas man bija pārāk liels uzdevums, lai to paveiktu. Tagad jautājums par grāmatu bija atkal aktualizējies. Neviens nebija zinājis par manu mēģinājumu uzrakstīt grāmatu. Mana pieredze būtu jāapkopo un jāuzraksta, lai citi gūtu iedvesmu. Man bija jāpakļaujas, bet tas, kā tas viss notiks, man joprojām bija liels noslēpums. Daudzu iemeslu dēļ es fiziski nevarēju to uzrakstīt, bet atkal Dievam būtu jāatrod veids, kā to īstenot. Pēc tam, kad biju dzirdējis vēsti, man bija vēlme un steidzamība to darīt, tomēr pārējais būs jādara Dievam. Mans sākotnējais ceļojums bija atrast Dzīvo Dievu, un Viņš atrada mani! Ja es nerakstīšu par savu pieredzi ar Dievu, šie patiesie stāsti tiks pazaudēti uz visiem laikiem. Tik daudzu cilvēku dzīves ir ietekmētas un brīnišķīgi aizskartas, ka šajā grāmatā nevarētu ietvert visus atgadījumus un brīnumus. Dieva brīnumi turpināsies arī tad, kad es vairs nebūšu šajā miesā un būšu kopā ar Kungu. Ticība kaut kur sākas. Tai ir sākums, un tā ir neierobežota, jo ir dažādi ticības mēri. Kad ticība ir iestādīta, to laista ar Dieva vārdu un baro ar citu liecībām. Es domāju par Rakstu vietu, kurā teikts, ka, ja mums ir ticība kā sinepju graudiņš, mēs varam pārcelt kalnus. Kā es varēju zināt, ka šis ceļojums uz Ameriku aizvedīs mani cauri dzīves pārmaiņu pieredzes labirintam vai ka kādu dienu es rakstīšu par Viņa ceļu godināšanu? Kādu dienu es minēju savai draudzenei Rozai par Dieva vēsti un Viņa plānu attiecībā uz šo grāmatu. Roze klausījās un aplūkoja manas piezīmes. Viņa mani pazina gadiem ilgi un jau daudz zināja par manu dzīvi Amerikā. Rakstīšana ieguva tādu formu, kādu nevarēja iedomāties divi nepieredzējuši cilvēki. Kungs pavēra ceļu, un caur daudzām grūtībām un ļoti "dīvainiem" notikumiem grāmata tiks pabeigta. Kungs bija runājis, un tagad Viņa plāns ir piepildījies.

Karenas draudzene turpināja pravietot. Viņa man teica: "*Dievs kaut ko darīs tavā labā līdz šī mēneša beigām.*" Un daudzas citas lietas, ko Dievs man teica caur viņas pravietotajiem vēstījumiem. Es sāku atcerēties, kā es izgāju cauri tik daudzām grūtībām šīs patiesības dēļ. Tajā dienā, kad Dievs mani uzrunāja caur šo jauno sievieti, Dievs atbildēja uz manas sirds jautājumu. Man bija jāpilda Viņa griba, un iedrošinājuma vārdi nāca tālāk. Vārdi, kurus man vajadzēja dzirdēt. Viņa pravietoja, ka es esmu "*zelta trauks*". Tas mani tik ļoti pazemoja. Ticībā mēs darām visu iespējamo, lai staigātu saskaņā ar Dievu un ar nenoteiktību, vai mēs tiešām Viņam patīkam. Tajā dienā Viņš mani svētīja, ļaujot man saprast, ka es Viņam esmu patika. Mana sirds bija piepildīta ar lielu prieku. Dažreiz mēs aizmirstam, ko lūdzam, bet, kad mūsu lūgšana tiek uzklausīta, mēs esam pārsteigti.

Mums ir jātic, ka Viņš neciena cilvēkus, kā teikts Bībelē. Nav svarīgi, kāds ir tavs statuss vai kāda ir tava kārta, jo pie Dieva dzīvē nav ne kārtas, ne statusa sistēmas. Dievs mūs visus mīl vienādi un vēlas, lai mums būtu personiskas attiecības ar Viņu, nevis daudzu paaudžu nodotās reliģiskās tradīcijas, kas ir kalpojušas elkiem un cilvēkiem. Elki neredz un nedzird. Reliģija nevar mainīt jūsu dzīvi vai sirdi. Reliģija tikai īslaicīgi liek jums justies labi, jo tā ir pašapmierinoša. Patiesais Dievs gaida, lai jūs apskautu un uzņemtu. Jēzus bija upurējošais Dieva Jērs, kas tika nokauts pasaules priekšā. Kad Viņš nomira pie krusta, Viņš augšāmcēlās un dzīvo šodien un mūžīgi. Tagad mēs varam būt tiešā saskarsmē ar Dievu caur Jēzu Kristu, mūsu Kungu un Glābēju. Mūsu ceļā ar Dievu ir dažādi līmeņi. Mums jātiecas pēc Viņa vairāk un jāturpina augt mīlestībā, ticībā un uzticībā. Šī pieredze mani ļoti pazemoja. Visa mana vēlme un mērķis ir izpatikt Viņam. Pastāv garīgās izaugsmes līmeņi, kuros ir iespējams nobriest Dievā. Jūs nobriedīsiet ar laiku, bet tas viss ir atkarīgs no laika un pūlēm, ko ieguldāt attiecībās ar Viņu. Mēneša beigās apstākļi lika man pamest draudzi, kuru biju apmeklējis 23 gadus. Dievs aizvēra vienas durvis un atvēra citas. Kopš tā laika Viņš ir aizvēris un atvēris durvis, gluži tāpat kā tos pakāpiena akmeņus, kurus pirmo reizi pieminēju šīs grāmatas sākumā. Dievs visu laiku rūpējās par mani. Īsu brīdi es apmekleju draudzi Rietumkovinā, tad plaši atvērās citas durvis.

Es to darīju "Viņa veidā"

Pēc dažiem gadiem tā pati jauniete atkal pravietoja un teica man, lai sapakojos, jo "*tu pārceļosi*". Es biju ļoti pārsteigta, jo mana mamma bija ļoti veca un mans stāvoklis joprojām nebija uzlabojies. Es ticēju Tam Kungam. Gadu vēlāk tas notika, un es patiešām pārcēlos no Kalifornijas uz Teksasu. Vietas, kur nekad nebiju bijusi un nevienu nepazinu. Tas bija sākums vēl vienam piedzīvojumam manā dzīves ceļojumā. Būdama vientuļa sieviete, es biju pakļauta Dieva balsij, un man bija jāpaklausa. Dievs man nekad neko neatņēma. Viņš tikai aizvietoja lietas un vietas un turpināja ienest manā dzīvē jaunas draudzības un cilvēkus. Paldies Tev, Kungs, mana dzīve šodien ir tik svētīta!

Elizabete Das

11. nodaļa

Ticības kustība

In 2005. gada aprīlī es pārcēlos uz Teksasas štatu Longhorn. Dievs caur pravietiskiem vēstījumiem izmantoja dažādus cilvēkus. Pārcelšanās bija apstiprināta, un man vajadzēja tikai veikt šo ticības lēcienu. Pirmo reizi tas sākās 2004. gadā, kad brālis Džeimss un Andžela, draudzene Kungā, ar mani lūdza pa telefonu. Māsa Andžela sāka pravietot, sakot man: "*Tu pārcelsies līdz šī gada beigām.*" Un es teicu: "*Tu pārcelsies līdz šī gada beigām.* No tā gada janvāra līdz augustam nekas nenotika, un tad septembrī kādu pēcpusdienu mana mamma mani izsauca uz savu guļamistabu. Viņa man teica, ka manas māsas ģimene pārceļas uz citu štatu un viņi vēlas, lai es pārceltos kopā ar viņiem. Lēmums, kur pārcelties, vēl nebija pieņemts, bet bija šādas iespējas: Teksasa, Arizona vai vispār pamest Ameriku un pārcelties uz Kanādu. Tad es piezvanīju māsai Andželai un pastāstīju viņai, kas notika. Es viņai teicu, ka noteikti nevēlos doties uz Teksasu. Man nekad nebija ienācis prātā, ka es kādreiz tur braukšu, tāpēc pat nebija variantu tur dzīvot. Man par lielu vilšanos māsa Andžela teica, ka Teksasa ir štats. No paklausības tas tika nokārtots, un tas ir tas, kas galu galā lika mums pārcelties uz Teksasu. Tolaik es vēl nenojautu, ka Dieva pakāpieni jau bija ielikti šajā virzienā. Pēc sarunas ar māsu Andželu es

Es to darīju "Viņa veidā"

sev rezervēju lidmašīnu, lai pēc divām nedēļām būtu Teksasā. Man nezinot, manas māsas ģimene jau bija devusies uz Teksasu, lai apskatītu Plano apkārtni.

Māsa Andžela lūdzās par mani un teica, lai es neuztraucos, Jēzus tevi paņems no lidostas. Brālis un māsa Blakiji bija tik laipni un pacietīgi, ka tas man atgādināja par māsas Andželas pravietojumu. Viņi ar prieku mani sagaidīja lidostā un ar tādu mīlestību un gādību palīdzēja man nokārtot visas manas vajadzības.

Māsa Andžela turpināja stāstīt, ka pirmā māja, ko es ieraudzīšu, man ļoti patiks, bet tā nebūs mana māja. Ar interneta starpniecību es sāku zvanīt Apvienotās Vasarsvētku baznīcām šajā rajonā un sazinājos ar mācītāju Konklu, kurš ir Apvienotās Vasarsvētku baznīcas mācītājs Allenas pilsētā Teksasā. Es paskaidroju mācītājam Konklam, ko es daru Teksasā. Pēc tam viņš lūdza mani piezvanīt Nensijai Konklei. Nebiju pārliecināts, kāpēc, un domāju, ka varbūt viņa ir viņa sieva vai sekretāre. Izrādījās, ka Nensija Konkle ir ģimenes matriarhs, ģimeni un draudzi kopjoša māte. Māsa Konkle pati bija izaudzinājusi sešus bērnus un palīdzējusi audzināt savus brāļus un māsas, kuru kopskaitā bija vienpadsmit brāļi un māsas! Pēc sarunas ar Nensiju Konklu es sapratu, kāpēc mācītājs Konkls lika man runāt ar šo spēcīgo un gādīgo sievieti, kura uzreiz lika man justies gaidītai. Māsa Konkle pēc tam savienoja mani ar savu otru brāli Džeimsu Bleiku, kurš ir nekustamā īpašuma aģents, un viņa sievu Alisi Bleiku. Viņi dzīvo nelielā pilsētiņā Wylie, Teksasas štatā, kas atrodas tikai dažu minūšu brauciena attālumā no Allenas pa līdzenuma zemju aizmugures ceļiem.

Pēc iepazīšanās ar šo teritoriju es aizlidoju atpakaļ uz Kaliforniju, lai pārdotu savu māju. Mans nams tika pārdots divu mēnešu laikā. Pēc tam es lidoju atpakaļ uz Teksasu, lai sāktu mājas medības. Es lūdzos par to, kurā pilsētā Dievs vēlas, lai es dzīvotu, jo tur bija tik daudz mazu pilsētu un pilsētiņu. Dievs teica: "Wylie." Pirms svarīgu lēmumu pieņemšanas ir svarīgi lūgties un lūgt Dievam Viņa gribu, jo tā vienmēr būs pareizā.

Elizabete Das

> *"Jo labāk, ja tāda ir Dieva griba, lai jūs ciešat par labu, nekā par ļaunu."* (1.Pēt.3:17)

Vēlāk es izskaidroju brālim un māsai Bleikijiem par pravietotajiem vēstījumiem un to, ka es vēlos paklausīt Dievam. Viņi ļoti uzmanīgi respektēja manu vēlmi un uzklausīja visu, ko es viņiem teicu, ka Dievs man ir runājis. Es viņiem arī pastāstīju, ka mana pirmā ceļojuma laikā uz Teksasu Dievs teica: *"Jūs nezināt, ko Es jums esmu sarūpējis."* Un es viņiem teicu: *"Jūs nezināt, ko Es jums esmu* sarūpējis. Viņi bija tik pacietīgi ar mani, ka es vienmēr būšu ļoti pateicīgs par viņu iejūtību pret Dieva lietām. Blakey ģimenei bija liela nozīme šīs pravietiskās vēsts piepildīšanā un manā jaunajā dzīvē Teksasā. Mēs sākām apskatīt mājas Vailī trīs dienas, un trešajā dienā man vakarā bija jāatgriežas Kalifornijā. Viņi aizveda mani apskatīt paraugmāju jaunā traktā, un tad māsa Blakija teica: "Šī ir tava māja." Un tad māsa Blakija teica: "Tā ir tava māja." Un es uzzināju, ka tā ir mana māja. Es uzreiz sapratu, ka tā patiešām ir. Ātri sāku kārtot pirkuma dokumentus, tad uzreiz aizbraucu uz lidostu, zinot, ka lietas kaut kā tiks nokārtotas. Tajā pašā laikā Dievs man lika doties uz Indiju uz trim mēnešiem. Es Viņu neapšaubīju, un es devu pilnvaru brālim Bleikijam turpināt mājas iegādi Teksasā, un es devu pilnvaru savam brāļadēlam Stīvam, kurš nodarbojas ar nekustamo īpašumu, rūpēties par manām finansēm Kalifornijā. Pēc desmit gadiem es atgriezos dzimtajā Indijā. Paldies Dievam par manu dziedināšanu, jo es to nebūtu varējis izdarīt bez kustību kustībām kājas. Es lidoju uz Indiju un iegādājos māju Teksasā. Manā dzīvē viss strauji mainījās.

Atgriešanās uz Indiju.

Kad ierados Indijā, es ātri pamanīju, ka salīdzinoši īsā laikā viss ir mainījies. 25 gadus es lūdzos un gavēju par to, lai šī valsts piedzīvo Atdzimšanu. Indija ir ļoti reliģioza valsts, kurā valda elkdievība, tiek pielūgti akmens, koka un dzelzs statujas. Reliģiski tēli, kas neredz, nerunā un nedzird un kam nav nekāda spēka. Tās ir reliģiskas tradīcijas, kas nerada pārmaiņas ne prātā, ne sirdī.

Es to darīju "Viņa veidā"

"Un es izteikšu savu spriedumu pret tiem, kas mani atstājuši un dedzinājuši vīraku svešiem dieviem un pielūguši savu roku darbus.""
(Jeremijas 1:16)

Kristietība šajā valstī, kur bija tik daudz vajāšanu un naida starp reliģijām un jo īpaši pret kristiešiem, bija minoritāte. Pret kristiešiem vērstā apspiešana tikai stiprināja viņu ticību, jo tika izlietas nevainīgas asinis, dedzinātas baznīcas, sisti vai nogalināti cilvēki. Diemžēl mātes un tēvi noraidīja savus bērnus, ja tie pievērsās Jēzum un atteicās no savas ģimenes reliģijas. Iespējams, mēs bijām atstumtie, bet ne bezbērni, jo Dievs ir mūsu Debesu Tēvs, kurš noslaucīs asaras no mūsu acīm.

"Jūs domājat, ka es esmu nācis dot mieru uz zemes? Es jums saku: nē, bet drīzāk šķelšanos: Jo no šī brīža pieci vienā namā būs sadalīti, trīs pret diviem un divi pret trim. Tēvs šķirsies pret dēlu, un dēls pret tēvu, māte pret meitu, un meita pret māti, vedekla pret vedeklu, un vedekla pret savu vedeklu." (Lūkas 12:51-53).

Es biju pārsteigts, redzot cilvēkus, kuri visur staigāja ar Bībeli, un dzirdēju par lūgšanu sapulcēm. Bija daudz vienotības baznīcu un ticīgo vienam Dievam. Dievs nāca dzīvot mūsu vidū miesā, Jēzus Kristus miesā. Un tāds ir arī dievbijības noslēpums par vienīgo patieso Dievu.

"Un bez strīdiem liels ir dievbijības noslēpums: **Dievs miesāatklājies**, *Garā attaisnots, eņģeļu redzēts, pagāniem sludināts, pasaulē ticēts, godībā uzņemts.""(1.Tim.3:16)*

"Filips Viņam sacīja: Kungs, rādi mums Tēvu, un mums pietiks. Jēzus viņam saka: Vai Es tik ilgi esmu pie tevis, un tu Mani vēl nepazīsti, Filip? Kas mani ir redzējis, tas ir redzējis Tēvu; un kā tad tu saki: Rādi mums Tēvu? Vai tu netic, ka es esmu Tēvā un Tēvs manī? Vārdus, ko es jums runāju, es nerunāju no sevis, bet Tēvs, kas mājo manī, Viņš dara darbus. Ticiet man, ka es esmu Tēvā un Tēvs manī, vai arī ticiet man pašu darbu dēļ." (Jņ.ev.14:8-11)

*Tu tici, ka ir viens Dievs, tu labi dari; arī velni tic un trīc.
" (Jēkaba 2:19).*

Tas bija tik liels prieks redzēt cilvēkus, kas slāpst pēc Dieva. Viņu pielūgsme bija tik spēcīga. Tā bija pavisam cita Indija nekā tā, kuru es atstāju pirms divdesmit pieciem gadiem. Cilvēki, gan jauni, gan veci, vēlējās Jehovas Dieva lietas. Bija ierasts redzēt jauniešus, kas reliģiskās hinduistu svinībās piedāvāja kristiešu bukletus. Dienas laikā viņi devās uz baznīcu un pēc dievkalpojuma no pulksten 14:30 atgriezās aptuveni pulksten 3:00 naktī. Arī hinduisti un musulmaņi nāca uz mūsu dievkalpojumiem, lai saņemtu dziedināšanu un atrastu atbrīvošanu. Cilvēki bija atvērti uzklausīt sludināšanu no Dieva vārda un saņemt mācības no Svētās Rakstu grāmatas. Es uzzināju par šīm indiešu draudzēm un sazinājos ar to mācītājiem pa tālruni un e-pastu. Es sadarbojos ar apvienotajām Vasarsvētku baznīcām, lai atrastu amerikāņu sludinātājus, kuri būtu gatavi Indijas mācītāju vārdā doties uz Indiju un uzstāties viņu ikgadējās konferencēs. Ar Dieva palīdzību mums tas izdevās ļoti veiksmīgi. Es priecājos, ka sludinātājiem Amerikā bija rūpes par manu valsti; viņi sniedza savu garīgo atbalstu Indijas sludinātājiem. Es satiku indiešu mācītāju no ļoti mazas un pieticīgas draudzes. Tur bija tik liela nabadzība un cilvēku vajadzības bija tik lielas, ka es personīgi apņēmos sūtīt naudu. Mēs Amerikā esam tik ļoti svētīti. Ticiet, ka "Nekas nav neiespējams." Ja vēlaties ziedot, dariet to ar prieku un ticībā un ziedojiet to slepeni. Daudzus gadus neviens nezināja par manu apņemšanos. Nekad negaidiet, ka ziedosiet personīga labuma dēļ vai lai saņemtu slavu vai uzslavu no citiem. Dodiet ar tīru sirdi un netirgojieties ar Dievu.

"Tāpēc, kad tu dod savu žēlastību, nedziedi savā priekšā, kā to dara liekuļi sinagogās un uz ielām, lai godu gūtu no cilvēkiem. Patiesi Es jums saku: viņiem ir viņu atalgojums. Bet, kad tu dari žēlastību, lai tava kreisā roka nezina, ko dara tava labā roka: Lai tava žēlastība būtu slepenībā, un tavs Tēvs, kas redz slepenībā, pats tev atalgos atklāti."" (Mt.ev.6:2-4)

Es to darīju "Viņa veidā"

Dievs bija ļāvis manā dzīvē notikt tā, ka es varēju palikt mājās. Es ar izbrīnu raugos atpakaļ uz to, kā manas slimības progresēja, līdz es vairs nevarēju normāli staigāt, domāt un justies, līdz dienā, kad brālis Džeimss lūdza un Dievs mani pacēla no ratiņkrēsla. Joprojām uzskatīts par invalīdu ar audzējiem un asins slimībām, es dzīvoju ar niecīgu ikmēneša invaliditātes pabalstu. Manam čekam nebija nozīmes, jo Dievs atņēma manu darbu, manas rūpes bija par to, kā es nomaksāsim rēķinus. Jēzus divreiz mani uzrunāja, sakot" :Es par tevi parūpēšos." Es biju ļoti noraizējies par tevi. Dzīvojot Kalifornijā vai Teksasā, Jēzus apmierinās visas manas vajadzības. Dievs to darīja no Savas bagātības un pārpilnības. Es uzticējos Dievam attiecībā uz visām savām ikdienas vajadzībām.

Bet meklējiet vispirms Dieva valstību un Viņa taisnību, un tas viss jums tiks pielikts. (Mateja 6:33)

Pirms es aizbraucu no Indijas, dažas draudzes dāmas man teica, ka viņas vairs nepērk sev luksusa preces. Viņas bija apmierinātas ar visu, kas viņām bija, jo viņas guva lielu gandarījumu, ziedojot nabadzīgajiem.

Bet dievbijība ar apmierinātību ir liels ieguvums. Jo mēs neko neesam atnesuši uz šo pasauli, un ir skaidrs, ka mēs neko nevaram iznest no tās. Bet, ja mums ir ēdiens un apģērbs, būsim ar to apmierināti. (1.Tim.6:6-8)

Mīlestības projektos tika iesaistīti arī vecāka gadagājuma cilvēki un mazi bērni. Viņi kopā gatavoja dāvanu pakas, ko dāvināt nabadzīgajiem. Viņi bija tik apmierināti ar dāvināšanas svētību.

"Dodiet, un jums tiks dots; labu mēru, saspiestu, satricinātu un pārpildītu, cilvēki dos jūsu klēpī. Jo ar to pašu mēru, ar ko jūs to esat sastapuši, jums atkal tiks mēra." (Lūkas 6:38).

Iedomājieties, kas notika tik īsā laikā. Es pārdevu savu māju un iegādājos jaunu māju citā štatā. Es redzēju, kā mana valsts mainījās, jo cilvēki slāpst pēc Kunga Jēzus Kristus. Tagad es gaidīju jaunas dzīves uzsākšanu Teksasā. Kad mēs Dievu liekam pirmajā vietā, arī godības Kungs būs uzticīgs mums.

Atgriezties Amerikā.

Pēc trim mēnešiem atgriezos no Indijas. Kad mana māja bija gatava, es lidoju uz Teksasu. 2005. gada 26. aprīlī, kad mana lidmašīna nolaidās Dalasas un Fort Vortas lidostā, es raudāju, jo biju pilnībā šķīries no visas ģimenes un draugiem kopš pirmās ierašanās šajā valstī. Tad Dievs man deva šādu Rakstu vietu:

> Bet tagad tā saka Tas Kungs, kas tevi radījis, Jēkabs, un kas tevi veidojis, Izraēl, Viņš: Nebīsties, jo Es tevi atpestīju, Es tevi nosaucu tavā vārdā, tu esi mans. Kad tu ej cauri ūdeņiem, Es būšu ar tevi, un cauri upēm, tās tevi nepārplūdinās; kad tu ej cauri ugunij, tu nesadegsi, un liesma tevi neapdegs. Jo Es esmu Tas Kungs, tavs Dievs, Izraēla Svētais, tavs Glābējs: Es devu Ēģipti par tavu izpirkumu, Etiopiju un Sebu par tevi. Tā kā tu esi bijis dārgs manās acīs, tu esi bijis godājams, un Es tevi esmu mīlējis, tādēļ Es došu cilvēkus par tevi un tautas par tavu dzīvību. Nebīsties, jo Es esmu ar tevi: Es atvedīšu tavu dzimumu no austrumiem un savāksim tevi no rietumiem; Es sacīšu ziemeļiem: atdodiet, un dienvidiem: neatgriezieties; Es atvedīšu savus dēlus no tālienes un savas meitas no zemes malu malām;
> (Jesajas 43:1-6)

Dienā, kad ierados, es atrados viens pats šajā lielajā jaunajā mājā. Realitāte iestājās, kad es stāvēju dzīvojamās istabas vidū un ieraudzīju savu māju pilnīgi tukšu. Es apsēdos uz grīdas un sāku raudāt. Es jutos tik vientuļa un gribēju atgriezties mājās, Kalifornijā, kur biju atstājusi savu mīļo māti. Mēs tik ilgi dzīvojām kopā, un viņa bija liela daļa no manis. Mani tik ļoti pārņēma šī šķiršanās sajūta, ka es gribēju doties uz lidostu un lidot atpakaļ uz Kaliforniju. Es vairs negribēju šo māju. Manas skumjas bija lielākas par manu realitāti. Kamēr es pārdzīvoju šīs sajūtas, Dievs man atgādināja, ka man jāzvana brālim Blakijam.

Es to darīju "Viņa veidā"

Brālis Bleiks nezināja, kā es jutos tieši tajā brīdī, bet Dievs zināja. Es biju pārsteigta, kad viņš teica: "Tagad, māsa Das, jūs zināt, ka esat tikai viena telefona zvana attālumā no mums." Es biju pārsteigta. Viņa vārdi bija pilnīgi svaidīti, jo manas sāpes un viss mans izmisums uzreiz pazuda. Es jutu, ka man ir ģimene, ka neesmu viena un ka viss būs labi. No tās dienas Blakey ģimene pieņēma mani savā ģimenē laikā, kad man neviena nebija.

Mana māsa ar ģimeni vēlāk pārcēlās uz Plano, Teksasas štatā, tikai dažas jūdzes no Vailī. Blakey ģimenē ir vienpadsmit brāļi un māsas. Viņu bērni un mazbērni izturējās pret mani kā pret ģimeni. Viņu skaits bija gandrīz 200, un visi zina par Blakey ģimeni Wylie. Viņi man ir bijuši milzīgs atbalsts, un arī es vienmēr jutos kā "Blakey"! Kad es apmetos savā mājvietā, man bija jāatrod baznīca. Es jautāju Dievam, kuru draudzi Viņš man vēlas. Es apmeklēju daudzas baznīcas. Visbeidzot es apmeklēju draudzi Garlandes pilsētā, Ziemeļpilsētu apvienoto Vasarsvētku draudzi. Dievs skaidri pateica" :Šī ir tava draudze." Tā joprojām ir vieta, kur es pulcējos. Es mīlu savu draudzi un atradu brīnišķīgu mācītāju, priesteri Hargrovu. Blakey ģimene kļuva par manu paplašināto ģimeni, aicinot mani uz pusdienām vai vakariņām pēc baznīcas. Viņi mani iesaistīja arī savos ģimenes salidojumos un ģimenes svētkos. Dievs ir brīnišķīgi nodrošinājis visu, kas man vajadzīgs.

Es pateicos Dievam par savu jauno mācītāju, draudzi un Blakey's, kuri mani ir pieņēmuši savā ģimenē. Tagad es ērti dzīvoju savās jaunajās mājās. Dievs ir turējis Savu apsolījumu" :Es par tevi parūpēšos." Dievs to visu izvēlējās man, saskaņā ar Savu gribu manai dzīvei. Tagad es strādāju Viņa labā no brīža, kad pamostos 3:50 no rīta, lai lūgtos. Es brokastu un gatavojos Kunga darbam no sava biroja mājās. Mani draugi jums teiks" :Nekad neteiksiet māsai Līzai, ka viņai nav īsta darba." Es nekad neteikšu, ka viņai nav īsta darba. Kāda ir mana atbilde? Es strādāju Tā Kunga labā, es nostrādāju garas darba stundas, nepunkšķinot pulksteņa rādītājus, un es nesaņemu algu. Dievs par mani rūpējas, un mana alga būs debesīs.

Elizabete Das

Es novērtēju savu darbu un mīlu to, ko daru!

Es to darīju "Viņa veidā"

12. nodaļa

Dēmonu atbrīvošana un Dieva dziedinošais spēks

O ne svētdienas pēcpusdienā es saņēmu telefona zvanu no Patel kunga, kurš lūdza, lai mēs ejam un lūdzamies par viņa tēvu, kuram uzbrukuši dēmoniski gari. Patel kungs ir inženieris, kurš jau vairāk nekā 30 gadus dzīvo Amerikā. Viņš bija dzirdējis par manu dziedināšanu un bija atvērts dzirdēt par Kungu Jēzu Kristu. Nākamajā dienā mēs devāmies uz viņa brāļa māju, kur tikāmies ar Patelu kungu un viņa ģimeni (brāli, brāļasievu, diviem dēliem un viņa tēvu un māti). Kamēr visi klausījās, cits brālis, kurš arī bija kristietis, sāka stāstīt par to, kā viņš iepazina Jēzu. Tēvs, vecākais Patel kunga tēvs, stāstīja, ka viņš ir pielūdzis elku dievus, bet vienmēr juties slikti, kad veicis pielūgsmi. Viņš teica, ka juties tā, it kā viņam vēderā būtu iedzīts stienis, kas viņam sagādā sāpes, un, kad viņš staigājis, viņam šķitis, ka zem kājām ir akmeņi. Mēs sākām lūgt par viņu Kunga Jēzus Kristus vārdā. Mēs lūdzāmies, līdz viņš atbrīvojās no dēmoniskā gara un sāka justies daudz labāk. Pirms aizbraukšanas viņš saņēma Bībeles studijas, lai viņš saprastu Tā Kunga vārda spēku un to, kā palikt brīvam no dēmonu uzbrukumiem, lai tie neatgrieztos.

Mēs bijām gandarīti, kad dēls un viens no mazdēliem uzstāja, lai vecākais Pātela kungs nosauc Jēzus vārdu, bet viņš to nedarīja, lai gan viņam nebija nekādu problēmu pateikt "Dievs" (Bhagvan). Mazbērni uzstāja" :Nē, sakiet Jēzus vārdā!", kad dēli stāvēja rindā, lai saņemtu lūgšanu. Viens no mazbērniem, kuram bija ap divdesmit gadu, iepriekš bija iekļuvis autoavārijā. Viņš bija apmeklējis daudzus ķirurgus saistībā ar ceļgala problēmām. Tajā dienā Kungs Jēzus dziedināja viņa ceļgalu, un Patel kunga jaunāko brāli ļoti aizkustināja Dieva Gars. Visi saņēma lūgšanu un liecināja, kā viņus aizkustināja Dieva Gars, tajā dienā darīdams dziedināšanas un atbrīvošanas brīnumus. Kad Kungs Jēzus staigāja starp cilvēkiem, Viņš mācīja un sludināja evaņģēliju par nākamo Valstību un dziedināja visdažādākās slimības un kaites cilvēku vidū. Viņš dziedināja un atbrīvoja tos, kas bija apsēsti un nomocīti no dēmoniem, kā arī ārprātīgos (neprātīgos) un triekas slimniekus (Mt.4:23-24). Kā Dieva māceķļi šodien mēs turpinām darīt Viņa darbu un mācīt citus par glābšanu mūsu Kunga Jēzus vārdā.

*"Un nevienā citā nav pestīšanas, jo nav cita **vārda** zem debess, kas dots cilvēkiem, kurā mums tapt pestītiem."" (Ap.d.4:12).*

Kalpošana Dzīvajam Dievam sniedz daudz priekšrocību. Tā vietā, lai kalpotu dievam, kas ir no akmens vai klints, kurš neredz un nedzird, mums ir patiess un dzīvs Dievs, kurš pēta vīriešu un sieviešu sirdis. Atveriet savu sirdi un prātu, lai ieklausītos Viņa balsī. Lūdzieties, lai Viņš pieskaras jūsu sirdij. Lūdzieties, lai Viņš jums piedod par to, ka esat Viņu noraidījuši. Lūdzieties, lai iepazītu Viņu un iemīlētu Viņu. Dariet to tagad, jo durvis drīz aizvērsies.

Es to darīju "Viņa veidā"

13. nodaļa

Atzīšanās un tīra sirdsapziņa

O kādu dienu pie manis ieradās indiešu pāris, lai mani apciemotu un lūgtos kopā ar mani. Kad mēs gatavojāmies lūgšanai, sieva sāka skaļi lūgt. Vīrs tai sekoja. Es pamanīju, ka viņi abi lūdzās vienādā reliģiskā manierē, bet man tomēr patika klausīties viņu daiļrunīgos vārdus. Es sirsnīgi lūdzu Dievu: "Es gribu, lai Tu lūdzies caur manu muti." Es lūdzu Dievu, lai Viņš lūdzas caur manu muti. Kad pienāca mana kārta lūgties skaļi, Svētais Gars pārņēma varu, un es lūdzos Garā.

> *"Tāpat arī Gars palīdz mūsu vājībām, jo mēs nezinām, par ko mums būtu jālūdz, kā mums vajadzētu, bet Gars pats aizlūdz par mums ar neizsakāmiem nopūtām. Un tas, kas pēta sirdis, zina, kāds ir Gara prāts, jo Viņš aizlūdz par svētajiem saskaņā ar Dieva gribu.""*
> (Romiešiem 8:26, 27).

Es lūdzos Garā ar Dieva spēku tādā veidā, kas atklāja grēku. Vīrs, kurš vairs nevarēja to paciest, sāka atzīt savu grēku sievai, kura bija šokēta. Vēlāk es runāju ar viņiem par šķīstīšanu caur viņa grēka atzīšanu.

"Ja atzīstamies savos grēkos, Viņš ir uzticīgs un taisns, lai piedotu mums grēkus un šķīstītu mūs no visas netaisnības. Ja mēs sakām, ka neesam grēkojuši, tad darām Viņu par meli, un Viņa vārda mūsos nav (1.Jāņa 1:9, 10)

Es paskaidroju vīram, ka, tā kā viņš ir atzinies, Dievs viņam piedos.

Atcerieties arī, ka savus grēkus izsūdziet tikai tiem, kuri var par jums lūgt.

Atzīstiet viens otram savus grēkus un lūdzieties cits par citu, lai jūs tiktu dziedināti. Daudz ko dod taisna cilvēka dedzīga un efektīva lūgšana. (Jēkaba 5:16)

Es paskaidroju, ka tad, kad viņš tiks kristīts, Dievs noņems viņa grēku un viņam būs tīra sirdsapziņa.

Līdzīgs tēls, kam arī kristība mūs tagad glābj (nevis miesas netīrumu atņemšana, bet gan labas sirdsapziņas attaisnošana Dieva priekšā) ar Jēzus Kristus augšāmcelšanos."" (1.Pēt.3:21)

Dažas dienas vēlāk abi vīrs un sieva tika kristīti Kunga Jēzus vārdā. Vīrs tika pilnīgi atbrīvots un viņa grēki tika piedoti. Viņi abi ir kļuvuši par tādu svētību Dieva Valstībai.

"Atgriezieties no grēkiem un topiet kristīti Jēzus Kristus vārdā grēku piedošanai, un jūs saņemsiet Svētā Gara dāvanu."
(Apustuļu darbi 2:38).

Dievs meklē tos, kas pazemosies Viņa priekšā. Nav svarīgi, cik daiļrunīgi un skaisti ir jūsu lūgšanas vārdi, bet gan tas, lai jūs lūgtos no visas sirds. Viņš arī zina, kas ir jūsu sirdī, kad jūs lūdzaties. Noņemiet grēku, lūdzot Dievam piedošanu, citādi jūsu lūgšanas kavēs Svētais Gars. Kā ticīgie mēs katru dienu pārmeklējam savu sirdi un tiesājam paši sevi. Dievs vienmēr ir klāt, lai piedotu un attīrītu mūs, kad mēs grēkojam.

Es to darīju "Viņa veidā"

14. nodaļa.

Pie nāves robežas

Brālim Jēkabam, par kuru es runāju iepriekš, ir dziedināšanas dāvana ar Dieva svaidīšanas spēku. Viņš tika uzaicināts lūgties par kādu korejieti, kas atradās Karalienes ielejas slimnīcas intensīvās terapijas nodaļā (intensīvās terapijas nodaļā). Pēc ārstu teiktā, viņa bija tuvu nāvei. Viņas ģimene jau gatavoja bēru ceremoniju. Tajā dienā es pavadīju brāli Džeimsu un redzēju, ka viņas ķermenis atrodas uz dzīvības aparāta; viņa bija bezsamaņā un tuvu nāves robežai. Kad es sāku lūgties, man likās, ka kaut kas grib mani paķert aiz kājas un izmest no istabas, taču Svētā Gara spēks bija ļoti spēcīgs manī un neļāva šim garam darīt savu.

> *Jūs esat no Dieva, bērniņi, un esat tos uzvarējuši, jo lielāks ir Tas, kas jūsos, nekā tas, kas pasaulē. (1.Jāņa 4:4)*

Pēc lūgšanas Kungs runāja caur mani, un es teicu šādus vārdus: "Šī mašīna mainīsies." Tas attiecās uz dzīvības uzturēšanas iekārtām, kas bija piestiprinātas viņas ķermenim. Es dzirdēju sevi sakām šos vārdus, kā Dievs ir izrunājis šīs ļoti slimās sievietes likteni. Brālis Džeimss lūdza par viņu, un tad mēs runājām ar šīs kundzes ģimeni par lūgšanas un Dieva vārda spēku. Viņi klausījās, kad es viņiem stāstīju par savu paša dziedināšanu un par to, kā Dievs mani no ratiņkrēsla pārcēla atpakaļ uz staigāšanu. Bija ieradies arī viņu dēls, kurš bija aviokompānijas pilots, bet nerunāja korejiešu valodā. Es ar viņu runāju angliski, kamēr pārējie ģimenes locekļi sarunājās korejiešu valodā. Interesanti, ka viņš man paskaidroja, ka viņa mātei bija paredzēts doties uz Kanādu tajā pašā dienā, kad viņa ļoti saslima. Viņš paskaidroja, ka viņa sauca vīru pēc palīdzības un tika aizvesta uz slimnīcu, lai gan viņa atteicās braukt. Dēls teica, ka viņa māte viņiem teica: "Slimnīcā mani nogalinās." Dēls teica, ka viņa māte bija teikusi: "Viņi mani nogalinās slimnīcā." Viņa bija pārliecināta, ka nomirs, ja viņu aizvedīs uz slimnīcu. Viņas dēls turpināja mums skaidrot, ka viņa viņiem stāstījusi, ka katru nakti; melnās drēbēs tērpti cilvēki ierodas mājā. Katru nakti māte kliegusi gan uz viņu, gan uz tēvu un bez redzama iemesla dusmīgi metusi uz viņiem traukus. Viņa arī sāka izrakstīt čekus viņiem nesaprotamā valodā. Viņas uzvedība bija ļoti dīvaina. Es viņam paskaidroju par dēmoniskajiem gariem, kas var pārņemt un mocīt cilvēku. Tas viņu pārsteidza, jo, kā viņš mums paskaidroja, viņi visi iet uz baznīcu un viņa dod tik daudz naudas, bet viņi nekad iepriekš par to nebija dzirdējuši. Dēmoni ir pakļauti patiesiem ticīgajiem, kuriem ir Svētais Gars; jo Jēzus asinis ir uz viņu dzīvēm un viņi kalpo Jēzus Vārda autoritātē Viņa Vārda spēkā.

Es sacīju jaunietim, ka mēs ar brāli Jēkabu varam lūgt Jēzus vārdā, lai izdzītu dēmonu, un viņš piekrita lūgšanai par viņa mātes atbrīvošanu. Kad ārsts atnāca apskatīt savu pacienti, viņš bija pārsteigts, ka viņa reaģē, un nespēja saprast, kas bija noticis ar viņa pacientu. Ģimene viņam pastāstīja, ka naktī kāds bija atnācis lūgt par viņu, un viņa sāka reaģēt tieši tā, kā viņiem bija teikts. Dažas dienas vēlāk mums bija vēl viena iespēja lūgt par to pašu kundzi. Kad mēs ienācām istabā, viņa smaidīja. Tad es uzliku roku viņai uz galvas un sāku lūgties; viņa atvairīja manu roku un pacēla galvu uz augšu, norādot uz griestiem, jo nespēja runāt. Viņas sejas izteiksme mainījās, un viņa izskatījās tik pārbijusies. Pēc tam, kad mēs aizgājām, viņas stāvoklis pasliktinājās. Viņas bērni brīnījās, ko viņa redzēja, un viņi jautāja, vai viņa nav

Es to darīju "Viņa veidā"

redzējusi kaut ko ļaunu. Viņa ar roku norādīja "jā". Mēs atkal atgriezāmies, lai lūgtu par viņu, jo viņa bija nobijusies no sava mocītāja, dēmoniskā gara, kas atradās viņas istabā. Pēc lūgšanas šoreiz viņa uzvaras kārtā atbrīvojās no saviem mocītājiem. Paldies Dievam, kas atbild uz lūgšanām. Vēlāk mēs dzirdējām, ka viņa tika izrakstīta no slimnīcas, uzsāka rehabilitācijas programmu un tika nosūtīta mājās, kur viņai joprojām klājas labi. Viņa bija izkļuvusi no nāves sliekšņa.

Ejiet liecināt pasaulei:

*Un Viņš tiem pavēlēja, lai tie nevienam neko nestāsta, bet jo vairāk Viņš viņiem pavēlēja, jo vairāk viņi to **izplatīja;** (Marka 7:36)*

*Atgriezies savās mājās un parādi, cik lielas lietas Dievs tev ir darījis. Un viņš devās ceļā un pa visu pilsētu **sludināja,** cik lielas lietas Jēzus viņam bija darījis. (Lūkas 8:39)*

Bībelē ir teikts, ka mums ir jāiet un jāliecina. Šī korejiešu ģimene liecināja citām ģimenēm par šo brīnumu. Vienu dienu brālis. Džeimss saņēma zvanu no citas korejietes. Šīs ģimenes vīram bija vardarbīga uzvedība un viņš nezināja, ko dara. Viņa sieva bija ļoti sīka un mīļa sieviete. Dažas dienas viņš mēģināja viņu nogalināt. Daudzas reizes viņiem nācās viņu nogādāt slimnīcā, jo viņš viņu nežēlīgi sita. Tā kā viņa uzzināja par šo brīnumu, viņa uzaicināja mūs un lūdza mani. Mēs devāmies pie viņas un viņas vīra. Brālis. Džeimss lūdza mani runāt, un viņš lūdzās. Mēs visi bijām svētīti. Pēc dažām nedēļām viņa sieva piezvanīja un jautāja, vai mēs atkal atnāksim, jo viņas vīram klājas labāk. Mēs atkal devāmies, un es sniedzu liecību par piedošanu, un brālis teica: "Es jums piedodu. Džeimss lūdza par viņiem visiem.

Es viņiem pastāstīju par laiku, kad es strādāju un mani uzmācās kāda vadītāja; viņa mani nežēlīgi uzmācās, un es naktīs nevarēju gulēt. Kādu dienu es aizgāju uz savu istabu, lai lūgtos par viņu. Jēzus teica: "Tev viņai ir jāpiedod." Sākumā tas šķita grūti, un es domāju, ka, ja es viņai piedošu, viņa joprojām turpinās darīt to pašu, ko man. Tā kā dzirdēju, ka Jēzus runā ar mani, es teicu" :Kungs, es viņai pilnīgi piedodu", un Dievs savā žēlastībā palīdzēja man to aizmirst. Kad es viņai piedodu, es sāku labi gulēt, un ne tikai, bet, kad vien viņa darīja kaut ko sliktu, tas mani vairs netraucēja.

Bībele saka.

Zaglis nenāk, bet lai zagtu, nogalinātu un pazudinātu; Es esmu nācis, lai viņiem būtu dzīvība un lai viņiem būtu dzīvība vēl bagātīgāka (Jņ.ev.10:10).

Es priecājos, ka audžumāte bija klāt, lai dzirdētu šo liecību, jo viņas sirds bija smaga no skumjām. Bija tik pārsteidzoši redzēt, kā Dieva roka nāca un mainīja visu šo situāciju, kā piedošana pārņēma viņu sirdis un viņos ienāca mīlestība.

*Bet ja jūs nepiedosiet, tad arī jūsu Tēvs, kas ir debesīs, **nepiedos** jūsu pārkāpumus. (Marka 11:26)*

Nepiedošana ir ļoti bīstama lieta. Jūs zaudēsiet prāta un ķermeņa veselību. Piedošana ir jūsu labā, nevis tikai jūsu ienaidnieka labā. Dievs lūdz mums piedot, lai mēs varētu labāk gulēt. Atriebība ir Viņa, nevis mūsu lieta.

*netiesājiet, un **jūs** netiksiet tiesāti: netiesājiet, un jūs netiksiet notiesāti; **piedodiet**, un jums **tiks piedots**. (Lūkas 6:37).*

Un ticības lūgšana izglābs slimo, un Tas Kungs viņu uzmodinās, un, ja viņš būs darījis grēkus, tie viņam tiks piedoti. Atzīstiet viens otram savas vainas un lūdzieties cits par citu, lai jūs tiktu dziedināti. Daudz ko dod taisna cilvēka dedzīga un efektīva lūgšana. (Jēkaba 5:15, 16)

Iepriekš minētā stāsta otrajā daļā mēs dzirdējām, ka viņas vīrs bija pilnīgi izdziedināts no garīgām problēmām un bija tik laipns un mīlošs pret savu sievu.

Slava Dievam! Jēzus atnesa mieru viņu mājās.

Es to darīju "Viņa veidā"

15. nodaļa

Miers Dieva klātbūtnē

Dieva klātbūtne var dāvāt dvēselei mieru. Reiz es lūdzos par kādu kungu, kurš bija nāvējoši slims, vēža pēdējā stadijā. Viņš bija draudzes dāmas vīrs. Šī kundze un viņas dēls savulaik apmetās pie manis mājās.

Viņi bija piederējuši draudzei, kas neticēja, ka viņu dzīve var mainīties, līdz viņi noskatījās video par beigu laiku. Viņi abi saņēma atklāsmi par Kristību Kunga Jēzus vārdā un sāka meklēt draudzi, kas viņus kristītu Jēzus vārdā. Tad viņi atrada draudzi, kuru es apmeklēju. Sātans nevēlas, lai ikvienam būtu patiesības atziņa, jo tā ved uz pestīšanu. Viņš vēlas, lai jūs būtu tumsā, domājot, ka esat glābti, bet ticot viltus mācībām un cilvēku tradīcijām. Viņš vērsīsies pret jums, kad jūs meklēsiet Patiesību. Šajā situācijā instruments, kas tika izmantots pret šo māti un dēlu, bija neticīgais vīrs un tēvs, kas viņus pastāvīgi vajāja un izsmēja par viņu ticību Dievam. Daudzas reizes viņi beigu beigās ieradās pie manis mājās, lai lūgtos, un beigu beigās palika. Kādu dienu dēls dzirdēja To Kungu sakām: Viņa dienas ir saskaitītas. Tēvs atrādās Beilora slimnīcā Dalasā, Teksasas štatā, intensīvās terapijas nodaļā.

Viņš ļoti skaidri pateica, ka nevēlas, lai pie viņa nāktu lūgties vai kādi baznīcas ļaudis. Kādu dienu es pajautāju sievai, vai es varētu viņu apciemot un lūgt par vīru. Viņa man paskaidroja, kā viņš jūtas, un atteica. Mēs turpinājām lūgt, lai Dievs mīkstina viņa nocietināto sirdi.

Kādu dienu es kopā ar dēlu un viņa sievu devos uz slimnīcu un riskēju, ka Dievs viņu ir mainījis. Dēls jautāja tēvam: *Tēti, vai tu gribi, lai māsa Elizabete lūdzas par tevi? Viņa ir lūgšanu cīnītāja.* Tā kā tēvs vairs nevarēja runāt, viņš lūdza, lai tēvs mirkšķina acis, lai viņš varētu ar viņu sazināties. Pēc tam viņš lūdza viņu pamirkšķināt, lai dotu mums signālu, vai viņš vēlas, lai es par viņu lūdzos, un viņš pamirkšķināja. Es sāku lūgties, lūdzot, lai viņa grēki tiktu nomazgāti Jēzus asinīs. Es pamanīju, ka viņā ir kādas pārmaiņas, un turpināju lūgties, līdz telpā bija jūtama Svētā Gara klātbūtne. Pēc manas lūgšanas tēvs mēģināja sazināties, rādīdams uz griestiem, it kā mums kaut ko rādītu. Viņš mēģināja rakstīt, bet nespēja. Dēls lūdza tēvu pamirkšķināt, ja tas ir kaut kas labs, ko viņš redz. Viņš pamirkšķināja! Tad viņš lūdza tēvam pamirkšķināt, vai tas ir gaisma, bet viņš nemirkšķināja. Tad viņš viņam lūdza, vai tas, ko viņš redz, ir eņģeļi, un lai pamirkšķina. Bet viņš nemirkšķināja. Visbeidzot dēls jautā, vai tas ir Kungs Jēzus. Tēvs mirkšķināja acis.

Nākamajā nedēļā es atkal devos uz slimnīcu, lai viņu redzētu. Šoreiz viņš bija pavisam citādāks, un viņa seja bija mierīga. Pēc dažām dienām viņš nomira mierā. Dievs savā žēlastībā un mīlestībā deva viņam mieru pirms nāves. Mēs nezinām, kas notiek starp tik ļoti slimu cilvēku un viņa Radītāju. Tā Kunga klātbūtne bija šajā istabā. Es redzēju cilvēku, kas bija nocietinājies pret Dievu un savu ģimeni, bet pie nāves durvīm Kungs viņam atklājās, dodot atziņu par Savu esamību.

Pateicieties Tam Kungam, jo Viņš ir labs, jo Viņa žēlastība ir mūžīga. Pateicieties dievu Dievam, jo Viņa žēlastība ir mūžīga. Pateicieties kungu kungam, jo Viņa žēlastība ir mūžīga. Tam, kas vienīgais dara lielus brīnumus, jo Viņa žēlastība ir mūžīga. (Psalmi 136:1-4)

Es to darīju "Viņa veidā"

16. nodaļa.

Upurēts dzīvesveids dzīvē

D Šajā laikā es mācījos Bībeli par matiem, apģērbu, rotaslietām un grimu. Es teicu sev: "Šie cilvēki ir vecmodīgi." Savā sirdī es zināju, ka mīlu Dievu, tāpēc tam, ko es valkāju, nevajadzētu būt svarīgam. Pagāja laiks, un kādu dienu es dzirdēju, kā Dieva (Ritma) Gars uzrunā manu sirdi" :Tu dari to, ko jūti savā sirdī." Es dzirdēju, ka Dievs mani uzrunāja. Tajā brīdī man atvērās acis. Es sapratu, ka manā sirdī ir mīlestība pret pasauli un ka es pielāgoju sevi pasaules modei. (Ritms ir apgaismots un svaidīts Dieva Vārds, kas jums ir pateikts konkrētam laikam vai situācijai.) Ritms ir Dieva Vārds, kas jums ir pateikts konkrētam laikam vai situācijai.

Kungs, Tu mani esi izmeklējis un iepazinis. Tu zini manu sēdēšanu un manu sacelšanos, Tu saproti manas domas no tālienes. Tu esi iepazinis manu ceļu un manu gulēšanu, un Tu zini visus manus ceļus.
(Psalmi 139:1-3)

Elizabete Das

Rotaslietas:

Man nepatika rotaslietas, tāpēc nebija grūti atbrīvoties no tiem dažiem priekšmetiem, kas man bija.

*Tāpat arī jūs, sievas, esiet pakļāvīgas saviem vīriem, lai, ja kāds neklausa vārdam, arī viņus bez vārda varētu iegūt ar sievu sarunām, kamēr viņi redz jūsu šķīsto sarunu, kas saistīta ar bijību. Kuru rotāšana lai nav **ārējā** rotāšana ar matu pīšanu, zelta valkāšanu vai tērpu valkāšanu, bet lai tā ir sirds apslēptā, kas nav bojājama, - klusa un klusa gara **rotāšana**, kas Dieva priekšā ir ļoti dārga un dārga. Jo tā senatnē arī svētās sievietes, kas paļāvās uz Dievu, greznojās, pakļaujoties saviem vīriem: Tāpat kā Sāra paklausīja Ābrahamam, saukdama viņu par kungu; kura meitas jūs esat, ja vien jūs labi darāt un nebaidāties no jebkādas izbrīnas. (1.Pēt.3:1-6)*

Tāpat arī sievietes lai rotājas pieticīgā apģērbā, kaunīgi un atturīgi, ne ar izķemmētiem matiem, ne ar zeltu, ne ar pērlēm, ne ar dārgiem tērpiem, bet (kā tas pienākas dievbijīgām sievietēm) ar labiem darbiem. (1.Tim.2:9, 10)

Mati

*Vai pat pati daba jums nemāca, ka, ja cilvēkam ir gari mati, tas viņam ir kauns? Bet, ja sievietei ir gari mati, tā ir viņas godība, jo mati viņai ir doti kā **aizsegs**. (1. Korintiešiem 11:14, 15)*

Jaunībā man vienmēr bija gari mati. Divdesmit gadu vecumā es pirmo reizi apgriezos un turpināju griezt matus, līdz tie bija ļoti īsi. Tāpēc sākumā man bija grūti pieņemt mācību par nenogrieztiem matiem. Es negribēju ļaut saviem matiem augt, jo man patika īsi mati. Par tiem bija viegli rūpēties. Es sāku lūgt Dievu, lai Viņš man atļauj nēsāt īsus matus. Bet man par pārsteigumu Dievs mainīja manu domāšanu, ievietojot Savu Vārdu manā sirdī, un man vairs nebija grūti ļaut matiem augt.

Es to darīju "Viņa veidā"

Šajā laikā māte dzīvoja kopā ar mani. Tā kā es nezināju, kā kopt savus garos matus, mamma lūdza mani tos nogriezt, jo viņai nepatika, kā tie izskatās. Es sāku vairāk mācīties par matiem no Bībeles. Es ieguvu labāku izpratni un zināšanas, kas palīdzēja manā sirdī nostiprināties pārliecībai.

Es lūdzos un jautāju Kungam" :*Ko man darīt ar mammu, jo viņai nepatīk mani garie mati?*" Viņš mani uzrunāja un teica: "*Lūdzies, lai viņas domāšana mainītos.*"

Paļaujies uz To Kungu no visas sirds un nepaļaujies uz savu saprašanu. Visos savos ceļos atzīsti Viņu, un Viņš vadīs tavus ceļus.
(Salamana pamācība 3:5, 6)

Tas Kungs ir mans padomdevējs, tāpēc es turpināju lūgt, lai viņas domāšana mainītos.

Jēzus ir mūsu Padomdevējs;

Jo mums ir dzimis bērns, mums ir dots dēls, un valdība būs uz Viņa pleciem, un Viņa vārds būs brīnišķīgs, **Aizstāvis***, varenais Dievs, mūžīgais Tēvs, Miera Kungs. (Jesajas 9:6)*

Es vairs nekārtoju matus. Mani mati turpināja augt, un kādu dienu mamma man teica: "Tu izskaties labi ar gariem matiem!". Es biju ļoti priecīga dzirdēt šos vārdus. Es zināju, ka Tas Kungs mani bija vadījis lūgšanā un bija atbildējis uz manu lūgšanu. Es zinu, ka mani nenogrieztie mati ir mana godība, un es esmu saņēmusi varu uz savas galvas eņģeļu dēļ.

Es zinu, ka tad, kad es lūdzos, ir spēks. Slava Dievam!!!

eBet katra sieviete, kas lūdzas vai pravieto ar **nesegtu** *galvu, apkauno savu galvu, jo tā ir tāda pati, it kā būtu skūta. Bet, ja sievietei ir gari mati, tad tas ir viņas gods,* **jo mati viņai ir doti par aizsegu***.*
(1. Korintiešiem 11:5,15,)

Šajā Rakstu vietā ir skaidri pateikts, ka nenogriezti mati ir mūsu segums, nevis šalle, cepure vai plīvurs. Tas simbolizē mūsu pakļaušanos Dieva varai un Viņa godībai. Visā Dieva Vārdā jūs atradīsiet, ka eņģeļi sargāja Dieva godību. Visur, kur bija Dieva godība, bija klāt eņģeļi. Mūsu nenogrieztie mati ir mūsu godība, un eņģeļi vienmēr ir klāt, lai mūs aizsargātu, jo mēs pakļaujamies Dieva Vārdam. Šie eņģeļi sargā mūs un mūsu ģimeni.

Tādēļ sievietei vajadzētu būt ar varu uz galvas eņģeļu dēļ.
(1. Korintiešiem 11:10)

1. vēstulē korintiešiem 11. nodaļā ir Dieva sakārtota doma un rīcība, lai saglabātu nepārprotamu atšķirību starp sievieti un vīrieti.

Jaunajā Derībā redzams, ka sievietēm bija nenogriezti gari mati.

Un, redzi, kāda sieva pilsētā, kas bija grēciniece, zinādama, ka Jēzus sēž pie galda fariseja namā, atnesa alabastra trauku ar ziedi un, stāvot pie Viņa kājām aiz Viņa, raudādama sāka ar asarām mazgāt Viņa kājas, **noslaucīja tās ar savas galvas matiem,** *skūpstīja Viņa kājas un svaidīja tās ar to ziedi. (Lūkas 7:37, 38)*

viņš Lords saka

"Jeruzāleme, nocirpsi matus un atmetīsi tos, un augsti pacelsi lamuvārdus, jo Tas Kungs ir atmetis un atstājis savas dusmības paaudzi." (Jeremijas 7, 29).

Nogriezti mati ir kauna, kauna un sēru simbols. Matu griešana simbolizē bezdievīgu un apkaunojošu rīcību, ko izdara atkritušie Dieva cilvēki. Tā ir zīme, ka Tas Kungs viņus ir noraidījis. Atcerieties, ka mēs esam Viņa līgava.

Encyclopedia Britannica, V, 1033, norāda, ka pēc Pirmā pasaules kara "mati tika izķemmēti". Matu griešanu pieņēma gandrīz visas sievietes visā pasaulē.

Es to darīju "Viņa veidā"

Dieva Vārdi ir noteikti mūžībai. Dieva prasības sievietēm ir, lai tām būtu nenogriezti gari mati, bet vīriešiem - īsi mati.

Apģērbs

Dieva Vārds mūs pamāca arī par to, kā mums ģērbties. Kad es biju jaunatgriezies un mācījos, kā mums vajadzētu ģērbties, es nebiju pārliecināts par savu apģērbu. Mana darba veida dēļ es valkāju bikses. Es pie sevis domāju" :*Būtu labi, ja es turpinātu valkāt bikses tikai uz darbu.*" Es domāju: "*Tas būtu labi, ja es turpinātu valkāt bikses tikai uz darbu.* Es nopirku jaunas bikses un saņēmu daudz komplimentu par to, cik labi izskatos. Es jau zināju, ka sievietēm nevajadzētu valkāt vīrieš uapģērbu. Bikses vienmēr ir bijušas vīriešu ,nevis sieviešu apģērbs. Kad Dieva vārds būs iesējies jūsu sirdī, jūs saņemsiet pārliecību par to, kādu apģērbu valkāt pareizi.

> *Sieviete nedrīkst valkāt to, kas pieder vīrietim, un vīrietis nedrīkst valkāt sievietes apģērbu, jo visi, kas tā dara, ir **pretīgi** Tam Kungam, tavam Dievam. (5. Mozus 22:5)*

Apjukums sākās, kad vīrieši un sievietes sāka valkāt viendzimuma apģērbu. Nākamais solis vedīs jūs, kā Dievs teica, uz:

*3. Mozus 18:22 Tev nebūs gulēt ar cilvēku kā ar sievieti; tā ir **pretība**.*

Mūs ietekmēs tas, ko mēs valkājam. Vārds "riebums" tiek lietots, lai aprakstītu sievieti, kas valkā "to, kas pieder vīrietim", un vīrieti, kas valkā "sievietes drēbes". Dievs zina katru seksuālās apjukšanas soli. Dievs ir radījis abus dzimumus pilnīgi atšķirīgus ar atšķirīgu mērķi. Vai esat pamanījuši, ka tieši sievietes bija tās, kas pirmās sāka uzvilkt bikses? Tas ir gluži tāpat kā tad, kad Ieva bija nepaklausīga Ēdenes dārzā! Šis apjukums ir pierādījums mūsdienu sabiedrībai, kurā mēs dzīvojam. Dažreiz nav iespējams atšķirt vīriešus no sievietēm.

Pirms vairāk nekā 70 gadiem sieviešu uapģērbs nebija problēma, jo viņas pamatā valkāja garas kleitas vai garus svārkus. Nekādas neskaidrības. Kad sievietes sāka valkāt vīriešu apģērbu, viņas sāka uzvesties kā vīrieši un vīrieši kā sievietes. Tā ir nekārtība.

*Viņiem būs linu cepures uz galvas un linu **bikses** uz jostas, un viņi nebūs apjozušies ar neko, kas sviedrus rada (Ec.gr.44:18).*

Šodienas perversā, nepaklausīgā un mediju vadītā paaudze mācās no gaisa prinča, kas ir sātans. Viņi nezina Bībeles patiesību. Arī viņu atbalstītāji ir viltus skolotāji, kas māca cilvēka, nevis Dieva mācību un baušļus.

Redzi, Tu manas dienas esi padarījis par plaukstu, un mans vecums Tavā priekšā ir nekas; patiesi, katrs cilvēks savā labākajā stāvoklī ir pilnīgi tukšs. Sela. Patiesi, katrs cilvēks staigā veltīgi; patiesi, tie velti uztraucas; viņš krāj bagātības, bet nezina, kas tās savāks.
(Psalmi 39:5-6)

Kad Ādams un Ieva nepaklausīja Kungam un ēda augli no aizliegtā koka, viņi saprata, ka ir grēkojuši, un viņu acis atvērās viņu kailumam.

Un viņiem abiem atvērās acis, un viņi saprata, ka ir kaili, un viņi sašuva vīģes lapas un darināja sev priekšautus (1. Mozus 3:7).

Ādams un Ieva pārklājās ar vīģes lapām. Viņi no vīģu lapām darināja priekšautus, bet ar to nepietika. Dievam ir noteikts seguma standarts, un tāpēc Viņš neatzina viņu nepiemēroto segumu no vīģes lapām...... Tāpēc Viņš viņus ietērpa ādas mēteļos.

Arī Ādamam un viņa sievai Tas Kungs Dievs darināja ādas mēteļus un apģērba viņus. (1. Mozus 3:21).

Mūsu dvēseles ienaidniekam, velnam, patīk, ka mūsu miesa tiek izrādīta nepieklājīgi.

*Lūkas 8:35 "Tad viņi izgāja ārā, lai redzētu, kas darīts; un nāca pie Un tie atrada cilvēku, no kura bija iznākuši ļaunie gariem, sēdam pie Jēzus kājām, **apģērbtu** un veselu, un tie nobijās."*

Es to darīju "Viņa veidā"

Ja cilvēks neapsedz savu ķermeni, tas pierāda, ka viņu ietekmē nepareizs gars, kas rada nepareizus motīvus.

Ir ļoti svarīgi, lai mēs vienmēr lasītu Dieva Vārdu, nepārtraukti lūgtu un gavētu, lai labāk izprastu un iepazītu Dieva Garu. Pārveidošanās notiek caur Dieva vārdu, kas vispirms nāk no iekšienes, un tad pārmaiņas nāk uz āru.

Šī bauslības grāmata neatkāpsies no tavas mutes, bet tu to pārdomāsi dienām un naktīm, lai tu ievērotu darīt visu, kas tajā rakstīts, jo tad tev veiksies tavā ceļā, un tad tev labi veiksies. (Jozuas 1:8)

Sātana uzbrukums ir vērsts pret Dieva Vārdu. Atceraties Ievu? Velns zina, kam un kad uzbrukt, jo viņš ir viltīgs un viltīgs.

Esiet modri un modri, jo jūsu pretinieks velns kā lauva rēcošs lauva staigā apkārt un meklē, ko aprīt. (1.Pēt.5:8).

Tas, kas tur manus baušļus un tos pilda, tas ir tas, kas mani mīl, un tas, kas mani mīl, būs mana Tēva mīlēts, un es viņu mīlēšu un viņam sevi parādīšu. (Jņ.ev.14:21)

*Ja jūs turēsiet manus baušļus, jūs paliksiet manā mīlestībā, tāpat kāes esmu turējis sava Tēva baušļus un palieku Viņa mīlestībā.
(Jāņa 15:10)*

Tajā vakarā, kad es biju darbā, man ienāca prātā kāda doma. Es aizdomājos, kā es izskatos Dieva acīs. Pēkšņi mani pārņēma kauns, un es nespēju pacelt acis. Es jutos tā, it kā es stāvētu mūsu Dieva Kunga priekšā. Kā jūs zināt, mēs dzirdam caur ausīm, bet es dzirdēju Viņa balsi, it kā Viņš būtu runājis caur katru mana ķermeņa šūniņu, sakot : "Es tevi patiesi mīlu". Kad es dzirdēju šos skaistos Dieva vārdus: "Es tevi patiesi mīlu", tas man nozīmēja tik daudz. Es nevarēju vien sagaidīt, kad beigsim darbu un dosimies mājās, lai varētu pilnībā iztīrīt savu skapi no visām pasaulīgajām drēbēm.

Pāris nedēļas es dzirdēju atbalss Viņa balsi, kas man teica: "Es tevi patiesi mīlu." Vēlāk tas izzuda.

Dzīve Dievam nav tikai tas, ko mēs runājam, bet tas ir dzīvesveids. Kad Dievs runāja ar Mozu, Viņš runāja ļoti skaidri. Mozus bez šaubām zināja Dieva balsi.

Vārds "kaunpilnība" tulkojumā no grieķu valodas apzīmē kauna izjūtu vai pieticību, vai arī iekšējo pieklājību, kas atzīst, ka apģērba trūkums ir apkaunojošs. Tas nozīmē, ka mūsu ārējais izskats atspoguļo mūsu iekšējo būtību ne tikai mums pašiem, bet arī citiem. Tāpēc Bībelē ir teikts, ka pieticīgs apģērbs ir līdzīgs kaunpilnam apģērbam.

> *Salamana pamācība 7:10 Un, lūk, Viņu sagaidīja sieviete, kura bija tērpusies kā netikle un ar viltīgu sirdi.*

> *Tāpat arī sievietes lai pieticīgi un **atturīgi** rotājas pieticīgā apģērbā, ne ar izķemmētiem matiem, ne ar zeltu, ne ar pērlēm, ne ar dārgiem tērpiem. (1.Tim.2:9).*

Apģērbam ir jānosedz cilvēka kailums. Brīnprātība neļautu valkāt apģērbu, kas paredzēts, lai izskatītos seksīgs, vai kas ir atklāta mode. Mūsdienu apģērba stils ir tik īsi piegriezts, ka tas atgādina prostitūtas apģērbu. Viss ir atkarīgs no tā, cik seksīgi cilvēks izskatās. Apģērbu dizaineri apģērbu stilu padara atklātāku un provokatīvāku.

Paldies Dievam par Viņa vārdu, ko Viņš ir iedibinājis mūžībai; Viņš zina visu laikmetu paaudzes. Vārds pasargās jūs no pakļaušanās šai pasaulei.

Pieticības definīcija mainās atkarībā no valsts, laika un paaudzes. Āzijas sievietes valkā brīvas bikses un garas blūzes, ko sauc par pandžabi kleitām, kas ir ļoti pieticīgas. Arābu dāmas valkā garas drānas ar plīvuru. Rietumu kristietes valkā kleitas zem ceļgaliem.

Mums joprojām ir dievbijīgas kristietes, kuras mīl būt pieticīgas un ievērot Dieva sludināšanu un mācību.

Es to darīju "Viņa veidā"

> *Visu pārbaudiet, kas labs, turieties pie tā, kas labs.*
> *(1. Tesaloniķiešiem 5:21)*

Mēs dzīvojam šokējošā laikā, kad nav dievbijības.

> *Ja jūs mani mīlat, turiet manus baušļus. (Jāņa 14:15)*

Pāvils teica,

> *"Jo jūs esat par dārgu izpirkti, tādēļ slavējiet Dievu savā **miesā** un garā, kas pieder Dievam." (1. Korintiešiem 6:20)*

Apģērbs nedrīkst būt ne šaurs, ne īss, ne ar zemu griezumu. Attēli uz dažiem krekliem un blūznām bieži vien ir nepareizi izvietoti.

Dieva idejas, kas liek mums valkāt apģērbu, ir būt apsegtiem. Atcerieties, ka Ieva un Ādams bija kaili. Mēs vairs neesam nevainīgi. Mēs zinām, ka tas ir kārdinājums cilvēka acīm. Dāvids ieraudzīja Batšebu bez drēbēm, un viņš krita laulības pārkāpšanā.

Mūsdienu jauno sieviešu un meiteņu apģērbu mode ir nesamērīga. Bikses ir cieši pieguļošas. Bībelē ir teikts, ka bērniem jāmāca Dieva taisnība. Tā vietā, lai mācītu meitenēm pieticību, vecāki iepērkas nemodernus apģērbus.

Dievbijīga un apzinīga kristiete izvēlēsies apģērbu, kas ir tīkams Kristum un viņas vīram. Viņa vairs nevēlas valkāt to, kas ir "modē".

Nespodrs apģērbs, rotaslietas un kosmētika veicina acu iekāri, miesas kārību un dzīves lepnumu.

> *Nemīliet pasauli un to, kas ir pasaulē. Ja kāds mīl pasauli, tajā nav Tēva mīlestības. **Jo viss, kas ir pasaulē, - miesas kārība, acu kārība un dzīves lepnība** - nav no Tēva, bet ir no pasaules. Un pasaule un tās kārība pāriet, bet, kas pilda Dieva gribu, paliek mūžīgi.*
> *(1.Jāņa 2:15-17)*

Sātans zina, ka cilvēks ir vizuāli orientēts. Sievietes neredz sātana nodomu. Nespodrība ir spēcīgs kārdinājums un vilinājums vīriešiem. Nemoderns apģērbs, rotaslietas un kosmētika izraisa vīriešiem uzbudinājumu. Lepnums un iedomība vairo cilvēka ego. Sieviete jūtas spēcīga, jo spēj piesaistīt iekārojamu vīriešu uzmanību. Šīs lietas liek sievietei lepoties ar savu ārējo izskatu.

Tādēļ es jūs, brāļi, lūdzu, lai Dieva žēlastības dēļ jūs nododat savas miesas kā dzīvu, svētu, Dievam patīkamu upuri, kas ir jūsu saprātīgs dievkalpojums. Un nepievienojieties šai pasaulei, bet pārveidojieties, atjaunojot savu prātu, lai pierādītu, kas ir Dieva labā, patīkamā un pilnīgā griba. (Rom.12:1, 2)

Make up

Bībele noteikti runā **pret grimu**. Bībelē grims vienmēr ir saistīts ar bezdievīgām sievietēm. Bībelē Jēzebele bija nekrietna sieviete, kas krāsoja savu seju.

Caur Savu Vārdu Dievs mums, kristiešiem, ir devis rakstiskus norādījumus par sejas apgleznošanu, ko tagad sauc par grimu. Dievs mūs ir informējis par katru detaļu, sniedzot pat vēsturiskas atsauces. Bībele mūs uzskata par šīs pasaules gaismu; ja mēs esam šī gaisma, tad mums nav vajadzīga krāsošana. Neviens nekrāso spuldzīti. Mirušai lietai ir nepieciešams krāsojums. Jūs varat nokrāsot sienu, koku utt.

Lielākā daļa sieviešu un meiteņu mūsdienās valkā grimu bez jebkādām zināšanām par vēsturi vai Bībeli. Agrāk grimu izmantoja tikai uz sejas, bet tagad viņām patīk apgleznot un apgleznot dažādas ķermeņa daļas, piemēram, rokas, plaukstas, kājas utt. Vai grims ir grēcīgs? Dievam ir svarīgi, ko tu dari ar savu ķermeni. Dievs skaidri norāda, ka Viņš iebilst pret ķermeņa apgleznošanu un caurduršanu, grima un tetovējumu lietošanu.

Es to darīju "Viņa veidā"

*Jūs nedarīsiet savā miesā nekādus iegriezumus mirušajiem, nedz arī **uzzīmēsiet uz sevis kādas zīmes**: Es esmu Tas Kungs. (3. Mozus 19:28).*

Es nekad nelietoju kosmētiku, bet es lietoju lūpu krāsu, jo man tā patika. Kad uzklausīju sludināšanu par grimu, sāku mazāk lietot lūpu krāsu un vēlāk pārtraucu to lietot pavisam. Sirdī man joprojām bija vēlme to valkāt, bet es to nedarīju.

Lūgšanā es jautāju Dievam, ko Viņš domā par lūpu krāsu. Kādu dienu man pretī gāja divas dāmas, un es pamanīju, ka viņas ir ar lūpu krāsu. Tajā brīdī es ar Viņa garīgajām acīm ieraudzīju, kā tās izskatās..... Es jutos tik slikti, ka man palika slikti no vēdera. Es biju ļoti pārliecināta savā sirdī, un man nekad vairs nebija vēlēšanās valkāt lūpu krāsu. Mana vēlme bija izpatikt Viņam un paklausīt Viņa Vārdam.

"Tā runājiet un tā rīkojieties, kā tie, kurus tiesās brīvības likums." (Jēkaba 2:12).

Lai gan mums ir brīvība darīt, ko vēlamies, un dzīvot, kā vēlamies, mūsu sirds ir viltīga, un mūsu miesa tiecas pēc šīs pasaules lietām. Mēs zinām, ka mūsu miesa ir naidīga pret Dievu un Dieva lietām. Mums vienmēr jāstaigā garā, lai nepiepildītu miesas kārības. Velns nav problēma. Mēs paši esam sava problēma, ja staigājam miesā.

Jo viss, kas ir pasaulē, - miesas kārība, acu kārība un dzīves lepnība - nav no Tēva, bet no pasaules. Un pasaule un tās kārība pāriet, bet, kas pilda Dieva gribu, paliek mūžīgi. (1.Jņ.2:16-17)

Sātans vēlas būt visa centrs. Viņš bija pilnīgs skaistumā un lepnuma pilns. Viņš zina, kas lika viņam krist, un viņš to izmanto, lai liktu krist arī jums.

*Cilvēka dēls, uzraksti bēdas par Tiras ķēniņu un saki viņam: Tā saka Tas Kungs Dievs: Tu esi aizzīmogojis summu, gudrības pilnu un **skaistuma pilnību**. Tu esi bijis Ēdenē, Dieva dārzā; visi* *dārgakmeņi bija tavs segums, sardijs, topāzs un dimants, berils, onikss un jašpurs, safīrs, smaragds un karbunkuls, un zelts; tavu tabretu un cauruļvadu darinājums bija sagatavots tevī tajā dienā, kad tu esi radīts (Ec.28:12,13).*

Kad mēs dzīvojam miesā, mēs arī cenšamies būt uzmanības centrā. To var redzēt mūsu apģērbā, sarunās un rīcībā. Mēs viegli krītam sātana slazdā, pielāgojoties pasaulei un tās pasaulīgajai modei.

Ļaujiet man pastāstīt, kā un kur sākās grims vai gleznošana. Grima lietošana sākās Ēģiptē. Karaļi un karalienes grimu lietoja ap acīm. Ēģiptiešu acu grims tika izmantots aizsardzībai pret ļauno maģiju, kā arī kā simbols jaunai dzimšanai reinkarnācijas laikā. To izmantoja arī mirušo apdziedātāji. Viņi vēlējās, lai mirušie izskatītos tā, it kā viņi vienkārši gulētu.

Jums ir jāzina, ko Bībele skaidri saka par šo tēmu. Ja Dievam grims ir svarīgs, tad tam ir jābūt pieminētam Viņa Vārdā - gan konkrēti, gan principā.

Un, kad Jehū bija nācis uz Jezreēlu, Ezbela to uzzināja, un viņa nokrāsoja savu seju un nogurdināja savu galvu, un skatījās ārā pa logu. (2.Ķēniņu 9:30)

Tad jauneklis Jehū devās uzreiz uz Jezreēlu, lai izpildītu spriedumu pār Jezabeli. Uzzinājusi, ka viņai draud briesmas, viņa uzklāja grimasi, taču viņas grims nespēja savaldzināt Jehuvu. Tas, ko Dieva pravietis pravietoja par Jezabeli un viņas vīru ķēniņu Ahabu, piepildījās. Viņas bauslība beidzās, kā Dieva pravietis pravietoja par viņiem. Kad Jehū lika viņu izmest pa logu, suņi apēda viņas miesu, kā Dievs bija pasludinājis! Grims ir pašiznīcinošs ierocis.

Nepriecājies par viņas skaistumu savā sirdī, neļauj viņai tevaizrautar saviem plakstiņiem. (Salamana pamācības 6:25).

Es to darīju "Viņa veidā"

"Un kad tu būsi sabojāts, ko tu darīsi? Lai gan tu sevi apvilksi ar karmīnsarkanām drēbēm, lai gan tu sevi rotāsi ar zelta rotaslietām, Kaut arī tu savu seju ar krāsām izkrāso, veltīgi tu sevi darīsi krāšņu; tavi mīļākie tevi nicinās, tie meklēs tavu dzīvību."
(Jeremijas 4:30)

Vēsture vēsta, ka prostitūtas apgleznoja sejas, lai tās varētu atpazīt kā prostitūtas. Laika gaitā grims un sejas apgleznošana ir kļuvusi plaši izplatīta. Tas vairs netiek uzskatīts par nepiedienīgu.

Un vēl, ka jūs esat sūtījuši cilvēkus, lai nāk no tālienes, pie kuriem bija sūtīts vēstnesis, un, lūk, viņi nāca, kuru dēļ tu sevi mazgāji, krāsoji savas acis un rotāji sevi ar rotām. (Ec.23:40)

Grims ir "produkti, kas nevienam nav vajadzīgi", bet vēlme pēc tiem ir cilvēka dabā. Lepnums un iedomība ir iemesls, kāpēc daudzas sievietes izmanto kosmētiku, lai iekļautos pasaulē. Tā ir cilvēka daba. Mēs visi vēlamies iekļauties!

Holivudas zvaigznes ir atbildīgas par tik krasām izmaiņām sieviešu domāšanā par ārējo izskatu. Grimu lietoja tikai augstprātīgas un iedomīgas lepnas sievietes. Ikviena vēlas izskatīties skaista, pat bērni, kas lieto grimu.

Lepnums un iedomība ir veicinājusi grima industriju, jo, atzinīgi vērtējot grimu, tās ir kļuvušas iedomīgas. Lai kur jūs dotos, jūs atradīsiet kosmētiku. Visi - no nabadzīgākajiem līdz bagātākajiem - vēlas izskatīties skaisti. Mūsdienu sabiedrība pārāk lielu uzsvaru liek uz ārējo izskatu; iekšējās nedrošības dēļ visu vecumu sievietes izmanto grimu.

Daudzus nomāc depresija par savu izskatu, viņi pat mēģina izdarīt pašnāvību. Skaistums ir viena no visvairāk apbrīnotajām šīs paaudzes lietām. Daži cilvēki uzkrāsojas, tiklīdz pamostas. Viņiem nepatīk viņu dabiskais izskats. Grims viņus ir tik ļoti pārņēmis, ka bez tā viņi jūtas nevēlami. Tas izraisa depresiju mūsu jaunajai paaudzei un pat maziem bērniem.

Tagad padomājiet par vispazīstamākajām taisnīgajām sievietēm no Vecās vai Jaunās Derības Bībeles. Jūs neatradīsiet nevienu, kas būtu grimu. Nav nevienas pieminas, ka Sāra, Ruta, Abigaile, Naomi, Marija, Debora, Estera, Rebeka, Feija vai kāda cita tikumīga un lēnprātīga sieviete būtu lietojušas grimu.

Viņš pagodinās lēnprātīgos ar Pestīšanu (Psalmi 149:4b).

Patiesībā Dieva Vārdā vienīgie piemēri tiem, kas valkāja grimu, bija laulības pārkāpējas, netiklības, dumpinieces, atkritušie un viltus pravietes. Tam vajadzētu kalpot kā lieliskam brīdinājumam ikvienam, kam rūp Dieva Vārds un kas vēlas sekot Bībelē aprakstītajam taisnīgajam piemēram, nevis izvēlēties sekot bezdievīgu siviešu piemēram.

Tāpēc, kā Dieva izredzētie, svētie un mīļotie, tērpieties žēlsirdībā, laipnībā, pazemībā, lēnprātībā, lēnprātībā, pacietībā (Kolosiešiem 3:12).

Nē, bet, cilvēk, kas tu esi tas, kas pārmet Dievam? Vai lieta, kas radīta, sacīs Tam, kas to radījis: "Kāpēc Tu mani tā esi radījis?" (Romiešiem 9:20).

Mūsu ķermenis ir Dieva templis, un mums vajadzētu tiekties pēc Dieva taisnības ceļiem. Tas tiek panākts, ja sievietes tērpjas svētumā, ar atklātu seju (tīru seju) un atspoguļo Dieva dārgo godību mūsu ķermeņos.

Vai jūs nezināt, ka jūsu miesa ir Svētā Gara templis, kas ir jūsos, un ka tā ir no Dieva, un ka jūs neesat paši savējie? (1. Korintiešiem 6:19)

Es to darīju "Viņa veidā"

Tu un es esam pirkti par dārgu cenu, un arī Dievs mūs ir radījis pēc sava tēla. Dieva likumi ir paredzēti, lai mūs aizsargātu, un tiem jābūt ierakstītiem mūsu sirdīs. Jums un man ir noteikumi un vadlīnijas, pēc kurām dzīvot, tāpat kā mums, kas esam vecāki, ir noteikumi un vadlīnijas saviem bērniem. Ja mēs izvēlamies ievērot Dieva likumus un vadlīnijas, mēs tiksim svētīti, nevis sodīti.

"Es aicinu debesis un zemi šodien liecināt pret tevi, ka Es tev esmu licis priekšā dzīvību un nāvi, svētību un lāstu, tāpēc izvēlies dzīvību, lai dzīvotu tu un tavi pēcnācēji."(5.Moz.gr.30:19).

Lepnums un dumpība atnesīs mums slimības, finanses, apspiešanu un dēmonu apsēstību. Kad mēs tiecamies pēc šīs pasaules lietām, būdami lepni un dumpinieciski, mēs paši sevi sagatavojam neveiksmei. Tā ir velna vēlme sabojāt mūsu dzīvi ar lepnības grēku. Tā nav Dieva griba attiecībā uz mūsu dzīvi!

Esmu redzējusi, kā mainās pasaulīgas sievietes, kad tās kļūst par dievbijīgām sievietēm. Viņas pārvēršas no novecojušām, nomāktām, nomāktām, nomāktām, nomāktām, nomāktām un nelaimīgām par jaunām, skaistām, enerģiskām, mierīgām un starojošām sievietēm.

Mums ir viena dzīve, kas mums jādzīvo! Tāpēc pārstāvēsim Ābrahāma, Jēkaba un Īzāka Dievu...., dāvājot savu miesu kā dzīvu upuri, svētu un patīkamu Viņa priekšā. Tā ir mūsu saprātīga kalpošana iekšēji un ārēji, nevainojami visā!

Kad mēs nepaklausām Dieva Vārdam, būdami lepni un dumpinieciski, mēs uzvelkam lāstus sev, saviem bērniem un savu bērnu bērniem. To var redzēt Ievas nepaklausīgajā un dumpīgajā rīcībā, kuras rezultāts bija plūdi, kas nāca pār zemi, un viss tika iznīcināts. Samsons un Sauls ar savu nepaklausību paši sev un savai ģimenei nesa iznīcību. Ēlija nepaklausība atnesa nāvi viņa dēliem un atbrīvošanu no priesterības.

Vēsture caur Dieva Vārdu mums stāsta, ka pirms iznīcības cilvēces mentalitāte bija augstprātīga, egocentriska un tie meklēja savu labumu.

*Turklāt Tas Kungs saka: Tā kā **Ciānas meitas** ir augstprātīgas un staigā ar izstieptiem kakliem un bezgaumīgām acīm, staigājot un skandinot ar savām kājām: Tāpēc Tas Kungs sitīs ar cirtienu Ciānas meitu galvas vainagu, un Tas Kungs atklās viņu slepenās daļas. Tajā dienā Tas Kungs atņems viņu drosmīgo rotājumu ap kājām, viņu kāses un to apaļās riepas kā mēness, ķēdes, aproces un aproces, aprocītes un apmetņus, cepures un kāju rotājumus, un galvassegas, un plāksnītes, un auskari, un gredzeni, un deguna rotas, un mainīgie tērpi, un mantijas, un vimpeļi, un kraukšķīgi piespraudes, un brilles, un smalka veļa, un kapuces, un vāki. Un notiks tā, ka saldas smaržas vietā būs smārds, un jostas vietā - plīsums, un labi nokārtotu matu vietā - plikpaurība, un vēdera vietā - maisu josta, un skaistuma vietā - dedzināšana. Tavi vīri kritīs no zobena, un tavi varenie karā. Un tās vārti raudās un skumstēs, un viņa, būdama pamesta, sēdēs uz zemes. (Jesajas 3:16-26)*

Mūsu dzīves izvēles ir ļoti svarīgas. Bībelē balstītas un Gara vadītas izvēles nesīs svētību mums un mūsu bērniem. Ja izvēlēsieties sacelties pret Dieva Vārdu un meklēt savu egoistisko baudu, tad jūs atkārtosiet vēsturi:

1. Nepaklausīgā Ieva, kas izraisīja plūdus.

Un Dievs redzēja, ka cilvēka ļaunums bija liels virs zemes un ka visas viņa sirds domas bija tikai ļaunas un nemitīgi ļaunas. Un Tas Kungs nožēloja, ka Viņš bija radījis cilvēku uz zemes, un Viņam bija skumji pie sirds. Un Tas Kungs sacīja: Es iznīcināsim no zemes virsas cilvēku, ko Es esmu radījis, gan cilvēku, gan zvēru, gan rāpuļus, gan debesu putnus, jo Man žēl, ka Es tos esmu radījis.
(1. Mozus 6:5-7)

2. Sodomas un Gomoras sacelšanās:

*Tad Tas Kungs lija uz **Sodomu** un Gomoru sērs un uguns no Tā Kunga no debesīm; (1.Moz.gr.19:24).*

Es to darīju "Viņa veidā"

Šie ir daži piemēri no Bībeles. Jūs zināt, ka jūs kaut ko maināt šajā pasaulē. Jūs nevēlaties atdzīvināt ļauno seno vēsturi.

Tas ir tas, ko Dievs saka par dumpiniekiem un nepaklausību:

Un Es sūtīšu zobenu, badu un mēri viņu vidū, līdz tie iznīks no zemes, ko Es devu viņiem un viņu tēviem (Jeremijas 24:10).

Bet paklausīgajiem:

Un tu atgriezīsies un paklausīsi Tā Kunga balsij, un pildīsi visus Viņa baušļus, ko es tev šodien pavēlu. Un Tas Kungs, tavs Dievs, dos tev pārpilnību visos tavās rokās darāmajos darbos, tavas rokas augļos un tavos augļos. tavā miesā, tavos lopu augļos un tavas zemes augļos par labu, jo Tas Kungs atkal priecāsies par tevi par labu, kā Viņš priecājās par taviem tēviem: Ja tu klausīsi Tā Kunga, sava Dieva, balsij un turēsi Viņa baušļus un Viņa likumus, kas rakstīti šajā bauslības grāmatā, un ja tu atgriezīsies pie Tā Kunga, sava Dieva, ar visu savu sirdi un ar visu savu dvēseli. Jo šis bauslis, ko es tev šodien pavēlu, nav no tevis apslēpts un nav tālu no tevis.
(5. Mozus 30:8-11).

17. nodaļa

Ceļojumu ministrija: Kalpojošais ceļojumu dienests: aicināts mācīt un izplatīt Evaņģēliju

Ineesmu kalpotājs tādā nozīmē, ka mani sauc par reverendu, mācītāju vai sludinātāju. Kad mēs saņemam Svēto Garu un uguni, mēs kļūstam par Viņa Vārda kalpotājiem, kas sludina Labo vēsti. Lai kur es dotos, es lūdzu Dievu par iespēju būt par Viņa Vārda liecinieku un skolotāju. Es vienmēr lietoju KJV Bībeli, jo tas ir vienīgais avots, kas atdzīvina cilvēka sirdi un prātu. Kad sēkla ir iesēta, sātanam ir neiespējami to izņemt, ja mēs to pastāvīgi laistām ar lūgšanu.

Kad cilvēki pieņem šo brīnišķīgo patiesību, es viņus savienoju ar kādu vietējo draudzi, lai viņi tiktu kristīti **_Jēzus Vārdā_**; viņi var būt mācītāja mācekļu vadībā, lai uzturētu ar viņiem kontaktu. Ir svarīgi, lai viņiem būtu mācītājs, kurš viņus baros (mācīs) ar Dieva Vārdu un pieskatīs.

Es to darīju "Viņa veidā"

*"Tāpēc ejiet un māciet visas tautas, kristīdami tās Tēva, Dēla un Svētā Gara **vārdā**." (Mt.ev.28:19).*

"Un es jums došu mācītājus pēc savas sirds, kas jūs baros ar atziņu un sapratni." (Jeremijas 3:15).

Kad Kungs dod mums norādījumus, lai mēs pildītu Viņa gribu, tas var notikt jebkurā vietā un laikā. Dažkārt Viņa ceļi var nebūt jēdzīgi, bet no pieredzes esmu iemācījies, ka man tas nav svarīgi. No brīža, kad pamostos, līdz brīdim, kad iznāku no mājas, es nekad nezinu, ko Dievs man ir sagatavojis. Kā ticīgajiem mums ir jāaug savā ticībā, studējot Vārdu, lai mēs kļūtu par nobriedušiem skolotājiem. Mēs turpinām sasniegt augstākus brieduma līmeņus, nekad nepalaidot garām iespēju liecināt citiem; īpaši tad, kad Dievs ir atvēris durvis.

"Jo, kad jums jau laikam vajadzētu būt par skolotājiem, jums ir nepieciešams, lai kāds jūs atkal mācītu Dieva rakstu pirmos principus, un jūs esat kļuvuši tādi, kam vajadzīgs piens, nevis stiprs ēdiens. Jo katrs, kas lieto pienu, ir neprasmīgs taisnības vārdā, jo viņš ir zīdainis. Bet stiprs ēdiens pieder tiem, kas ir pilngadīgi, tiem, kas ar lietošanu ir izvingrinājuši savas maņas, lai atpazītu gan labu, gan ļaunu."" (Ebrejiem 5:12-14)

Šajā nodaļā es dalīšos ar jums ar savu ceļojumu pieredzi un dažiem svarīgiem vēsturiskiem punktiem, kas tika iestarpināti, lai izskaidrotu agrīnās baznīcas un vēlāko doktrīnu uzskatus.

Dievs mani atveda atpakaļ uz Kaliforniju, izmantojot "neloģisku lidojuma plānu". Veselības problēmu dēļ es vienmēr dodu priekšroku tiešajiem lidojumiem. Šoreiz es iegādājos lidojumu no Dalasas - Ft. Vortas, Teksasā, uz Ontario, Kalifornijā, ar pārsēšanos Denverā, Kolorādo. Nevaru izskaidrot, kāpēc tā rīkojos, bet vēlāk tam bija jēga. Lidmašīnā es stjuartei darīju zināmu, ka man ir sāpes, un es sēdēju tuvu atpūtas telpai. Lidojuma otrajā daļā es lūdzu stjuartei, vai viņa nevarētu atrast vietu, kur es varētu pagulties. Viņa aizveda mani uz lidmašīnas aizmuguri. Vēlāk sāpes mazinājās. Stjuarte atgriezās, lai redzētu, kā es jūtos, un teica, ka ir lūgusies par mani.

Tas Kungs man pavēra durvis, lai es varētu dalīties ar to, ko Viņš man bija darījis. Es viņai pastāstīju par saviem ievainojumiem, slimībām un dziedinājumiem. Viņa bija tik pārsteigta, ka es to visu esmu izturējusi bez medikamentiem un paļāvusies tikai uz Dievu. Kad mēs runājām par Bībeli, viņa man teica, ka nekad nav dzirdējusi, ka kāds varētu saņemt Svēto Garu. Es paskaidroju, ka saskaņā ar Svētajiem Rakstiem tas ir iespējams arī šodien. Es viņai pastāstīju savu iemeslu, kāpēc pametu savas mājas Indijā; kad mēs no visas sirds meklējam Dievu, Viņš atbild uz mūsu lūgšanām. Viņa bija ļoti laipna un gādīga pret mani, gluži tāpat kā daudzas citas reizes, kad esmu lidojis ar lidmašīnu, vienmēr šķiet, ka lidojuma laikā ir kāds, kas ir izrādījis man šādu laipnību un rūpes. Es turpināju viņai stāstīt par Svēto Garu un liecībām par runāšanu mēlēs. Viņa nelokāmi teica, ka netic. Es viņai runāju par kristīšanu Kunga Jēzus vārdā, un viņa atzina, ka arī par to nekad nav dzirdējusi. Apustuļu kristību, par ko runāts Apustuļu darbu 2. nodaļā, lielākā daļa draudžu nesludina, jo lielākā daļa ir pieņēmušas Trīsvienības doktrīnu par trim personām Dievībā un piesauc nosaukumus: Kristībā viņi runā par Tēvu, Dēlu un Svēto Garu.

*"Un Jēzus nāca un runāja tiem, sacīdams: Man dota visa vara debesīs un virs zemes. Tāpēc ejiet un māciet visas tautas, kristīdami tās Tēva, Dēla un Svētā Gara **Vārdā**." (Mt.ev.28:18-19).*

Kad mācekļi kristīja Jēzus Vārdā, viņi piepildīja Tēva, Dēla un Svētā Gara kristību, kad cilvēks iegāja ūdenī, pilnībā iegremdējoties. Tas nebija nekāds pārpratums; viņi pildīja to, ko Jēzus viņiem pavēlēja darīt, kā to rāda Raksti.

*Jo ir trīs, kas nes liecību debesīs: Tēvs, Vārds un Svētais Gars, un šie **trīs ir viens**. (1.Jāņa 5:7)*

(Šī Rakstu vieta ir izņemta no Bībeles NIV un visiem mūsdienu Bībeles tulkojumiem).

"To dzirdēdami, viņi, sirdīs iedzīti, sacīja Pēterim un pārējiem apustuļiem: "Vīri un brāļi, ko mums darīt? Tad Pēteris tiem sacīja:

Es to darīju "Viņa veidā"

*Atgriezieties no grēkiem un kristieties katrs **Jēzus Kristus vārdā** grēku piedošanai, un jūs saņemsiet Svētā Gara dāvanu.""*
(Apustuļu darbi 2:37-38).

*"To dzirdēdami, tie **kristījās Kunga Jēzus vārdā**. Un, kad Pāvils bija uzlicis uz tiem rokas, Svētais Gars nāca pār tiem, un tie runāja mēlēs un pravietoja. Un visi tie vīri bija apmēram divpadsmit."*
(Apustuļu darbi 19:5-7)

*"Jo tie dzirdēja tos runājam mēlēs un slavējam Dievu. Tad Pēterisatbildēja: Vai kāds var aizliegt ūdeni, lai tie nebūtu kristītie, kas ir saņēmuši Svēto Garu tāpat kā mēs? Un viņš viņiem pavēlēja **kristīties Kunga vārdā**. Tad viņi lūdza Viņu, lai Viņšuzkavējas dažas dienas." (Apustuļu darbi 10:46-48)*

Apustuļi nepaklausīja Jēzum. Vasarsvētku diena bija Baznīcas laikmeta sākums pēc tam, kad Jēzus bija augšāmcēlies no mirušajiem un tika uzņemts godībā. Viņš bija parādījies apustuļiem un pārmācījis tos par neticību, un bija ar viņiem četrdesmit dienas. Šajā laikā Jēzus mācīja viņiem daudzas lietas. Bībelē ir teikts, ka ticīgajiem ir jākristās.

"Pēc tam Viņš parādījās tiem vienpadsmit, kad tie sēdēja pie galda, un pārmeta viņiem viņu neticību un sirds cietību, ka viņi neticēja tiem, kas Viņu bija redzējuši pēc Viņa augšāmcelšanās. Un Viņš tiem sacīja: Ejiet pa visu pasauli un sludiniet evaņģēliju visai radībai. Kas tic un top kristīts, tas tiks izglābts, bet, kas netic, tas tiks nolādēts."
(Marka 16:14-16)

Vēlāk cilvēks pieņēma citu kristību formulu, tostarp "apsmidzināšanu", nevis pilnīgu iegremdēšanu. (Daži argumentē, ka Bībelē nav teikts, ka nedrīkst apsmidzināt, un Romas baznīca kristīja zīdaiņus). Kristību Jēzus vārdā mainīja Romas baznīca, kad tā pieņēma trīsvienības uzskatu.

Pirms es turpināšu, vispirms es vēlos teikt, ka es neapšaubu daudzu brīnišķīgu ticīgo cilvēku, kuri meklē personīgu ceļu ar mūsu Kungu, mīl Dievu un tic tam, ko viņi uzskata par agrīno Bībeles mācību, sirsnību. Tāpēc ir tik svarīgi pašiem lasīt un studēt Svētos Rakstus, tostarp agrīnās apustuliskās baznīcas vēstures Bībeles mācību. "Baznīcas mācība nonāk apostāzē."

Atkrišana nozīmē atkrišanu no patiesības. Atkritušais ir cilvēks, kurš reiz ticējis, bet pēc tam noraidījis Dieva patiesību.

312. gadā pēc Kristus dzimšanas, kad imperators bija Konstantīns, Roma pieņēma kristietību kā priviliģētu reliģiju. Konstantīns atcēla Diokletiāna (latīņu: Gaius Aurelius Valerius Diocletianus Augustus ;) vajāšanas dekrētus, kas sākās 303. gadā. Diokletiāns bija Romas imperators no 284. līdz 305. gadam. Vajāšanas dekrēti atņēma kristiešiem tiesības un pieprasīja viņiem ievērot "tradicionālās reliģiskās prakses", kas ietvēra arī upurēšanu romiešu dieviem. Tā bija pēdējā oficiālā kristietības vajāšana, kā arī to cilvēku nogalināšana un šausmināšana, kuri nepakļāvās. Konstantīns "kristianizēja" Romas impēriju un padarīja to par valsts, t. i., oficiālo reliģiju. Viņa valdīšanas laikā Romā tika veicinātas arī pagānu reliģijas. Tas nostiprināja Konstant īnaplānu panākt vienotību un mieru savā impērijā. Tādējādi tika izveidota "kristianizēta Roma" un politiska baznīca, kas valdīja. Ar to visu sātans bija izstrādājis visspēcīgāko plānu, kā sagraut baznīcu no iekšienes, agrīnajai baznīcai nekur neesot atzītai. Kristietība tika degradēta, piesārņota un vājināta, pagāniskajai sistēmai pievienojoties tā laika pasaules politiskajai sistēmai. Saskaņā ar šo sistēmu kristība ikvienu padarīja par kristieti, un viņi ieviesa baznīcā savu pagānisko reliģiju, svētos un attēlus. Vēlāk viņu koncilā tika ieviesta arī Trīsvienības doktrīna. Atkritušā baznīca vairs neatzina, nesludināja un nedomāja par Svētā Gara vai runāšanas mēlēs nozīmi. Mūsu ēras 451. gadā Halkedonas koncilā ar pāvesta piekrišanu Nīkajas/Konstantinopoles ticības apliecība tika noteikta kā autoritatīva. Nevienam nebija atļauts diskutēt par šo jautājumu. Runāt pret Trīsvienību tagad tika uzskatīts par zaimošanu. Tiem, kas nepaklausīja, tika piespriesti bargi sodi, sākot no sakropļošanas līdz nāvei. Starp kristiešiem radās ticības atšķirības, un tas noveda pie tūkstošiem cilvēku sakropļošanas un nokaušanas. Patiesi ticīgajiem

Es to darīju "Viņa veidā"

neatlika nekas cits, kā doties pagrīdē un slēpties no vajātājiem, kuri slepkavoja kristietības vārdā.

Es viņai pastāstīju, ka ticība par trīsvienību nāk no pagāniem, kuri nezināja par Dieva likumiem, baušļiem un baušļiem, un tika iedibināta 325. gadā, kad Nīkajas Pirmais koncils noteica trīsvienības mācību kā ortodoksālu un pieņēma Romas baznīcas Nīkajas ticības apliecību.

Trīsvienība tika sastādīta pēc tam, kad 300 bīskapi sapulcējās un nāca klajā ar to pēc sešām nedēļām.

Neviens nekad nevar mainīt bausli! Agrīnā baznīca Apustuļu darbu grāmatā sākās, balstoties uz Vecās Derības ticību par Dieva absolūto vienotību un Jaunās Derības atklāsmi par Jēzu Kristu kā vienīgo iemiesoto Dievu. Jaunā Derība bija pabeigta, un pēdējie apustuļi bija miruši pirmā gadsimta beigās. Līdz ceturtā gadsimta sākumam kristietībā galvenā mācība par Dievu bija pārgājusi no bibliskās Dieva Vienotības uz acīmredzamu ticību trinitārismam.

Es brīnos, ka jūs tik drīz esat attālinājušies no Tā, kas jūs aicinājis Kristus žēlastībā, un esat pievērsušies citam evaņģēlijam: Bet ir daži, kas jūs satrauc un vēlas sagrozīt Kristus evaņģēliju. Bet, ja mēs vai eņģelis no debesīm sludinātu jums kādu citu evaņģēliju, nevis to, ko mēs jums esam sludinājuši, lai tas ir nolādēts! Kā jau iepriekš sacījām, tā tagad atkal saku: ja kāds jums sludinātu citu evaņģēliju, nekā jūs esat saņēmuši, lai tas ir nolādēts! (Galatiešiem 1:6-9)

Pēcapustuliskā laikmeta (90.-140. gs.) rakstnieki bija uzticīgi Bībeles valodai, tās lietojumam un domāšanai. Viņi ticēja monoteismam, kas ir Jēzus Kristus absolūtā dievišķība un Dieva izpausme miesā.

Klausies, Israēl! <u>*Tas Kungs, mūsu Dievs, ir viens Kungs*</u>*.*
(5. Mozus 6:4).

Un bez strīdiem liels ir dievbijības noslēpums: **<u>Dievs tika atklāts miesā</u>**, *attaisnots Garā, redzēts eņģeļu, sludināts pagāniem, ticēts pasaulē, uzņemts godībā.(1.Tim.3:16)*

Viņi saistīja lielu nozīmi ar Dieva vārdu un ticēja kristībai Jēzus vārdā. Agrīnās baznīcas konvertīti bija jūdi; viņi zināja, ka Jēzus ir "Dieva Jērs". Dievs uzvilka miesu, lai Viņš varētu izliet asinis.

"Tāpēc rūpējieties par sevi un par visu ganāmpulku, pār kuru Svētais Gars jūs ir iecēlis par pārraugiem, lai jūs **ganītu Dieva draudzi**, *ko Viņš ir ieguvis ar* **savām asinīm** *(Ap.d.20:28).*

Vārds Jēzus nozīmē: Jēzus: ebreju Yeshua, grieķu Yesous, angļu Jēzus. Tāpēc Jēzus teica.

Jēzus viņam sacīja: "Vai es tik ilgi esmu pie tevis, un tu mani vēl nepazīsti, Filip, kas mani ir redzējis, tas ir redzējis Tēvu, un kā tad tu saki: Parādi mums Tēvu? (Jāņa 14:9)

Viņi neatbalstīja nekādu ideju par trīsvienību vai Trīsvienības valodu, kā to vēlāk pieņēma Romas baznīca. Lai gan mūsdienās lielākā daļa kristīgo baznīcu seko trīsvienības doktrīnai, agrīnajā baznīcā joprojām dominē apustuliskā Vasarsvētku dienas doktrīna. Dievs mūs brīdināja, lai mēs neatgriežamies no ticības. Ir viens Dievs, viena ticība un viena Kristība.

"Viens Kungs, viena ticība, **viens Kristība**, *viens Dievs un visu Tēvs, kas ir pār visiem, caur visiem un jūsos visos." (Efeziešiem 4:5-6)*

"Un Jēzus viņam atbildēja: "Pirmais no visiem baušļiem ir: Klausies, Israēl, **Kungs, mūsu Dievs, ir viens Kungs**.*""*
(Marka 12:29).

"Bet es esmu Tas Kungs, tavs Dievs, no Ēģiptes zemes, un tu nepazīsti citu dievu kā vien mani, jo **bez manis nav cita glābēja**.*"*
" (Hozejas 13:4)

Es to darīju "Viņa veidā"

Kristietība atkāpās no Dieva vienotības koncepcijas un pieņēma mulsinošo trīsvienības doktrīnu, kas joprojām ir pretrunu avots kristīgajā reliģijā. Trīsvienības doktrīna apgalvo, ka Dievs ir trīs dievišķu personu - Tēva, Dēla un Svētā Gara - savienība. Atkāpjoties no patiesības, viņi sāka klīst prom.

Kad sākās šī Trīsvienības doktrīnas prakse, tā slēpa "Jēzus Vārdu "no pielietošanas Kristībā. Jēzus vārds ir tik spēcīgs, jo ar šo vārdu mēs tiekam glābti:

Tāpat arī nav pestīšanas nevienā citā vārdā, izņemot Jēzus vārdu:

> *Un nav pestīšanas nevienā citā, jo **nav cita vārda** zem debess, kas dots cilvēkiem, kurā mēs varētu tikt pestīti. (Ap.d.4:12)*

Bija jūdu un pagānu kristieši, kas negribēja pieņemt šo kristību ar šiem tituliem (Tēvs, Dēls un Svētais Gars). Baznīcas laikmets iegāja apostāzijā. (Ko tas nozīmēja? atkrišana no patiesības).

Atkrišana ir sacelšanās pret Dievu, jo tā ir sacelšanās pret patiesību.

Salīdzināsim, ko par šo svarīgo jautājumu saka NASB un KJV Bībeles.

Pasvītrotais teikums ir izņemts no Bībeles NIV, NASB un citiem Bībeles tulkojumiem.

> *"Neļaujiet nevienam jūs maldināt, jo tā [Jēzus atgriešanās] nenotiks, ja vispirms nenāks **atkrītība** un neatklāsies bezdievības vīrs, pazudināšanas dēls." (2. Tesaloniķiešiem 2:3, **NASB versija**).*

> *"Lai neviens jūs nekādā veidā nemaldina, jo tā diena (Jēzus atnākšana) nenāks**, ja nenotiks atkrišana un neatklāsies** grēka vīrs, pazušanas dēls." (2.Tesaloniķiešiem 2:3).*

Stjuarte ļoti interesējās par to, ko es viņai mācīju. Tomēr, ņemot vērā laika trūkumu, es viņai izskaidroju Dieva Vienotību, lai īsajā laikā, kas man bija atvēlēts, sniegtu pilnīgu izpratni.

"Uzmanieties, lai kāds jūs nesabojātu ar filozofiju un tukšu viltību pēc cilvēku tradīcijas, pēc pasaules ieradumiem, nevis pēc Kristus.
Jo Viņā miesīgi mājo visa dievišķā pilnība."
(Kolosiešiem 2:8-9).

Sātana sēdeklis (pazīstams arī kā Pergama, Pergos vai Pergemons):

Es arī paskaidroju stjuartei, kāda ir Turcijas valsts nozīme mūsdienās un mūslaiku beigās. Pergamona jeb Pergamona bija sengrieķu pilsēta mūsdienu Turcijā, kas hellēnisma periodā Atalīdu dinastijas laikā (281-133. g. p. m. ē.) kļuva par Pergamonas karalistes galvaspilsētu. Pilsēta atrodas uz kalna, kur atrodas viņu galvenā dieva Asklēpija templis. Tur atrodas Asklēpija statuja, kurā viņš sēž, turot rokās spieķi, ap kuru vijas čūska. Atklāsmes grāmatā ir rakstīts par Pergamu, vienu no septiņām baznīcām. Atklāsmes grāmatā Jānis no Patmas to dēvē " parSātana sēdekli".

*"Un Pergamas draudzes eņģelim raksti: "To saka Tas, kam ir asais zobens ar divām šķautnēm: Es zinu tavus darbus un zinu, kur tu dzīvo, kur ir **sātana sēdeklis**, un tu turies pie mana vārda un neesi noliedzis manu ticību pat tajās dienās, kad Antipa bija mans uzticamais moceklis, kas tika nokauts jūsu vidū, kur sātans dzīvo. Bet man ir dažas lietas pret tevi, jo tu tur esi turējis tos, kas tur Bileāma mācību, kurš mācīja Balakam mest Izraēla bērniem klupšanas akmeni, ēst elkiem upurētas lietas un netiklību." (Atklāsmes 2:12-14).*

Kāpēc šī pilsēta šodien ir tik svarīga? Iemesls ir tas, ka, kad 457. gadā p.m.ē. Ķīrs Lielais ieņēma Babiloniju, ķēniņš Ķīrs piespieda pagānu babiloniešu priesterus bēgt uz rietumiem, uz PERGAMOS, tagadējā Turcijā.

Es to darīju "Viņa veidā"

{Piezīme: Mums ir jāskatās uz Izraēlu un pravietojumu piepildīšanos. Vai nav brīnums, ka 2010. gada 6. jūlijā Madridē, Spānijā, Sīrijas prezidents Asads brīdināja, ka Izraēla un Turcija ir tuvu karam? Dieva mīļotā Izraēla un Sātana (Sēžu) tronis, kas tuvojas kopā šodienas ziņās

Pēc tam, kad ar aviokompānijas saimnieci pārrunājām Pergamu, es sāku mācīt par jaunpiedzimšanu. Viņa nekad nebija dzirdējusi, ka kāds runātu mēlēs (Svētajā Garā). Es devu viņai visu informāciju, Svētos Rakstus un sarakstu, kur viņa varētu atrast Bībelei ticīgu draudzi. Viņa bija tik sajūsmināta par šo patiesību un atklāsmi. Tagad es sapratu, kāpēc es neizskaidrojamā veidā biju iegādājies lidojumu uz Kaliforniju bez tiešā lidojuma. Dievs vienmēr zina, ko Viņš dara, un es iemācījos, ka ne vienmēr zinu Viņa nodomu, bet vēlāk varu atskatīties atpakaļ un redzēt, ka Viņam visu laiku bija plāns. Tiklīdz es ielidoju Kalifornijā, es izkāpu no lidmašīnas bez sāpēm un drudža.

Jautājums: Kas ir apustuliskais?

Es biju citā lidojumā no Dalasas-Ft. Vortas uz Ontario, Kalifornijā. Pēc īsa snaudiena pamanīju, ka dāma blakus man lasa. Viņa ar zināmām grūtībām mēģināja paskatīties ārā, tāpēc es pacēlu žalūziju pie loga, un viņa bija laimīga. Es meklēju iespēju ar viņu aprunāties, tāpēc ar šo žestu sākās mūsu saruna, kas ilga gandrīz stundu. Es sāku viņai stāstīt par savu liecību.

Viņa teica, ka to apskatīs, kad ieradīsies viesnīcas numurā. Mēs sākām runāt par baznīcu, kad viņa atzinās, ka viņa uz to iet tikai reizēm. Viņa arī pastāstīja, ka ir precējusies un viņai ir divas meitas. Tad es viņai pastāstīju, ka pats apmeklēju apustulisko Vasarsvētku baznīcu. Tad es pamanīju, ka viņas acis plaši atvērās. Viņa man pastāstīja, ka nesen kopā ar vīru bija redzējuši reklāmas stendu par kādu apustulisko draudzi. Viņa teica, ka mēs nezinājām, ko nozīmē šis vārds (apustuliskais). Es viņai paskaidroju, ka tā ir mācība, ko Jēzus iedibināja Jāņa evaņģēlija 3:5 un kas ir pielietota Apustuļu darbos, aprakstot agrīno apustuļu laikmeta draudzi. Es stingri ticu, ka Dievs mani novietoja blakus šai kundzei, lai atbildētu tieši uz šo jautājumu. Tā bija pārāk liela sakritība, lai tā būtu nejaušība.

Apustuliskais laikmets:

Tiek pieņemts, ka Kristus ir dzimis pirms 4. gs. p.m.ē. vai pēc 6. gs. p.m.ē. un tika sists krustā starp 30. un 36. gs. p.m.ē., 33 gadu vecumā. Tādējādi kristīgās Baznīcas dibināšana tiek lēsta Vasarsvētku svētkos 30. gada maijā pēc Kristus dzimšanas.

Apustuliskais laikmets aptver apmēram septiņdesmit gadus (30 - 100 gadi pēc Kristus), sākot no Vasarsvētku dienas līdz apustuļa Jāņa nāvei.

Kopš Jāņa vēstuļu uzrakstīšanas pirmais gadsimts bija attālinājies no patiesības. Pirmajā gadsimtā baznīcās ienāca tumsa. Izņemot to, mēs ļoti maz zinām par šo baznīcas vēstures periodu. Apustuļu darbu grāmatā (2:41) ir aprakstīta trīs tūkstošu cilvēku atgriešanās no Vasarsvētkiem vienā dienā Jeruzalemē. Vēsture vēsta par masu slepkavībām Nerona laikā. Kristiešu pievērstie lielākoties bija no vidējās un zemākās šķiras cilvēkiem, piemēram, analfabētiem, vergiem, tirgotājiem utt. Tiek lēsts, ka Konstantīna atgriešanās laikā kristiešu skaits saskaņā ar šo Romas dekrētu varēja sasniegt vairāk nekā vienpadsmit miljonus, desmito daļu no kopējā Romas impērijas iedzīvotāju skaita, kas kristietībai ir milzīgi un ātri panākumi. Tas noveda pie nežēlīgas izturēšanās pret kristiešiem, kas dzīvoja naidīgā pasaulē.

Jēzus mācīja, ka mums jāmīl vienam otru kā sevi pašiem un ka glābšana un grēku nožēla nāks Viņa vārdā.

Un lai grēku nožēla un grēku piedošana tiktu sludināta Viņa vārdā visām tautām, sākot no Jeruzalemes. (Lūkas 24:47)

Apustuļi ņēma Jēzus mācību un pielietoja to Vasarsvētku dienā, pēc tam devās sludināt Jēzu vispirms jūdiem, pēc tam pagāniem.

Es to darīju "Viņa veidā"

*"Tāpēc rūpējieties par sevi un par visu ganāmpulku, pār kuru Svētais Gars jūs ir iecēlis par pārraugiem, lai jūs **barotu Dieva draudzi, ko Viņš ir ieguvis ar savām asinīm**. Jo es zinu, ka pēc manas aiziešanas jūsu vidū ienāks nikni vilki, kas nežēlos ganāmpulku. Arī no jums pašiem celsies ļaudis, kas runās perversas lietas, lai aizvilinātu mācekļus aiz sevis. Tāpēc es trīs gadus nomodā un atcerieties, ka trīs gadus es nebeidzu brīdināt katru dienu un nakti ar asarām.""*
(Apustuļu darbi 20:28-31)

Ne visi pakļāvās Konstantīna Romas impērijas dekrētam.

Bija tādi, kas sekoja sākotnējai apustuļu mācībai, bet nepieņēma Konstantīna dekrētā noteikto "atgriešanos". Dekrētā bija iekļautas reliģiskās tradīcijas, kas tika izveidotas Romas baznīcas koncilu laikā, kopā ar izmaiņām, kas tika veiktas, sagrozot agrīnās baznīcas patiesību. Šie cilvēki, kas veidoja koncilus, kuri izstrādāja Konstantīna dekrētu, nebija patiesi atdzimuši ticīgie.

Tāpēc daudzas baznīcas mūsdienās sauc sevi par apustuliskām vai Vasarsvētku baznīcām, kas seko apustuļu mācībai.

"Ne daudzi gudri pēc miesas, ne daudzi vareni, ne daudzi cēli tika aicināti, bet Dievs izredzēja pasaules muļķības, lai apkaunotu gudros; un Dievs izredzēja pasaules vājības, lai apkaunotu stipros; un Dievs izredzēja pasaules vājības, lai apkaunotu stipros; un Dievs izredzēja pasaules zemības un nicinājumus, jā, un to, kas nav, lai iznīcinātu to, kas ir, lai neviena miesa nevarētu lielīties Dieva priekšā." (1.Kor.1:26-29)

Starpkonfesiju sadarbība

Šodien mums ir jauni draudi pret Dieva principiem. To sauc par "starpkonfesiju". "Starpkonfesijas" apgalvo, ka cieņa pret **visiem dieviem** ir svarīga. Dalīta lojalitāte un dalīta godbijība ir pieņemama starpkonfesionāļiem. Mēs varam cienīt viens otru kā indivīdus un mīlēt viens otru pat tad, ja mums ir domstarpības; tomēr Bībele ir skaidra kā kristāls par "Dieva greizsirdību", kas pieprasa ekskluzīvu uzticību Viņam un godbijības izrādīšana citiem dieviem ir lamāšanās.

"Uzmanieties, lai jūs neslēgtu derību ar tās zemes iedzīvotājiem, uz kuru jūs ejat, lai tā nekļūtu par slazdu jūsu vidū, bet jūs iznīcināsiet viņu altārus, salauziet viņu tēlus un izcirsiet viņu birzis: Jo tev nebūs pielūgt nevienu citu dievu, jo Tas Kungs, kura vārds ir Greizsirdīgais, ir greizsirdīgs Dievs: Lai tu neslēgtu derību ar šīs zemes iedzīvotājiem, un tie neietu klaiņot pēc viņu dieviem un neietu upurēt viņu dieviem, un kāds tevi nesauktu, un tu neēstu no viņa upura." (2. Mozus 34:12-15).

Velns ir izdomājis maldinošu ticību "Starp- ticība", lai apmuļķotu pašus izredzētos. Viņš zina, kā manipulēt ar mūsdienu cilvēku ar savu politkorektuma ierīci, kad patiesībā tiek noslēgta derība, atzīstot vai izrādot cieņu saviem viltus dieviem, elkiem un tēliem.

Es to darīju "Viņa veidā"

18. nodaļa

Kalpošana Mumbajā, Indijā "Lielas ticības cilvēks"

S kādreiz pirms 1980. gada es devos uz Mumbaju Indijā, lai saņemtu vīzu ceļošanai ārpus valsts. Braucot ar vilcienu cauri Mumbai, es pamanīju, ka mēs braucam cauri graustu rajonam, kur dzīvo ļoti nabadzīgi cilvēki un mājiņas. Es nekad nebiju redzējis tik nožēlojamus dzīves apstākļus, kur cilvēki dzīvo šausmīgā nabadzībā.

Sākumā es norādīju, ka esmu uzaugusi stingrā reliģiskā ģimenē. Mans tēvs bija ārsts, bet māte - medmāsa. Lai gan mēs bijām reliģiozi un es daudz lasīju Bībeli, tajā laikā manā dzīvē nebija Svētā Gara. Mana sirds bija sarūgtināta, kad Kunga nasta nāca pār mani. No tās dienas es nesu šo nastu par šiem cilvēkiem, kuri bija bez cerības šajās graustu rajonos. Es negribēju, lai kāds redzētu manas asaras, tāpēc nolieku galvu uz leju, paslēpjot savu seju. Es vienkārši gribēju aizmigt, bet mana nasta par šiem cilvēkiem šķita lielāka par visu tautu. Es lūdzos, jautājot Dievam: "Kas dosies sludināt evaņģēliju šiem cilvēkiem?" Es lūdzos, jautājot

Elizabete Das

Dievam: "Kas dosies sludināt evaņģēliju šiem cilvēkiem?" Es domāju, ka man pašam būtu bail ierasties šajā apvidū. Toreiz es vēl nesapratu, ka Dieva roka ir tik liela, ka Viņš var sasniegt jebkuru cilvēku, jebkurā vietā. Toreiz es vēl nenojautu, ka turpmākajos gados Dievs mani atkal atvedīs uz šo vietu. Atgriežoties Amerikā un pēc 12 gadiem, mana nasta par cilvēkiem, kas dzīvo Mumbajas graustu rajonos, joprojām bija manā sirdī.

Indiāņu un mūsu ģimenes ieradums bija vienmēr uzņemt kalpotājus savās mājās, pabarot viņus, nodrošināt viņu vajadzības un dot viņiem ziedojumu. Agrāk es biju metodists, bet tagad es biju saņēmis patiesības atklāsmi, un kompromisu nebija. Mana ģimene gaidīja ierodamies indiešu kalpotāju, kurš viesojās Amerikā. Mēs gaidījām, bet viņš neieradās laikā. Man bija jādodas uz darbu, un es palaidu garām iespēju viņu satikt, bet mana mamma vēlāk man teica, ka viņš bijis ļoti patiess. Nākamajā gadā, 1993. gadā, tas pats kalpotājs ieradās mūsu mājās Rietumkovinā, Kalifornijā, otro reizi. Šoreiz mans brālis viņam teica, ka viņam ir nepieciešams tikties ar māsu, jo viņa ir uzticīga Dieva vārdam un ģimene ciena viņas ticību un ticību Dievam. Tā bija diena, kad es iepazinos ar mācītāju Čačko. Mēs sākām runāt par kristībām un viņa ticību Dieva vārdam. Mācītājs Čačko man pastāstīja, ka viņš kristī ar pilnīgu iegremdēšanu Jēzus vārdā un ka viņš negrasās iet uz kompromisiem ar cita veida kristībām. Es biju ļoti gandarīts un sajūsmināts, zinot, ka šis Dieva vīrs to dara Bībeles veidā, kā to darīja apustuliskā agrīnā baznīca. Pēc tam viņš izteica man uzaicinājumu apmeklēt Mumbaju, Indijā, kur viņš dzīvo.

Es pastāstīju savam mācītājam par mācītāja Čačko stingro pārliecību par Dieva Vārdu un viņa vizīti mūsu mājās. Tajā vakarā mācītājs Čačko ieradās apmeklēt mūsu draudzi, un mans mācītājs lūdza viņu teikt dažus vārdus draudzes priekšā. Par mācītāja Čačko darbu Mumbajā bija liela interese, tāpēc mana draudze sāka atbalstīt viņu finansiāli un ar mūsu lūgšanām. Mūsu draudze domāja par misiju. Mēs vienmēr maksājām par misiju, tāpat kā maksājam desmito tiesu. Tas bija pārsteidzoši, kā viss sāka nostāties savās vietās, un Mumbai tagad bija atbalsts no manas vietējās draudzes Kalifornijā.

Es to darīju "Viņa veidā"

Nākamajā gadā Dievs mani sūtīja uz Indiju, un es piekritu mācītāja Čako piedāvājumam apmeklēt draudzi un viņa ģimeni Mumbajā. Kad es pirmo reizi ierados, mācītājs Čako atbrauca pēc manis no lidostas. Viņš aizveda mani uz viesnīcu. Tā bija arī vieta, kur viņi pulcējās draudzē, un tajā pašā graustu rajonā, caur kuru 1980. gadā biju braucis ar vilcienu. Tagad bija 1996. gads, un mana sirsnīgā cerības lūgšana par šīm skaistajām dvēselēm tika uzklausīta. Mācītājs Čačko bija ļoti viesmīlīgs un dalījās ar mani ar savu nastu un vēlmi celt draudzi. Man bija iespēja apmeklēt citas draudzes, un pirms došanās uz savu galamērķa pilsētu Ahmadabadu, mani lūdza uzstāties draudzes priekšā. Mani ļoti sarūgtināja draudzes dzīves apstākļi Mumbajā. Kāds katoļu tēvs mācītājam Čačko atvēlēja klases telpu svētdienas dievkalpojumam.

Cilvēki bija ļoti nabadzīgi, bet man bija prieks redzēt mazus, skaistus bērnus, kas slavēja un kalpoja Dievam. Viņi ēda kopā, saņemot tikai nelielu maizes gabaliņu, kas tika pasniegts, un ūdeni dzeršanai. Mani pārņēma līdzjūtība, lai es nopirktu viņiem pārtiku, un es lūdzu, lai viņi man iedod sarakstu ar lietām, kas viņiem nepieciešamas. Es darīju visu, ko varēju, lai apmierinātu šajā sarakstā minētās vajadzības. Viņi mani pagodināja ar savām lūgšanām pēc mana garā lidojuma uz Indiju. Kāds brālis no draudzes lūdza par mani, un es sajutu, kā Svētā Gara spēks kā elektrība acumirklī pārņēma manu novājināto un negulošo ķermeni. Es jutos atsvaidzināts, jo spēks atgriezās un sāpes pazuda visā ķermenī. Viņu lūgšanas bija tik spēcīgas, ka es biju svētīts vairāk, nekā es varu izskaidrot. Viņi man deva vairāk nekā es viņiem. Pirms lidojuma atpakaļ uz Ameriku es atstāju Ahmadabadu un atgriezos Mumbajā, lai vēl vienu reizi apmeklētu mācītāju Čačko. Es atdevu viņam visas man palikušās rūpijas kā ziedojumu viņam un viņa ģimenei.

Par laimi, viņš man liecināja par savu sievu, kura smagi kaunējās, ejot garām veikalam, kur viņi bija parādā naudu. Viņa gāja ar galvu, kaunīgi noraugoties uz leju, jo viņi nespēja samaksāt šo parādu. Mācītājs Čačko man pastāstīja arī par sava dēla izglītību. Bija jāsamaksā skolas nodevas, un viņa dēls nevarēja turpināt mācības skolā. Es redzēju, ka ģimenei šī situācija ir satraucoša. Dievs mani bija pamudinājis ziedot, un mana ziedojuma bija vairāk nekā pietiekami, lai nokārtotu abas lietas un vēl daudz ko citu. Slava Dievam!

"Aizstāviet nabagos un bezbērnus, dariet taisnību cietušajiem un trūkumcietējiem. Izglābiet nabagos un trūkumcietīgos, izraujiet tos no ļaunā rokas." (Psalmi 82:3-4).

Kad atgriezos Kalifornijā, es lūdzos un raudāju par šo mazo draudzi un tās ļaudīm. Es biju tik salauzts, ka lūdzu Dievu par divu vai trīs cilvēku vienošanos, lai viņi varētu pieskarties visam, ko viņi lūdz.

"Patiesi Es jums saku: ko jūs sasiet virs zemes, tas tiks sasiets debesīs, un ko jūs atraisīsiet virs zemes, tas tiks atraisīts debesīs. Un atkal Es jums saku, ka, ja divi no jums vienotos uz zemes par jebko, ko viņi lūgs, tas viņiem tiks darīts no mana Tēva, kas ir debesīs. Jo kur divi vai trīs ir sapulcējušies manā vārdā, tur Es esmu viņu vidū." (Mt.ev.18:18-20)

Tas bija mans slogs un rūpes palīdzēt Dieva draudzei Mumbajā, bet man vajadzēja ar kādu dalīties savā slogā. Kādu dienu mana kolēģe Karena man jautāja, kā es varu tik ilgi lūgt? Es pajautāju Karenai, vai viņa arī vēlētos iemācīties lūgties ilgāk, veidojot savu lūgšanu dzīvi un gavēni kopā ar mani. Viņa laipni piekrita un kļuva par manu lūgšanu partneri. Karena arī dalījās manā Mumbajas apgrūtinājumā. Kad mēs sākām lūgties un gavēt, viņa kļuva ieinteresēta lūgties ilgāk un gavēt vairāk. Tajā laikā viņa neapmeklēja nevienu baznīcu, bet bija ļoti nopietna un sirsnīga savā garīgajā darbībā. Mēs lūdzāmies pusdienu laikā, un pēc darba mēs tikāmies pusotru stundu lūgties mašīnā. Dažus mēnešus vēlāk Karena man pastāstīja, ka viņai ir ienākusi nauda no apdrošināšanas, jo viņas tēvocis ir miris. Karena ir ļoti labsirdīga un devīga, un viņa teica, ka vēlas no šīs naudas maksāt desmito tiesu, nododot to kalpošanai Mumbajā. Nauda tika nosūtīta mācītājam Čačko, lai iegādātos telpas, kur viņiem varētu būt sava draudze. Viņi iegādājās nelielu telpu, kas tika izmantota sātanistu dievkalpojumiem. Viņi to iztīrīja un atjaunoja kā savu baznīcu. Nākamajā gadā Karena un

Es to darīju "Viņa veidā"

es devāmies uz Mumbaju, lai piedalītos baznīcas iesvētīšanā. Tā bija uzklausīta lūgšana, jo Karena, kas tagad kalpo Tam Kungam, ir stipra ticībā. Slava Dievam!

Tā kā draudze Mumbajā pieauga, mācītājs Čačko lūdza palīdzību, lai ziedotu līdzekļus neliela zemes gabala iegādei blakus draudzei. Mācītājs Čačko ļoti ticēja draudzes izaugsmei un Dieva darbam. Šī zeme piederēja katoļu baznīcai. Mācītājam Čačko un priesterim bija draudzīgas attiecības, un priesteris bija gatavs šo zemes gabalu pārdot mācītājam Čačko. Mācītājs Čačko nesaņēma dāvinājumu, ko viņš ticēja, ka Dievs varētu nodrošināt. Dievs zina visu, un Viņš dara lietas Savā veidā un labāk, nekā mēs varam pat iedomāties!

Dažus gadus vēlāk visā Indijā notika nemieri starp hinduistiem un kristiešiem. Hinduisti centās atbrīvoties no kristiešiem Indijā. Rīta agrumā nemiernieki ieradās baznīcā kopā ar policiju, kas viņus atbalstīja. Viņi sāka postīt baznīcu, bet mācītājs Čačko un baznīcas locekļi lūdza viņus to nedarīt viņu pašu dēļ, jo tas ir bīstami - postīt Visvarenā Dieva namu. Nekārtību cēlāji turpināja iznīcināt visu, kas bija redzams, neņemot vērā cilvēku brīdinājumus un lūgumus, līdz baznīca tika pilnībā sagrauta. Atlikušo dienas daļu baznīcas locekļi baidījās no šīs ļoti bēdīgi slavenās un niknās grupas, jo zināja, ka viņu pašu dzīvības ir apdraudētas.

Viņi izjuta skumjas par to, ka viņiem vairs nav savas baznīcas, jo tik ilgi bija lūguši, lai viņiem būtu sava vieta, kur pielūgt Dievu. Tā bija vieta, kur viņi redzēja, kā Dievs dara brīnumus, kā tiek izdzīti dēmoni un kā grēciniekiem tiek sludināta pestīšana. Tajā pašā naktī, aptuveni pusnaktī, pie mācītāja Čačko durvīm atskanēja klauvējiens. Viņu pārņēma bailes, kad viņš ieraudzīja, ka tas ir bēdīgi slavenās grupas, kas iepriekš izpostīja baznīcu, vadītājs. Mācītājs Čačko domāja, ka viņš noteikti tiks nogalināts, un tas bija viņa gals. Viņš lūdza Dievu, lūdzot, lai Dievs dod viņam drosmi atvērt durvis un aizsardzību. Kad viņš atvēra durvis, savam pārsteigumam viņš ieraudzīja vīrieti, kurš ar asarām acīs lūdza mācītājam Čačko piedot viņiem par to, ko viņi iepriekš tajā dienā bija nodarījuši viņa baznīcai.

Vīrietis turpināja stāstīt mācītājam Čačko, ka pēc baznīcas sagraušanas ir mirusi tās vadītāja sieva. Vienam no nekārtību cēlājiem mašīna nogriezusi roku. Notikumi bija vērsti pret cilvēkiem, kas izpostīja baznīcu. Starp nemierniekiem valdīja bailes par to, ko viņi bija izdarījuši pret mācītāju Čačko un viņa Dievu! Dievs teica, ka Viņš cīnīsies mūsu kaujās, un Viņš to arī darīja. Reliģiskie hinduisti un kristieši Indijā ir dievbijīgi cilvēki, kas darīs visu, lai lietas sakārtotu. Sakarā ar to, kas notika ar hinduistiem par piedalīšanos baznīcas sagraušanā, tie paši nemiernieki atgriezās, lai no bailēm atjaunotu baznīcu. Viņi arī pārņēma īpašumu, kas piederēja katoļu baznīcai. Neviens pret viņiem neiebilda un nesūdzējās. Nemiernieki paši atjaunoja baznīcu, sagādāja materiālus un visu darbu bez baznīcas palīdzības. Kad baznīca bija pabeigta, tā bija lielāka, ar diviem stāviem viena stāva vietā.

Dievs atbildēja uz mācītāja Čačko lūgšanu, un viņš saka: "Jēzus nekad nepadodas." Mēs turpinām lūgt par Mumbaju. Šodien tur ir 52 draudzes, bāreņu nams un divi dienas aprūpes centri, pateicoties to daudzu cilvēku ticībai un lūgšanām, kuriem ir nasta par Indiju. Es sāku domāt par to, cik dziļi mana sirds bija aizskārusi mani, kad 1980. gadā braucu šajā vilcienā. Es nezināju, ka Dievs bija pievērsis savu uzmanību šai manas valsts daļai un ar nelokāmām lūgšanām un Dievu, kas ieklausās sirdī, nesa mīlestību un cerību Mumbajas graustu iedzīvotājiem. Sākumā es teicu, ka mana nasta ir tik liela kā valsts. Es pateicos Dievam par to, ka Viņš man deva šo nastu. Dievs ir liels stratēģis. Tas nenotika uzreiz, bet sešpadsmit gadu laikā notika man nezināmas lietas, jo Viņš lika pamatus rezultātiem, lai atbildētu uz lūgšanām, un tas viss notika, kamēr es dzīvoju Amerikā.

Bībelē ir teikts, ka jālūdz bez apstājas. Es konsekventi lūdzos un gavēju par atmodu visā Indijā. Mana valsts piedzīvoja garīgu metamorfozi Kunga Jēzus dēļ.

Es to darīju "Viņa veidā"

Mācītāja Čačko tīmekļa vietne ir: http://www.cjcindia.org/index.html.

Elizabete Das

19. nodaļa

Ministrija Gudžaratas štatā!

I 90. gadu beigās es apmeklēju Ahmedabadas pilsētu Gudžaratas štatā. Savas pēdējās vizītes laikā Mumbajā, Indijā, es jutu gandarījumu par tur paveikto darbu. Vēlāk šajā ceļojumā es apmeklēju Ahmedabadas pilsētu un biju liecinieks. Es zināju, ka lielākā daļa cilvēku ir trinitāristi. Visi mani kontakti bija trinitāristi. Es daudzus gadus lūdzos, lai šo patiesību atnestu uz Indiju. Mana pirmā lūgšana bija: es vēlos iegūt kādu, kas līdzinās Pāvilam vai Pēterim, lai mans darbs kļūtu vieglāks un turpinātos. Es vienmēr lūdzu ar plānu un redzējumu. Pirms došanās uz jebkuru vietu es lūdzos un gavēju, īpaši dodoties uz Indiju. Es vienmēr lūdzos un gavēju trīs dienas un naktis bez ēdiena un ūdens vai līdz brīdim, kad esmu Gara piepildīts. Tāds ir Bībeles gavēņa veids.

Estera 4:16 Ejiet, sapulcējiet visus jūdus, kas ir Šušanā, un gavējiet manis dēļ, trīs dienas ne ēdiet, ne dzeriet - ne dienu, ne nakti: Arī es un manas kalpones tāpat gavēni gavēni, un tā es iešu pie ķēniņa, kas nav saskaņā ar likumu, un, ja es bojā eju, tad es bojā eju.

Jonas 3:5 Un Ninīves ļaudis noticēja Dievam, izsludināja gavēni un uzvilka maisus, sākot no lielākajiem līdz pat mazākajiem. 6 Jo nāca ziņa līdz Ninives ķēniņam, un viņš piecēlās no sava troņa, nolika no

Es to darīju "Viņa veidā"

sevis drēbes, apsedza sevi ar maisu un apsēdās pelnos. 7 Un viņš lika to pasludināt un izsludināt pa Ninivi ar ķēniņa un viņa augstmaņu rīkojumu, sacīdams: "Lai ne cilvēks, ne dzīvnieks, ne ganāmpulks, ne ganāmpulks neko negaršo, lai neēd un nedzer ūdeni!

Indiju ir pārņēmusi garīgā tumsa. Jūs neuzdrošinātos tur doties, ja vien nebūtu pilni Dieva Gara. Pirms dažiem gadiem, deviņdesmitajos gados, viņi mani iepazīstināja ar brāli. Kristianu kādā Trīsvienības dievišķās augstskolas studentu pilsētiņā. Tās vizītes laikā lielākā daļa trīnītistu mācītāju uzbruka man. Tā bija mana pirmā tikšanās ar brāli Kristianu. Tā vietā, lai teiktu slavēts Kungs! Es viņam jautāju: "Ko tu sludini?". "Vai jūs kristāt Jēzus vārdā"? Viņš atbildēja: "Jā". Es gribēju uzzināt, kā viņš uzzināja šo patiesību. Viņš teica: Dievs atklāja šo patiesību, kad es kādu agru rītu pielūdzu Dievu vietā, ko sauc Malek Saben stadions. Dievs man skaidri runāja par Jēzus Vārda Kristību.

Šīs vizītes laikā es izdrukāju un izdalīju vairāk nekā pāris tūkstošus bukletu, kuros skaidrots, kā kristīt Jēzū ar ūdeni. Tas sadusmoja reliģiskās baznīcas autoritātes. Reliģiskie vadītāji sāka sludināt pret mani. Viņi teica: "Absolūti, izdzeniet viņu no sava nama. Lai kur es arī nebūtu aizgājusi, viņi visi runāja pret mani. Patiesība dusmo velnu, bet Dieva vārds saka: "Un jūs atzīsit patiesību, un patiesība darīs jūs brīvus". Tikšanās ar brāli. Kristians man palīdzēja izplatīt patiesību. Slava Dievam par to, ka Viņš sūtīja vienotības mācītāju, kurš mācītu un sludinātu patieso evaņģēliju Indijā.

Pēc šīs vizītes Indijā 1999. gadā es kļuvu invalīds un nevarēju atgriezties Indijā. Taču darbs **turpinājās**. Drīz vien visi tie cilvēki, kas runāja pret mani, aizmirsa par mani un tagad ir aizgājuši mūžībā. Šīs fiziskās invaliditātes laikā es ierakstīju visus Patiesības meklējumu, vienotības un doktrīnas kompaktdiskus un izdalīju tos par brīvu. Es sēdēju ratiņkrēslā un zaudēju atmiņu, tāpēc paplašināju savu kalpošanu, ierakstot grāmatas. Bija grūti sēdēt, bet ar Tā Kunga palīdzību es darīju to, ko fiziski nevarēju. Paļaujoties uz To Kungu, jūs aizvedīs uz jauniem ceļiem un lielceļiem. Mēs saskaramies ar visiem izaicinājumiem. Dieva spēks ir apbrīnojams, ka nekas nevar apturēt svaidījumu. Vēsts, par kuru tik smagi cīnījāmies, tagad skanēja mājas

Elizabete Das

ierakstītos kompaktdiskos. Slava Dievam! Man par prieku un izbrīnu, ka daudzi cilvēki zināja par Bībeles mācību un Dieva vienotību.

Es daudzus gadus biju lūdzis un gavējis, lai Indijā iemantotu mīlestību pret patiesību. Tāpat tā brīvi sludinātu Jēzus Evaņģēliju katrā Indijas štatā. Man bija spēcīga vēlme nest viņiem patiesības atziņu, tulkojot Bībeles studijas no angļu valodas uz gudžarati valodu. Gudžarati ir šī štata sarunvaloda. Indijā es atradu tulkotājus, kuri labprāt man palīdzēja ar šo Bībeles studiju tulkošanu. Viens no šādiem tulkotājiem, pats būdams mācītājs, vēlējās izmainīt Bībeles kristību no apustuliskās agrīnās baznīcas Bībeles kristības, izlaižot vārdu JĒZUS uz Tēvs, Dēls un Svētais Gars. Tas ir viena patiesā Dieva nosaukums. Man kļuva grūti uzticēties savam tulkotājam, ka viņš saglabās precīzu Dieva vārdu. Bībele mūs skaidri brīdina, ka Svētajos Rakstos nedrīkst neko pievienot vai atņemt. No Vecās Derības līdz Jaunajai Derībai mēs nedrīkstam mainīt Dieva Vārdu pēc cilvēka interpretācijas. Mums ir jāseko vienīgi Jēzus piemēram un apustuļu un praviešu mācībai.

Efeziešiem 2:20 Un tie ir celti uz apustuļu un praviešu pamata, bet pats Jēzus Kristus ir galvenais stūra akmens;

Tieši mācekļi bija tie, kas devās sludināt un mācīt Jēzus evaņģēliju. Mums ir jāseko apustu ļumācībai un jātic, ka Bībele ir nekļūdīgs un autoritatīvs Dieva vārds.

5. Mozus 4:1 Tāpēc klausies, Israēl, bauslības un likumu, ko es tev mācu, lai tu tos pildītu un dzīvotu un ieietu un iemantotu zemi, ko Tas Kungs, tavējo tēvu Dievs, tev dod. 2 Jūs nepievienosiet vārdu, ko es jums pavēlu, un nemazināsiet neko no tā, lai jūs ievērotu Tā Kunga, jūsu Dieva, baušļus, ko es jums pavēlu. 3 Bet jūs nedz pievienosiet vārdu, ko es jums pavēlu, nedz samazināsiet neko no tā.

Es vēlos teikt, ka pastāv liela atšķirība starp to, ko mēs šodien uzskatām par patiesību, un to, ko mācīja agrīnā baznīca. Jau agrīnās baznīcas vēstures laikā, saskaņā ar Pāvila vēstulēm draudzēm, bija daži, kas novērsās no veselīgas mācības. Daudzas Bībeles versijas ir mainījušās, lai atbilstu velna mācībai. Es dodu priekšroku KJV, jo tas ir 99,98% precīzs tulkojums, kas ir tuvs oriģinālajiem svītru tekstiem.

Es to darīju "Viņa veidā"

Uzmanīgi izlasiet un izpētiet šādus Rakstu pantus:

2 Pētera 2:1 Bet arī tautā bija viltus pravieši, tāpat kā arī starp jums būs viltus skolotāji, kas privāti ieviesīs nolādētas ķecerības, noliedzot Kungu, kas tos ir nopircis, un paši sev nesīs ātru pazušanu. 2 Un daudzi sekos viņu kaitīgajiem ceļiem, kuru dēļ par patiesības ceļu tiks runāts ļaunprātīgi. 3 Un tie ar izdomātiem vārdiem jūs izkrāps, ar izdomātiem vārdiem jūs izkrāpjot, kuru tiesa tagad ilgi nevilcināsies un viņu nolādēšana nesagaida.

Pēc Jēzus identitātes atklāsmes tā deva apustulim Pēterim atslēgas no Valstības un Vasarsvētku dienā sacīja pirmo sprediķi. Viņi brīdināja mūs par maldinātājiem, kuriem ir dievbijības forma, bet kuri neseko apustuļu un praviešu mācībai. Viena Dieva ticīgais nevar būt Antikrists, jo viņi zināja, ka Jehova reiz nāks miesā.

2 Jņ.ev.1:7 Jo daudzi maldinātāji ir ienākuši pasaulē, kas neizsūdz, ka Jēzus Kristus ir nācis miesā. Tas ir maldinātājs un antikrists. 8 Uzmanieties, lai mēs nezaudētu to, ko esam darījuši, bet saņemtu pilnu atalgojumu. 9 Kas pārkāpj un nepaliek Kristus mācībā, tam nav Dieva. 9 Kas pārkāpj un nepaliek Kristus mācībā, tam nav Dieva. Kas paliek Kristus mācībā, tam ir gan Tēvs, gan Dēls. 10 Ja kāds nāk pie jums un neatnes šo mācību, neuzņemiet viņu savos namos un nelūdziet viņam labu ceļu, 11 Jo, kas viņam dod ceļu, tas ir līdzdalīgs viņa ļaunajos darbos. 12:11 Ja kāds nāk pie jums un neatnes šo mācību, neuzņemiet viņu savos namos un nelūdziet viņam labu ceļu.

Indijā notika daudzas konferences, uz kurām devās sludinātāji no Stoktonas Bībeles koledžas un citiem štatiem, lai sludinātu vēsti par to, ka ir jāatdzimst no jauna. Priesteris Makkojs, kurš bija aicināts sludināt Indijā, veica lielisku sludināšanas darbu daudzās vietās Indijā. Ar daudzām lūgšanu un gavēņa stundām Indijas kalpošanas panākumi turpinājās kopš 2000. gada. Es atcerējos, kā zvanīju vienam kalpotājam, mācītājam Milleram, pie kura mani bija nosūtījis Āzijas Ārējās misijas Āzijā direktors. Kad es piezvanīju viņam uz mājām, viņš man teica, ka tūlīt man piezvanīs, lai paziņotu, ka pirms sešiem mēnešiem viņš ir bijis Kalkutā un Rietumbengālijā. Viņš vēlējās doties arī uz Ahmedabadu, bet slimības dēļ atgriezās Amerikā. Mācītājs Millers laipni teica, ka viņš vēlas atgriezties Indijā, bet viņam par to ir jālūdz un jājautā Dievam, vai viņa aicinājums ir šī valsts. Viņš otro reizi atgriezās Indijā un sludināja divās vispārējās konferencēs. Dievs vareni darbojās ar šī štata gudžarātu tautu.

Mācītājs Kristians sacīja, ka šajā valstī ir ļoti grūti nodibināt Dieva darbu. Lūdzu, lūdzieties par sludinātājiem, kuriem ir milzīga cīņa. Tas Kungs veic lielu darbu Gudžaratas štatā. Velns necīnās pret neticīgajiem, jo viņš tos jau ir ieguvis! Viņš uzbrūk tiem, kam ir patiesība; Tā Kunga uzticīgajiem izredzētajiem. Jēzus samaksāja cenu ar Savām asinīm, lai mēs varētu saņemt grēku piedošanu jeb piedošanu. Velns vēl spēcīgāk cīnīsies pret kalpošanu (kalpotājiem), uzbrūkot gan vīriešiem, gan sievietēm. Velns izmanto jebkādus sagrozītus līdzekļus, lai novestu viņus līdz grēka un nosodījuma grēkam.

Jņ.ev.15:16 Ne jūs esat mani izredzējuši, bet es jūs esmu izredzējis un jūs esmu iecēlis, lai jūs eitat un nesat augļus, un lai jūsu augļi paliek, lai visu, ko jūs lūgsiet Tēvam manā vārdā, Viņš jums dotu.

Vienreiz glābts, vienmēr glābts ir vēl vieni velna meli. No 1980. līdz 2015. gadam es vairākas reizes apmeklēju Indiju. Šajā valstī bija notikušas daudzas pārmaiņas. Kad sākat kādu Dieva darbu, atcerieties, ka jūs veidojat Jēzus mācekļus, kas ir Jēzus un Viņa mācekļu iesāktā darba turpinājums. Mēs jau būtu uzvarējuši pasauli, ja turpinātu sekot Jēzus Kristus evaņģēlijam.

2013. gadā saskaņā ar Dieva plānu Viņš mani pārcēla uz draudzi Dalasā, Nodokļu štatā. Es sēdēju pie patiesa Dieva pravieša. Viņam bija deviņas dāvanas no Dieva Gara. Viņš no Svētā Gara precīzi uzzina jūsu vārdu, adresi, tālruņa numuru utt. Tas man bija jaunums. 2015. gadā, kādā svētdienas rītā, mans mācītājs Dalasā, Teksasā, paskatījās uz mani un teica: Es redzu eņģeli, kas atver lielas durvis, kuras neviens cilvēks nevar aizvērt. Viņš mani izsauca un jautāja, vai tu dodies uz Filipīnām? Viņš teica, ka es tur neredzu ne melnus, ne baltus cilvēkus. Saņemot papildu informāciju no Svētā Gara, viņš tad jautāja, vai tu brauc uz Indiju? Svētais Gars uzrunāja viņu, sakot, ka es kalpošu hinduistiem.

Es to darīju "Viņa veidā"

Tajā laikā kristieši Indijā bija briesmās. Hinduisti uzbruka kristiešiem, dedzinot viņu svētnīcas un piekaujot Jēzus mācītājus un svētos.

Es ticēju pravietojumam, tāpēc paklausīju Dieva balsij un devos uz Indiju. Kad es nonācu Badlapuras koledžā, 98 % studentu bija hinduisti, kas pārgāja kristietībā. Mani pārsteidza viņu liecības par to, kā Dievs izved cilvēkus no tumsas uz gaismu. Caur viņu liecībām es daudz uzzināju par hinduismu. Mani pārsteidza tas, ka viņi tic 33 miljoniem un vairāk dievību un dievu. Es nespēju saprast, kā var ticēt, ka ir tik daudz dievu un dievietes.

2015. gadā pēc 23 gadiem atgriezos Badlapurā, Bombejā, lai mācītu Bībeles koledžā. Tur kalpoju Bībeles koledžas tulkotājam brālim Sunilam. Brālis Sunils atradās pārejas periodā. Brālis Sunils bija apbēdināts, nezinot, ka Dievs maina viņa virzienu, un bija apbēdināts. Strādājot ar viņu, es zināju, ka viņam ir patiesība un mīlestība uz to. Nekad neatkāpieties no Bībeles patiesības. Ļaujiet Svētajam Garam jūs vadīt, vadīt, mācīt un dot jums spēku liecināt par brīnumiem un dziedināšanu. Indijai joprojām ir vajadzīgi daudzi strādnieki, patiesi pravieši un skolotāji. Lūdzu, lūdzieties, lai Dievs sūta uz Indiju daudzus strādniekus.

Šī misijas brauciena laikā es apmeklēju pilsētu Vyara Gudžaratas dienvidos. Es dzirdēju, ka Dienvidgudžaratas štatā notiek liela atmoda. Dievs man atvēra durvis, lai es varētu tur viesoties. Būdams tur, es biju ļoti sajūsmināts, un es satiku daudzus elku pielūdzējus, kuri tagad pievēršas vienīgajam patiesajam Dievam. Tas ir tāpēc, ka viņi saņēma dziedināšanu, atbrīvošanu un glābšanu Jēzus vārdā. Cik liels ir mūsu Dievs!

Daudzi cilvēki lūdzas un gavē par Indiju. Lūdzu, lūdzieties par atmodu. Vizītes laikā Vyara mācītājs uzaicināja mani uz savām mājām. Es lūdzos par viņu, un daudzi traucējošie gari atkāpās. Pēc tam viņš bija brīvs no raizēm, šaubām, smaguma un bailēm. Dievs caur mani pravietoja, ka jāceļ lūgšanu nams. Mācītājs teica, ka mums nav naudas. Dievs man teica, ka Viņš nodrošinās. Gada laikā viņiem bija liela, skaista lūgšanu māja, un mēs to apmaksājām. Dieva vārds neatgriežas tukšs.

Savas pēdējās vizītes laikā Indijā 2015. gadā es kalpoju daudziem hinduistiem, kuri dažādos štatos pārgāja kristietībā. Es kalpoju arī daudziem nekristiešiem, kuri piedzīvoja zīmes un brīnumus, kas tika darīti Jēzus vārdā, un biju pārsteigts. Es redzēju daudzu gadu lūgšanu ar gavēni atbildes par Indiju. Slava Dievam! Kopš es saņēmu šīs patiesības atklāsmi, es nepārtraukti strādāju, lai sniegtu šo informāciju Indijas valstij ar CD, audio, video, YouTube kanāla un grāmatu palīdzību. Mūsu smagais darbs nav veltīgs!

Vēlāk es dzirdēju, ka brālis Sunils pieņēmis aicinājumu kļūt par Bombejas un apkārtējo pilsētu mācītāju. Tagad es strādāju kopā ar mācītāju Sunilu un citās vietās, kuras apmeklēju 2015. gadā. Mēs esam izveidojuši daudzas svētnīcas Maharaštras un Gudžaratas štatā. Arī šodien es turpinu disciplinēt jaunpievērstos šajos štatos. Es atbalstu viņus ar lūgšanām un mācībām. Es finansiāli atbalstu Dieva darbu Indijā.

Daudzi no šiem cilvēkiem dodas pie burvjiem, kad ir slimi, bet viņi netiek dziedināti. Tāpēc viņi katru rītu zvana man, un es kalpoju, lūdzu un izdzenāju ļaunos garus Jēzus vārdā. Viņi tiek dziedināti un atbrīvoti Jēzus vārdā. Mums ir daudz jaunatgrieztu cilvēku dažādos štatos. Tā kā viņi tiek dziedināti un atbrīvoti, viņi dodas liecināt savām ģimenēm, draugiem un ciemos, lai vestu citus pie Kristus. Daudzi no viņiem lūdz mani atsūtīt Jēzus attēlu. Viņi saka, ka mēs gribētu redzēt Dievu, kas dziedina, atbrīvo, atbrīvo un dod pestīšanu par brīvu. Dieva darbs var turpināties, ja mums ir strādnieki. Daudzi no viņiem strādā saimniecībā. Daudzi ir analfabēti, tāpēc viņi klausās Jaunās Derības ierakstus un Bībeles studijas. Tas palīdz viņiem iepazīt un mācīties par Jēzu.

2015. gada novembra pēdējā sestdienā, kad biju Indijā, es atgriezos mājās no kalpošanas vēlu. Biju apņēmies svētdien un pirmdien palikt mājās, lai sapakotos un sagatavotos turpmākajam ceļojumam uz AAE. Kā par mani pravietoja mācītājs Dalasā: "Es redzēju eņģeli, kas atver milzīgas durvis, kuras neviens nevar aizvērt .Izrādījās, ka pat es

Es to darīju "Viņa veidā"

nespēju aizvērt šīs durvis. Vēlā sestdienas vakarā es saņēmu telefona zvanu ar aicinājumu apmeklēt svētdienas dievkalpojumus, taču tas neiekļaujas manā grafikā, tāpēc es mēģināju viņiem to paskaidrot, bet viņi neņēma NĒ kā atbildi. Man neatlika nekas cits, kā doties uz dievkalpojumu. Nākamajā rītā viņi mani nogādāja pie svētnīcas pulksten 9, bet dievkalpojums sākas pulksten 10 no rīta. Es biju viens pats, un kāds mūziķis mēģināja savas dziesmas.

Kad es lūdzos, svētnīcā redzēju daudzus hinduistu dievu un dieviešu garus. Es brīnījos, kāpēc to ir tik daudz šajā vietā. Ap pulksten 10 sāka ierasties mācītājs un draudzes locekļi. Viņi mani sveicināja, paspiežot man roku. Kad mācītājs paspieda man roku, uzreiz sajutos smieklīgi savā sirdī. Man likās, ka es grasos sabrukt. Vēlāk Svētais Gars man teica, ka mācītājam uzbrūk tie dēmoni, kurus jūs redzējāt iepriekš. Es sāku lūgties un lūgt Dievu, lai Viņš ļauj man kalpot šim mācītājam. Dievkalpojuma vidū viņi lūdza mani nākt uz augšu un runāt. Ejot pretī kancelei, es lūdzos un lūdzu To Kungu runāt caur mani. Kad man tika dots mikrofons, es paskaidroju, ko Dievs man parādīja un kas notika ar mācītāju. Kad mācītājs nokāpa ceļos, es lūdzu draudzi izstiept pret viņu roku, lai lūgtu. Tikmēr es uzliku savu roku viņam virsū un lūdzos, un visi dēmoni aizgāja. Viņš liecināja, ka iepriekšējā vakarā bija atradies neatliekamās palīdzības nodaļā. Viņš bija gavējis un lūdzis par jauniešiem. Tas bija iemesls, kādēļ viņš bija pakļauts šim uzbrukumam. Gods Dievam! Cik svarīgi ir būt saskaņā ar Dieva Garu! Viņa gars runā uz mums.

No turienes 2015. gada 1. decembrī es devos uz AAE. Dubaijā un Abū Dabī kalpoju hinduistu tautai, un arī viņi piedzīvoja Dieva spēku. Pabeidzis savu uzdevumu, es atgriezos Dalasā, Teksasā.

Slava Dievam!

Mani YouTube kanāli:Ikdienas garīgā diēta:

1. youtube.com/@dailyspiritualdietelizabet7777/videos
2. youtube.com/@newtestamentkjv9666/videos mp3
3. Tīmekļa vietne: https://waytoheavenministry.org

Elizabete Das

20. nodaļa

Mūsu dvēseles gans: The Sound Of The Trumpet

Es esmu labais gans, es pazīstu savas avis, un manas avis mani pazīst. (Jāņa ev. 10:14)

Jēzus ir mūsu dvēseles Gans. Mēs esam miesa un asinis ar dzīvu dvēseli. Mēs esam uz šīs zemes tikai uz mirkli Dieva laikā. Pēc mirkļa, acumirklī, viss beigsies līdz ar "bazūnes skaņas" atskanēšanu, kad mēs tiksim pārvērsti.

"Bet es negribu, brāļi, lai jūs nebūtu neziņā par tiem, kas aizmiguši, lai jūs neskumtu kā citi, kam nav cerības. Jo, ja mēs ticam, ka Jēzus ir miris un augšāmcēlies, tad arī tos, kas guļ Jēzū, Dievs atvedīs līdz ar Viņu. Jo to mēs jums sakām ar Kunga vārdu, ka mēs, kas esam dzīvi un paliekam līdz Kunga atnākšanai, netraucēsim tiem, kas aizmiguši. Jo Kungs pats nolaidīsies no debesīm ar kliedzienu, ar erceņģeļa balsi un ar Dieva bazūnes trumpi, un mirušie Kristū celsies augšām pirmie: Tad mēs, kas esam dzīvi un paliksim dzīvi, tiksim kopā ar

Es to darīju "Viņa veidā"

viņiem paņemti debesīs, lai sagaidītu Kungu gaisā, un tā mēs vienmēr būsim kopā ar Kungu. Tādēļ mieriniet cits citu ar šiem vārdiem."
(1. Tesaloniķiešiem 4:13-18).

Tikai tie, kam ir Dieva Gars (Svētais Gars), tiks atdzīvināti un augšāmcelti, lai būtu kopā ar Kungu. Mirušie Kristū tiks aicināti augšāmcelties pirmie, un tad tie, kas būs dzīvi, tiks pacelti gaisā, lai mākoņos satiktu mūsu Kungu Jēzu. Mūsu mirstīgās miesas tiks pārveidotas, lai būtu kopā ar Kungu. Kad pagānu laiks būs piepildījies, tie, kas nebūs saņēmuši Svēto Garu, tiks atstāti aiz muguras, lai piedzīvotu lielu bēdu un ciešanu laiku.

"Bet tajās dienās, pēc tās bēdas, saule aptumsīs, un mēness nedos savu gaismu, un debesu zvaigznes kritīs, un spēki, kas ir debesīs, satricināsies. Un tad tie redzēs Cilvēka Dēlu, kas nāk mākoņos ar lielu spēku un godību. Untad Viņš sūtīs savus eņģeļus un savāks savus izredzētos no visām četrām pusēm, no zemes galiem līdz debesu galiem."" (Marka 13:24-27).

Daudzi tiks pazaudēti, jo viņiem nebija bijības (cieņas) pret Dievu, lai ticētu Viņa Vārdam un varētu tikt glābti. Tā Kunga bijība ir gudrības sākums. Ķēniņš Dāvids rakstīja: "Tas Kungs ir mana gaisma un mana pestīšana, no kā man bīties? Tas Kungs ir manas dzīvības spēks; no kā man bīties? Dāvids patiesi bija cilvēks pēc Dieva sirds. Kad Dievs no zemes putekļiem izveidoja cilvēku, Viņš iedvesa viņa nāsīs dzīvības elpu, un cilvēks kļuva par dzīvu dvēseli. Cīņa notiek par dvēseli; cilvēka dvēsele var doties pie Dieva vai uz elli.

*"Un nebīstieties to, kas miesu nonāvē, bet **dvēseli** nespēj nonāvēt, bet bīstieties Tā, kas var pazudināt gan dvēseli, gan miesu **ellē**.""*
(Mt.ev.10:28)

Daudzi tajā dienā zinās to, ko šodien viņiem bija pārāk grūti pieņemt. Būs par vēlu pagriezt atpakaļ dzīves lappuses, jo daudzi stāvēs Dzīvā Dieva priekšā, lai atskaitītos.

"Bet to es jums saku, brāļi, ka miesa un asinis nevar mantot Dieva valstību, nedz arī sabrukums nevar mantot iznīcību. Redzi, es jums atklāju noslēpumu: mēs visi negulēsim, bet mēs visi tiksim pārvērsti, vienā mirklī, acumirklī, pie pēdējās bazūnes, jo atskanēs bazūne, un mirušie augšāmcelsies nepazudināmi, un mēs tiksim pārvērsti. Jo tam, kas ir iznīcīgs, jāģērbjas iznīcībai, un tam, kas ir mirstīgs, jāģērbjas nemirstībai. Un, kad šis iznīcīgais iemantos nešķīstību un šis mirstīgais iemantos nemirstību, tad piepildīsies rakstītais: Nāve tiek paņemta uzvarā. Ak, nāve, kur ir tavs dzelonis? O kapi, kur ir Tava uzvara? Nāves dzelonis ir grēks, un grēka spēks ir likums. Bet paldies Dievam, kas mums dod uzvaru caur mūsu Kungu Jēzu Kristu .'' (I Korintiešiem 15:50-57).

No kā mēs tiksim "glābti"? No mūžīgās elles ezerā, kas deg ar uguni. Mēs atņemam dvēseles no velna rokām. Tā ir garīgā cīņa, kurā mēs cīnāmies uz šīs zemes. Mūs tiesās Dieva Vārds (66 Bībeles grāmatas), un tiks atvērta Dzīvības Grāmata.

*"Un es redzēju lielu baltu troni un To, kas sēdēja uz tā, no kura sejas bēga zeme un debesis, un tiem nebija vietas. Un es redzēju mirušos, mazus un lielus, stāvam Dieva priekšā, un grāmatas tika atvērtas; un atvērta tika cita grāmata, kas ir dzīvības grāmata, un mirušie tika tiesāti no tā, kas bija ierakstīts grāmatās, pēc viņu darbiem. Un jūra atdeva mirušos, kas tajā bija, un nāve un elle atdeva mirušos, kas tajās bija, un tie tika tiesāti katrs pēc saviem darbiem. Un nāve un elle tika iemestas uguns ezerā. Tā ir otrā nāve. Un ikviens, kas netika atrasts ierakstīts dzīvības grāmatā, tika iemests uguns ezerā."
(Atklāsmes 20:11-15)*

Es sāku domāt par tādiem vīriem kā Mozus, ķēniņš Dāvids, Jāzeps, Ījabs un vēl daudzi citi. Man nepatika visas tās sāpes, ko piedzīvoju, un es nesaprotu, kāpēc kristietībā ir tik daudz ciešanu. Esmu tālu no tā, lai būtu līdzīgs šiem vīriem, kuri ir mūsu paraugi un kuri dod mums iedvesmu iet ticības ceļu. Dieva vārds uzvar pat ciešanu un sāpju vidū. Pārbaudījumu, slimību un ciešanu laikā mēs visvairāk piesaucam Dievu. Tā ir dīvaina, bet brīnišķīga ticība, par kuru tikai Dievs zina,

Es to darīju "Viņa veidā"

kāpēc Viņš ir izvēlējies šo ceļu. Viņš mūs tik ļoti mīl, un tomēr Viņš ir devis mums iespēju pašiem izvēlēties, vai mēs kalposim un mīlēsim Viņu. Viņš meklē kaislīgu līgavu. Vai jūs apprecētos ar kādu, kurš nebūtu kaislīgs pret jums? Šī nodaļa ir rakstīta kā iedrošinājums pārvarēt tās lietas, kas traucēs jums sasniegt mūžīgo dzīvi. Mīlestības, žēlastības un žēlsirdības Dievs kļūs par tiesas Dievu. Tagad ir īstais laiks, lai pārliecinātos par savu pestīšanu un izvairītos no elles liesmām. Mums ir jāizvēlas tā, kā Jozua izvēlējās Jozuas grāmatā.

Un ja jums šķiet ļauns kalpot Tam Kungam, tad izvēlieties šodien, kam kalposiet: vai tiem dieviem, kam kalpoja jūsu tēvi, kas bija otrā plūdu pusē, vai amoriešu dieviem, kuru zemē jūs dzīvojat, bet es un mans nams kalposim Tam Kungam. (Jozuas 24:15)

*"Un redzi, es nāku drīz, un mana alga ir pie manis, lai katram dotu, kā viņam pienākas. Es esmu Alfa un Omega, sākums un gals, pirmais un pēdējais. Svētīgi tie, kas pilda Viņa baušļus, lai tiem būtu tiesības uz dzīvības koku un lai tie varētu ieiet caur vārtiem pilsētā.""
(Atklāsmes 22:12-14).*

Ikviens vēlas ieiet pa vārtiem Pilsētā, ko Dievs mums ir sagatavojis, bet, lai mēs varētu ieiet, mums ir jābūt bez traipiem un bez trūkumiem. Tā ir garīgā cīņa, kas " tiekizcīnīta un uzvarēta" uz ceļiem lūgšanā. Mums ir tikai viena dzīve uz šīs zemes un tikai viena laba cīņa! Vienīgais, ko mēs varam paņemt līdzi uz šo pilsētu, ir to dvēseles, kurām esam liecinājuši, kuras ir pieņēmušas mūsu Kunga un Glābēja Jēzus Kristus Evaņģēliju un kuras ir paklausījušas Kristus mācībai. Lai iepazītu Vārdu, mums tas ir jālasa, lasīt Vārdu nozīmē iemīlēties mūsu Glābšanas Autoru. Es pateicos savam Kungam un Glābējam par to, ka Viņš vadīja manus soļus no Indijas uz Ameriku un parādīja man Savus Ceļus, jo tie ir pilnīgi.

*Tavs vārds ir gaismeklis manām kājām un gaisma manam ceļam.
(Psalms 119:105)*

21. nodaļa

Kalpošana darbā

Kopš es saņēmu Svēto Garu, manā dzīvē notika lielas pārmaiņas.

Bet jūs saņemsiet spēku, kad Svētais Gars nāks pār jums, un jūs būsiet man liecinieki gan Jeruzalemē, gan visā Jūdejā, gan Samarijā, gan līdz zemes galam. (Ap.d.1:8)

Darbā es centos kalpot saviem kolēģiem; es liecināju, un, ja viņiem bija kāda problēma, es par viņiem lūdzos. Daudzas reizes viņi nāca pie manis un stāstīja par savu situāciju, un es par viņiem lūdzos. Ja viņi bija slimi, es uzliku uz viņiem rokas un lūdzu par viņiem. Daudzus gadus es viņiem liecināju. Mana paša dzīve bija lieliska liecība, un Dievs darbojās ar mani, apliecinot caur dziedināšanu, atbrīvošanu, konsultēšanu un mierināšanu.

Un Viņš tiem sacīja: Ejiet pa visu pasauli un sludiniet evaņģēliju visai radībai. Kas tic un tiek kristīts, tas tiks pestīts, bet, kas netic, tas tiks nolādēts. Un šīs zīmes sekos tiem, kas ticēs: Manā vārdā tie izdzīs ļaunos garus; tie runās jaunām valodām; tie ķers čūskas; un, ja viņi dzers ko nāvējošu, tas tiem nekaitēs; tie liks rokas uz slimiem, un tie izveseļosies. Kad Kungs bija tiem runājis, Viņš tika uzņemts debesīs un apsēdās pie Dieva labās rokas. Un viņi izgāja un sludināja visur, Kungam darbojoties kopā ar viņiem un apliecinot vārdu ar sekojošām zīmēm. Amen. (Marka 16:15-20)

Kur vien es lūdzos, ja viņi tika dziedināti vai atbrīvoti, es runāju ar viņiem par Evaņģēliju. Evaņģēlijs ir Jēzus nāve, apbedīšana un augšāmcelšanās. Tas nozīmē, ka mums ir jānožēlo visi grēki, vai arī mēs mirstam savai miesai, nožēlojot grēkus. Otrais solis ir tas, ka mēs tiekam apglabāti Jēzus vārdā Kristības ūdeņos, lai saņemtu grēku piedošanu jeb grēku piedošanu. Mēs iznākam no ūdens, runājot jaunās mēlēs, saņemot Viņa Garu, ko sauc arī par Svētā Gara jeb Svētā Gara Kristību.

Daudzi to dzirdēja un paklausīja.

Es vēlos jūs iedrošināt, sniedzot liecību par to, kā Jēzus vareni darbojās manā darbavietā. Mūsu darba vieta, kur mēs dzīvojam vai kur citur, ir lauks, kurā mēs varam sēt Dieva vārda sēklu.

Draugs dziedināts no vēža un viņas mamma vēršas pie Tā Kunga pie nāves slikti.

Man darbā bija dārga draudzene vārdā Linda. 2000. gadā es biju ļoti slima. Kādu dienu man piezvanīja draudzene un teica, ka arī viņa ir ļoti slima un viņai ir veikta operācija. Mūsu draudzības sākuma gadā viņa noraidīja Evaņģēliju un teica, ka man nav vajadzīga ne tava Bībele, ne tavas lūgšanas, man ir savs dievs. Es nebiju aizvainots, bet ikreiz, kad viņa sūdzējās par slimošanu, es piedāvāju lūgties, viņa vienmēr teica: "Nē". Bet kādu dienu viņai sāka nepanesami sāpēt mugura, un pēkšņi viņai sāpēja arī ceļgals. Tās bija vēl lielākas sāpes nekā mugurā. Viņa sūdzējās, un es jautāju, vai es varētu par viņu aizlūgt. Viņa atbildēja: "Dariet visu, ko vien tas prasa!". Es izmantoju šo iespēju, lai mācītu viņai, kā pārmācīt šīs sāpes Kunga Jēzus Vārdā. Viņas sāpes bija nepanesamas; viņa uzreiz sāka pārmācīt sāpes Kunga Jēzus Vārdā, un sāpes uzreiz atkāpās.

Tomēr šī dziedināšana nemainīja viņas sirdi. Dievs izmanto ciešanas un problēmas, lai mīkstinātu mūsu sirdis. Tā ir labošanas āmurs, ko Viņš izmanto Saviem bērniem. Kādu dienu Linda man piezvanīja raudādama, ka viņai uz kakla ir liels iegriezums un tas ir ļoti sāpīgs. Viņa lūdza mani lūgties. Es biju vairāk nekā priecīga lūgt par savu labo draudzeni. Viņa turpināja zvanīt man katru stundu, lai es viņu mierinātu, un teica: "Vai tu vari nākt pie manis mājās un lūgties?". Tajā pēcpusdienā viņai piezvanīja un paziņoja, ka viņai diagnosticēts vairogdziedzera vēzis. Viņa ļoti raudāja, un, kad viņas mamma uzzināja, ka meitai ir vēzis, viņa vienkārši sabruka. Linda bija šķīrusies, un viņai bija mazs dēls.

Viņa uzstāja, lai es ierodos un aizlūdzu par viņu. Arī mani ļoti sāpināja šī ziņa. Es sirsnīgi sāku meklēt kādu, kas varētu aizvest mani uz viņas māju, lai es varētu aizlūgt par viņu. Slavēts Dievs, ja ir griba, tad ir arī ceļš.

Mana lūgšanu partnere atnāca no darba un aizveda mani uz savām mājām. Linda, viņas māte un dēls sēdēja un raudāja. Mēs sākām lūgt, un es neko daudz nejutu, tomēr ticēju, ka Dievs kaut ko darīs. Es piedāvāju lūgt vēlreiz. Viņa teica: "*Jā, lūdzieties visu nakti*, es neiebildīšu." Viņa atbildēja: "*Jā, lūdzieties visu nakti*, es neiebildīšu." Otro reizi lūdzoties, es ieraudzīju, ka no durvīm nāk spoža gaisma, lai gan durvis bija aizvērtas un acis aizvērtas. Es redzēju, ka caur šīm durvīm ienācis Jēzus, un es gribēju atvērt acis, bet Viņš teica" :*Turpini lūgties*".

Kad mēs beidzām lūgšanu, Linda smaidīja. Es nezināju, kas bija noticis, ka viņas seja bija mainījusies. Es viņai jautāju" :*Kas notika?*" Viņa atbildēja" :*Liza, Jēzus ir patiesais Dievs.*" Es teicu" :*Jā, es tev to esmu teikusi pēdējos 10 gadus, bet es gribu zināt, kas notika.*" Viņa teica: "*Manas sāpes ir pilnīgi izzudušas.*" "*Lūdzu, dodiet man baznīcas adresi, es gribu kristīties.*" Linda piekrita kopā ar mani piedalīties

Es to darīju "Viņa veidā"

Bībeles studijās, un tad viņa tika kristīta. Jēzus izmantoja šīs ciešanas, lai pievērstu viņas uzmanību.

Paskaties uz manām bēdām un sāpēm un piedod visus manus grēkus. (Psalmi 25:18).

Slava Dievam!! Lūdzu, nepadodieties par savu mīļoto cilvēku. Turpiniet lūgties dienu un nakti, kādu dienu Jēzus atbildēs, ja mēs nepadomāsim.

Un nenogurstam labā darīšanā, jo īstajā laikā mēs pļausim, ja nepadomāsim. (Galatiešiem 6:9)

Mātes nāves gultā Linda man piezvanīja, lai dodos viņu apciemot. Viņa iestūma mani ratiņkrēslā viņas slimnīcas istabā. Kad mēs kalpojām viņas mammai, viņa nožēloja grēkus un sauca pie Kunga Jēzus pēc piedošanas. Nākamajā dienā viņas balss pavisam pazuda, un trešajā dienā viņa nomira.

Mana draudzene Linda tagad ir laba kristiete. Slava Dievam!!

Mans kolēģis no Vjetnamas:

Viņa bija mīļa dāma, un viņai vienmēr piemita ļoti skaists gars. Kādu dienu viņa saslima, un es jautāju, vai es varētu par viņu aizlūgt. Viņa uzreiz pieņēma manu piedāvājumu. Es lūdzos, un viņa tika dziedināta. Nākamajā dienā viņa teica: "Ja tas nav par daudz, tad palūdziet par manu tēti." Viņa teica: "Ja tas nav par daudz, tad palūdziet par manu tēvu. Viņas tētis bija nepārtraukti slims pēdējos dažus mēnešus. Es viņai teicu, ka labprāt lūgšu par viņas tēti. Jēzus Savā žēlastībā pieskārās viņam un pilnībā viņu dziedināja.

Vēlāk es redzēju viņu slimu un atkal piedāvāju lūgties. Viņa teica: *"Nevajag par mani lūgties."* Taču viņas draugam, kurš strādā par mehāniķi citā maiņā, ir vajadzīgas lūgšanas. Viņš nevarēja gulēt ne dienā, ne naktī; šo slimību sauc par fatālu bezmiegu. Viņa turpināja sniegt man informāciju un bija ļoti norūpējusies par šo kungu. Ārsts viņam bija iedevis lielas zāļu devas, bet nekas nepalīdzēja. Es teicu : *"Es esmu vairāk nekā priecīgs lūgt."* Katru vakaru pēc darba es gandrīz pusotru stundu lūdzos par visiem lūgšanas lūgumiem un par sevi. Kad es sāku lūgt par šo cilvēku, pamanīju, ka nemaz neguļos mierīgi. Es pēkšņi dzirdēju, kā kāds man ausī iesit vai atskan kāds skaļš troksnis, kas mani modināja gandrīz katru nakti, kopš biju sācis par viņu lūgt.

Dažas dienas vēlāk, kad biju gavējis, es atgriezos mājās no baznīcas un gulēju savā gultā. Tad pēkšņi man par pārsteigumu kaut kas iznāca cauri sienai virs manas galvas un ienāca manā istabā. Paldies Dievam par Svēto Garu. Uzreiz Svētais Gars runāja caur manu muti: "Es tevi sasiežu Jēzus vārdā." Un es tevi sasēju. Es garā zināju, ka kaut kas ir sasaistīts, un spēks tika salauzts Jēzus vārdā.

Patiesi Es jums saku: ko jūs sasiet virs zemes, tas tiks sasiets debesīs, un ko jūs atraisīsiet virs zemes, tas tiks atraisīts debesīs.
(Mt.ev.18:18)

Es nezināju, kas tas bija, un vēlāk, strādājot, Svētais Gars sāka atklāt, kas bija noticis. Tad es sapratu, ka šo mehāniķi kontrolē dēmoni un neļauj viņam gulēt. Es palūdzu savai draudzenei darbā, lai tā, lūdzu, noskaidro drauga miega stāvokli. Vēlāk viņa atgriezās manā darba vietā kopā ar šo mehāniķi. Viņš man teica, ka guļ labi, un gribēja man pateikties. Es teicu" :***Lūdzu, pateikties Jēzum.***" "***Viņš ir tas, kas tevi izglāba.***" Vēlāk es viņam iedevu Bībeli un lūdzu, lai viņš lasa un lūdzas katru dienu.

Manā darbā pie Jēzus pievērsās daudzi cilvēki no viņu ģimenes. Tas man bija lielisks laiks, kad varēju liecināt dažādu tautību cilvēkiem.

Es Tev pateikšos lielajā sapulcē: Es Tevi slavēšu daudzu ļaužu vidū.
(Psalmi 35:18)

Es Tevi slavēšu, mans Dievs, ķēniņ, un svētīšu Tavu vārdu mūžīgi mūžos. (Psalmi 145:1)

Es to darīju "Viņa veidā"

22. nodaļa

Mācīties Viņa ceļus, paklausot Viņa balsij

I 1982. gadā atklāja šo skaisto patiesību. Pāris gadus vēlāk es nolēmu doties uz Indiju. Tur es un mana draudzene Dina nolēmām doties ekskursijā pa Udaipuras pilsētu. Dienas beigās mēs atgriezāmies mūsu kopīgajā viesnīcas numurā. Mūsu numurā pie sienas bija piestiprināts attēls, kurā bija attēlots viltus dievs, kuru tur, Indijā, pielūdza. Kā jūs zināt, Indijā ir daudz dievu. Bībele runā par vienu patiesu Dievu, un Viņa vārds ir Jēzus.

Jēzus viņam saka: Es esmu ceļš, patiesība un dzīvība; neviens nenāk pie Tēva, kā vien caur mani. (Jāņa 14:6)

Pēkšņi dzirdēju balsi, kas man teica: *"Noņem attēlu no sienas."* Tā kā man ir Svētais Gars, mana doma bija: *"Es no nekā nebaidos un nekas man nevar kaitēt."* Tāpēc es nepaklausīju šai balsij un nenoņēmu attēlu.

Kad mēs gulējām, es negaidīti atklāju, ka sēžu gultā; es zināju, ka eņģelis mani bija sagatavojis. Dievs atvēra manas garīgās acis, un es ieraudzīju milzīgu melnu zirnekli, kas nāca caur durvīm. Tas rāpoja pāri man, manai draudzenei un viņas dēlam. Un tas devās uz manu kleitu, kas karājās pie sienas, un pazuda tieši manu acu priekšā. Tajā brīdī Tas Kungs man atgādināja Rakstu vietu, kurā teikts, ka nekad nedrīkst dot vietu velnam.

Nedodiet vietu velnam. (Efeziešiem 4:27)

Es uzreiz piecēlos, noņēmu bildi un pagriezu to. No šīs dienas es sapratu, ka Dievs ir Svētais Dievs. Viņa baušļi, kurus Viņš mums ir devis, pasargās mūs un svētīs, ja vien mēs vienmēr tiem paklausīsim un ievērosim.

Tajā laikā, kad strādāju, es vienmēr atgriezos mājās ar garīgu izsīkumu. Kādu dienu Jēzus mani uzrunāja un teica: "*Pusstundu runā mēlēs, pusstundu slavē un pielūdz, pusstundu noliec roku pār galvu un pusstundu runā mēlēs.*" Un tad es uzrunāju viņu un teicu: "*Tu runā mēlēs.* Tā bija mana ikdienas lūgšanu dzīve.

Kādu dienu es atgriezos mājās no darba pēc pusnakts. Es sāku staigāt pa māju un lūgties. Es nonācu kādā mājas stūrī un ar savām garīgajām acīm ieraudzīju dēmonu. Es ieslēdzu gaismu un uzliku brilles, lai redzētu, kāpēc šis dēmons varētu būt šeit? Pēkšņi atcerējos, ka agrāk tajā dienā es biju noslēpis dievu nospiedumus un vārdus, kas bija uz kukurūzas eļļas kastes. Kaut kā biju palaidis garām šī viltus dieva nospiedumu. Es nekavējoties paņēmu pastāvīgo marķieri un to aizklāju.

Bībelē ir teikts, ka Jēzus mums ir devis varu saistīt un izdzīt ļaunos garus. Tajā vakarā es izmantoju šo varu, atvēru durvis un teicu tam dēmonam: "*Jēzus vārdā es tev pavēlu, lai tu iznāc no manas mājas un nekad vairs neatgriezies!*" Dēmons uzreiz aizgāja.

Slava Dievam! Ja mēs nepazīstam Dieva Vārdu, mēs varam ļaut dēmoniem ienākt mūsu mājās caur žurnāliem, avīzēm, TV, pat caur rotaļlietām. Ir ļoti svarīgi zināt, ko mēs ievedam savās mājās.

Es to darīju "Viņa veidā"

Vēl viens piemērs - es biju ļoti slims un nevarēju staigāt, man bija jāpaļaujas uz ģimeni un draugiem, lai atvestu un novietotu pārtikas produktus. Kādu rītu es pamodos un sajutu, ka kāds aizsedz manu muti, es biju sasaistīts.

Es jautāju Dievam, kāpēc es tā jūtos. Viņš man parādīja svastikas simbolu. Es aizdomājos, kur es atradīšu šo simbolu. Es aizgāju pie ledusskapja, un, tiklīdz atvēru durvis, ieraudzīju svastikas simbolu uz pārtikas produkta, ko iepriekšējā dienā bija atnesusi mana māsa. Es pateicos Dievam par Viņa vadību un nekavējoties to noņēmu.

Paļaujies uz To Kungu no visas sirds un nepaļaujies uz savu saprašanu. Visos savos ceļos atzīsti Viņu, un Viņš vadīs tavus ceļus.
(Salamana pamācības 3:5-6)

Vēlos dalīties ar vēl vienu pieredzi, ko piedzīvoju, viesojoties savā dzimtajā pilsētā Indijā. Es pavadīju nakti kopā ar savu draugu, kurš bija elku pielūdzējs.

Daudzus gadus es viņai biju liecinājis par Jēzu un Spēku. Viņa zināja arī par lūgšanas spēku un daudziem brīnumiem, kas notika viņas mājās. Viņa liecināja par brīnumiem, kad es lūdzos Jēzus vārdā.

Kamēr es gulēju, mani pamodināja troksnis. Istabas otrā pusē es ieraudzīju figūru, kas izskatījās pēc mana drauga. Šī figūra rādīja uz mani ar ļaunu seju. Tās roka sāka augt pret mani un pietuvojās man metru attālumā, bet tad pazuda. Šī figūra parādījās atkal, bet šoreiz tā bija viņas mazā zēna seja. Atkal tās roka sāka augt un rādīt uz mani. Tā pietuvojās vienu pēdu no manis un pazuda. Es atcerējos, ka Bībelē teikts, ka eņģeļi ir mums visapkārt.

Kas dzīvo Visaugstākā apslēptuvē, tas paliks Visvarenā ēnā. Es sacīšu par To Kungu: Viņš ir mans patvērums un mans cietoksnis, mans Dievs, uz Viņu es paļaujos. Viņš tevi izglābs no viltnieka slazda un no trokšņainā mēra. Viņš tevi segs ar savām spalvām, un zem Viņa spārniem tu paļausies; Viņa patiesība būs tavs vairogs un plecs. Tev nebūs jābaidās ne no nakts šausmām, ne no bultas, kas šauj dienā, ne no mēra, kas staigā tumsā, ne no postījuma, kas iet tumsā, ne no postījuma, kas plosās pusdienlaikā. Tūkstoš tūkstoši kritīs tavā pusē, un desmit tūkstoši tavā labajā pusē, bet tas tev nepietuvosies. Tikai ar savām acīm tu redzēsi un redzēsi bezdievīgo atalgojumu. Jo tu esi darījis par savu mājokli To Kungu, kas ir mans patvērums, Visaugstāko, un tevi nekas ļauns nepiemeklēs, un nekāda sērga nepietuvos tavam mājoklim. Jo Viņš dos saviem eņģeļiem pār tevi pārraudzību, lai tevi sargātu visos tavos ceļos. (Psalmi 91:1-11)

Kad no rīta pamodos, es redzēju, kā mana draudzene un viņas dēls noliecās elkiem. Un es atcerējos, ko Dievs man bija parādījis naktī. Tāpēc es pastāstīju savai draudzenei, ka man bija redzējums, ko es redzēju iepriekš tajā naktī. Viņa man teica, ka arī viņa to redzējusi un jutusi savā mājā. Viņa man jautāja, kāds izskatījās mans redzētais dēmons. Es viņai atbildēju, ka viens no tiem izskatījās pēc viņas, bet otrs pēc viņas dēla. Viņa man teica, ka viņa un viņas dēls nespēj sadzīvot. Viņa man jautāja, kas jādara, lai atbrīvotos no šiem dēmoniem, kas mocīja viņu un viņas ģimeni. Es viņai paskaidroju šo Rakstu vietu.

Zaglis nenāk, bet lai zagtu, nogalinātu un pazudinātu; Es esmu nācis, lai viņiem būtu dzīvība un lai viņiem būtu dzīvība vēl bagātīgāka. (Jņ.ev.10:10)

Es viņai iedevu Bībeli un palūdzu, lai viņa katru dienu savā mājā skaļi lasa, īpaši Jāņa ev.3:20 un 21.

Jo katrs, kas dara ļaunu, ienīst gaismu un nenāk pie gaismas, lai viņa darbi netiktu nosodīti. Bet, kas dara patiesību, nāk gaismā, lai viņa darbi kļūtu redzami, ka tie darīti Dievā. (Jņ.ev.3:20-21)

Es viņai iemācīju arī garīgās cīņas lūgšanu, kurā Jēzus vārdā jūs sasaistāt visus ļaunos garus un atbrīvojat Svēto Garu vai eņģeļus. Es arī lūdzu viņu nepārtraukti runāt Jēzus Vārdu un lūgt Jēzus asinis savā mājā.

Es to darīju "Viņa veidā"

Dažus mēnešus pēc šī ceļojuma es saņēmu vēstuli, kurā viņa liecināja, ka dēmoni ir pametuši viņas māju, viņa un viņas dēls sadzīvo un viņu mājās ir pilnīgs miers.

Tad Viņš sasauca savus divpadsmit mācekļus un deva viņiem varu un varu pār visiem velniem, kā arī dziedināt slimības. Un Viņš tos sūtīja sludināt Dieva valstību un dziedināt slimos. (Lūkas 9:1, 2).

Kad viņa liecināja citiem radiniekiem, viņi sāka interesēties par Bībeli un vēlējās uzzināt vairāk par Kungu Jēzu.

Nākamajā vizītē Indijā es tikos ar visu ģimeni un atbildēju uz viņu jautājumiem. Es mācīju viņus lūgties un dāvināju viņiem Bībeli. Es dodu Dievam visu godu par šiem rezultātiem.

Es vēlos, lai cilvēki iemācītos lietot Jēzus vārdu un Dieva Vārdu kā zobenu pret ienaidnieku. Kļūstot par "no jauna dzimušiem kristiešiem", mums būs šis spēks.

Tā Kunga Dieva Gars ir pār mani, jo Tas Kungs mani svaidīja, lai es pasludinu labo vēsti lēnprātīgajiem, Viņš mani sūtīja, lai es saviļņotu salauztās sirdis, pasludinātu gūstekņiem brīvību un ieslodzītajiem cietuma atvēršanu.(Jesajas 61:1).

Elizabete Das

23. nodaļa
Pārvietošanās uz plašsaziņas līdzekļiem

In 1999. gadā es guvu traumu darbā, un vēlāk tā pasliktinājās. Šis ievainojums bija tik smags, ka sāpju dēļ es zaudēju atmiņu. Es nevarēju lasīt un atcerēties izlasīto. Es nevarēju gulēt 48 stundas. Ja es gulēju, tad pēc dažām stundām pamostos, jo man tirpstēja rokas, sāpēja mugura, kakls un kājas. Tas bija ugunīgs pārbaudījums manai ticībai. Man nebija ne jausmas par to, ko es domāju. Daudzas reizes es nomaldījos un aizgāju gulēt. Tas bija vienīgais veids, kā es gulēju lielāko daļu laika. Es negribēju tērēt savu laiku, tāpēc domāju, ko man darīt? Es izdomāju izveidot kompaktdisku ar visām manām grāmatām, kas jau bija tulkotas. Es domāju, ka, ja es visas šīs grāmatas ierakstītu audioierakstā, tas būtu lieliski piemērots šim laikam un laikmetam.

Lai jūsu ticības pārbaudījums, kas ir daudz dārgāks par zeltu, kas iet bojā, kaut arī tiek pārbaudīts ugunī, tiktu atrasts slavai, godam un godam Jēzus Kristus parādīšanās dienā.(1.Pēt.1:7).

Lai izplatītu šo patiesību, es biju gatavs darīt jebko. Neviena cena nav lielāka par to, ko samaksāja Jēzus. Dievs savā žēlastībā palīdzēja man sasniegt mērķi.

Es to darīju "Viņa veidā"

Nav šaubu, ka tas prasīja vairāk nekā gadu, lai to izdarītu. Man nebija pietiekami daudz naudas, lai iegādātos visu aprīkojumu, un man nebija arī pietiekami daudz zināšanu, lai zinātu, kā ierakstīt. Es sāku izmantot savu kredītkarti, lai iegādātos visu, kas man bija nepieciešams šim jaunajam projektam. Es nodomāju, ka, tā kā es nevaru lasīt un atcerēties, es varu vienkārši skaļi nolasīt grāmatu un izveidot audio kompaktdisku, šādā veidā man nebūs vajadzīga atmiņa, lai lasītu.

Tā kā es gāju uz angļu baznīcu, es gandrīz aizmirsu, kā pareizi lasīt guajarati, un es negribēju atteikties no savas valodas. Daudzas reizes, kā jūs zināt, veselības dēļ es nevarēju sēdēt dienām vai pat nedēļām ilgi. Es aizmirsīšu, kā ierakstīt un lietot savu ierakstīšanas aparatūru. Es ieraudzītu savus pierakstus un sāktu no jauna, bet es negribēju to pamest.

Mums jāatceras viena lieta - velns nekad nepadodas! Mums no tā jāmācās un nekad nepadoties!

Pienāca diena, kad es pabeidzu savu sešu lappušu grāmatiņu. Man par pārsteigumu, tās pabeigšana aizņēma vienu gadu. Es biju tik laimīgs, ka ieslēdzu kompaktdisku atskaņošanai, un lēnām apgriezu savu ratiņkrēslu, lai dzirdētu savu kompaktdisku.

Pēkšņi, kad es paskatījos, manas acis vairs neredzēja. Es tik ļoti nobijos un teicu sev: "Es tik smagi strādāju savas vājās veselības dēļ. Gribēju, lai es labāk rūpētos par savu veselību, jo tagad es neredzu." Es neredzēju ne savu virtuvi, ne stereo, ne sienas, ne mēbeles. Nekas tur nebija, izņemot biezu baltu mākoni. Es teicu: "Es biju grūts pret sevi, un tagad esmu akls." Pēkšņi šajā biezajā baltajā mākonī savā istabā es ieraudzīju Kungu Jēzu, kas stāvēja baltā drēbēs un smaidīja man. Pēc īsa brīža Viņš pazuda, un es sapratu, ka tā bija vīzija. Es zināju, ka Viņa Šekinas godība bija nokritusi lejā. Es biju tik laimīgs un sapratu, ka Kungs Jēzus ir apmierināts ar manām pūlēm.

Es vienmēr gribu meklēt Dieva norādījumus, lai izmantotu savu laiku vislabākajā veidā, lai dotu Viņam godu. Neviena situācija nevar mūs apturēt, lai mēs pildītu Viņa kalpošanu. Šo kompaktdisku es brīvi dāvināju cilvēkiem un arī augšupielādēju savā http://www.gujubible.org/web_site.htm un https://waytoheavenministry.org

Kas mūs šķirs no Kristus mīlestības? vai bēdas, vai ciešanas, vai vajāšanas, vai bads, vai kailums, vai briesmas, vai zobens, vai zobens? Kā rakstīts" :Tavas dēļ mēs visu dienu esam nonāvēti, mēs esam uzskatīti par kaujamām avīm. Bet visās šajās lietās mēs esam vairāk nekā uzvarētāji caur To, kas mūs mīlējis. Jo es esmu pārliecināts, ka ne nāve, ne dzīvība, ne eņģeļi, ne ķēniņvalstis, ne varas, ne tagadnes lietas, ne nākamās lietas, ne augstums, ne dziļums, ne kāda cita radība nespēs mūs šķirt no Dieva mīlestības, kas ir Kristū Jēzū, mūsu Kungā". (Romiešiem 8:35-39)

Es to darīju "Viņa veidā"

24. nodaļa

Pētījums, kas pēta

Mdažkārt man bija iespēja pasniegt Bībeles studijas citās valodās, ne tikai angļu. Mācot viņiem Dieva vārdu, viņi nespēja atrast pareizo Rakstu vietu. Es vienmēr izmantoju Karaļa Jēkaba versiju. Taču dažiem no viņiem bija citas Bībeles versijas un valodas.

Kādu vakaru es mācīju par vienu Dievu, monoteismu (mono nāk no grieķu vārda Monos un theos nozīmē Dievs), un es lasīju 1.Jāņa 5:7. Kad viņi meklēja šo Rakstu vietu savā Bībelē, viņi nevarēja to atrast. Bija jau pēc pusnakts, tāpēc es domāju, ka viņi nesaprata, ko lasa, un, kad mēs tulkojām no angļu valodas uz viņu valodu, viņi teica, ka mūsu Bībelē tā nav.

Jo ir trīs, kas nes liecību debesīs: Tēvs, Vārds un Svētais Gars, un šie ***<u>trīs ir viens</u>***. *(1.Jāņa 5:7)*

Es biju šokēta. Tāpēc mēs meklējām citu Rakstu vietu. (1.Tim.3:16): "***<u>Dievs</u>*** *parādījās miesā".*

Viņu Bībelē bija lasāms: "*Viņš parādījās miesā*" (visos Bībeles tulkojumos no bojātā Aleksandrijas manuskripta ir šie meli. Romas katoļu Vulgāta, Guajarati Bībele, NIV Bībele, spāņu un citas mūsdienu Bībeles versijas).

{ΘC=Dievs} grieķu valodā, bet, no ΘC atdalot mazo svītriņu, "Dievs" mainās {OC = "kurš" vai "viņš"} uz kurš, kam grieķu valodā ir cita nozīme. Tie ir divi dažādi vārdi, jo "viņš" var nozīmēt jebkuru, bet Dievs runā par Jēzu Kristu miesā.

Cik viegli ir atņemt Jēzus Kristus dievišķību?!?!?!

Atklāsmes 1:8

KJV: Es esmu Alfa un Omega, sākums un gals, saka Tas Kungs, kas ir, kas bija un kas nāks, Visvarenais.

NIV tulkojums: Es esmu Alfa un Omega," saka Tas Kungs Dievs, "kas ir, kas bija un kas nāks, Visvarenais." Atklāsmes 1:8.

(Gujarati Bībelē, NIV un citos tulkojumos ir svītrots "sākums un beigas".)

Atklāsmes gr.1:11

KJV: un saka: "Es esmu Alfa un Omega, pirmais un pēdējais, un, ko tu redzi, ieraksti grāmatā un nosūti septiņām draudzēm, kas ir Āzijā: Efezai, Smirnai, Pergāmai, Tetirai, Sardai, Filadelfijai un Laodikejai." (Atkl.1:11).

NIV: Pāvila 1:11 "Uzraksti uz svītras, ko redzi, un aizsūti to septiņām draudzēm: Efezai, Smirnai, Pergāmai, Tiatīrai, Sardai, Filadelfijai un Laodikejā."

(Mūsdienu Bībeles versijās, Guajarati un NIV Bībelē ir izņemts Es esmu Alfa un Omega, pirmais un pēdējais.)

Es to darīju "Viņa veidā"

Es nevarēju pierādīt, ka no viņu Bībeles redzētu, ka ir "viens Dievs".

Manas mācības prasīja daudz laika, un, viņu izbrīnā, es nespēju viņiem sniegt Bībelē atrodamos Bībeles pierādījumus par to, ka ir viens Dievs. Tas mani pamudināja padziļināti studēt.

> *Es atceros, ka Pāvils teica: Es zinu, ka pēc manas aiziešanas jūsu vidū ienāks nikni vilki, kas nežēlos ganāmpulku.*
> *(Apustuļu darbi 20:29)*

Apustulis Jānis, kurš bija pēdējais dzīvais Kristus māceklis, vienā no savām vēstulēm mūs brīdina:

> *Mīļotie, neticiet katram garam, bet pārbaudiet garus, vai tie ir no Dieva, jo daudzi viltus pravieši ir izgājuši pasaulē. Tā jūs pazīsit Dieva Garu: Katrs gars, kas apliecina, ka Jēzus Kristus nācis miesā, ir no Dieva: Un katrs gars, kas neatzīst, ka Jēzus Kristus ir nācis miesā, nav no Dieva; un tas ir antikrista gars, par kuru jūs esat dzirdējuši, ka tam jānāk, un pat tagad tas jau ir pasaulē.*
> *(1.Jāņa 4:1-3)*

Es vēlos dalīties ar šo faktu, ko es atklāju, meklējot patiesību par Dieva vārda sagrozīšanu.

Aleksandrijas manuskripts bija Bībeles oriģinālā patiesā manuskripta sagrozīta versija. No oriģinālā manuskripta tika izdzēsti daudzi vārdi, piemēram, sodomietis, elle, asinis, Jēzus Kristus radīts, Kungs Jēzus, Kristus, Aleluja un Jehova, kā arī daudzi citi vārdi un panti.

Aleksandrijas Ēģiptē rakstu mācītājiem, kas bija antikrists, nebija atklāsmes par vienīgo patieso Dievu, jo Bībele tika pārveidota no sākotnējā manuskripta. Šī korupcija sākās pirmajā gadsimtā.

Sākumā grieķu un ebreju Bībeles tika rakstītas uz papirusa ruļļiem, kas bija ātri bojājas. Tāpēc ik pēc 200 gadiem dažādās valstīs ar rokām uzrakstīja 50 eksemplārus, lai tos saglabātu vēl 200 gadus. To praktizēja arī mūsu senči, kuriem bija oriģinālā manuskripta īstas kopijas. Šo pašu sistēmu izmantoja arī aleksandrieši, lai saglabātu bojāto manuskriptu.

Mūsu ēras sākumā bīskapi ieņēma amatu un pakāpeniski no 130. līdz 444. gadam ieviesa korupciju. Viņi pievienoja un atņēma no grieķu un ebreju manuskripta oriģinālā eksemplāra. Visi nākamie bīskapi apgalvoja, ka viņi ir saņēmuši vēstījumus tieši no Jēzus un ka viņiem nav jāpievērš uzmanība apustuļiem, mācekļiem, praviešiem un skolotājiem. Un visi bīskapi arī apgalvoja, ka viņi ir vienīgie apgaismotie.

Aleksandrijas bīskaps Origens (185-254): Tertuliāns bija korumpēts bīskaps, kurš pievienoja vēl vairāk tumsas. Viņš nomira ap 216. gadu pēc Kristus dzimšanas, kad viņa vietā stājās Klements, un viņš bija Aleksandrijas bīskaps. Jeruzalemes bīskaps Kirils dzimis 315. gadā un nomira 386. gadā. Augustīns, Hippo bīskaps, katolicisma pamatlicējs, dzimis 347. gadā un miris 430. gadā. Viņš nošķīra cilvēkus, kuri patiesi ticēja Dieva vārdam. Hrizostoms bija vēl viens Konstantinopoles bīskaps, kur radās sagrozītā versija. Viņš dzimis 354. gadā un miris 417. gadā. Svētais Aleksandrijas Kirils tika iecelts par bīskapu 412. gadā un nomira 444. gadā.

Šie bīskapi sagrozīja patieso manuskriptu, un mūsu priekšteči, kuri zināja, kur un kā oriģinālais manuskripts tika sagrozīts, tos noraidīja.

Šī korupcija sākās, kad Pāvils un Jānis vēl bija dzīvi. Aleksandrieši ignorēja Dieva vārdu, un Nīkajā, 325. gadā pēc Kristus dzimšanas, viņi noteica Trīsvienības doktrīnu. Nīkajas pilsēta ir mūsdienu Turcija, un Bībelē tā ir pazīstama kā Pergama.

*Un **Pergamas** baznīcas eņģelim raksti: To saka tas, kam ir asais zobens ar divām šķautnēm: Es zinu tavus darbus un zinu, kur tu dzīvo, **kur ir** sātana **sēdeklis**, un tu turies pie mana vārda un neesi noliedzis manu ticību pat tajās dienās, kad mans uzticamais moceklis Antipa tika nogalināts jūsu vidū, kur sātans mājoja. (Atkl.gr.2:12-13).*

Nīkajas

Mūsu ēras 325. gadā sātans atcēla Dieva Vienotību un pievienoja Trīsvienību, un Dievs tika sadalīts. No kristību formulas tika izņemts vārds "Jēzus", pievienojot Tēvu, Dēlu un Svēto Garu.

Zaglis nenāk, bet lai zagtu, nogalinātu un pazudinātu; Es esmu nācis, lai viņi dabūtu dzīvību un lai viņiem tās būtu vairāk.
bagātīgi (Jņ.ev.10:10).

Pergama (vēlāk saukta par Nīkajas pilsētu, bet tagad to sauc par Turciju) ir pilsēta, kas uzcelta 1000 pēdu virs jūras līmeņa. Šajā vietā tika pielūgti četri dažādi dievi. Galvenais dievs bija Asklepijs, kura simbols ir čūska.

Atklāsmes grāmatā teikts:

*Un lielais **pūķis** tika padzīts ārā, tā vecā **čūska**, ko sauc par velnu un sātanu, kas maldina visu pasauli; viņš tika padzīts ārā uz zemes, un viņa eņģeļi tika padzīti kopā ar viņu (Atkl.gr.12:9).*

*Un Viņš satvēra pūķi, veco **čūsku**, kas ir velns un sātans, un sasēja viņu uz tūkstoš gadiem (Atkl.gr.20:2).*

Šajā templī bija daudz liela izmēra čūsku; arī apkārt bija tūkstošiem čūsku. Cilvēki nāca uz Pergamas templi, lai meklētu dziedināšanu. Asklepiju sauca par dziedināšanas dievu, un viņš bija galvenais dievs starp četriem dieviem. Tā kā viņu sauca par dziedināšanas dievu, šajā vietā ieviesa ārstniecības augus un zāles. Lai viņš varētu noņemt brūces un Jēzus vārdu dziedināšanai. Viņa plāns ir ieņemt Jēzus vietu un noņemt Kristu kā Glābēju, jo arī viņš pats sevi pasludināja par Glābēju. Mūsdienu medicīnas zinātne pārņēma čūskas simbolu no Asklepija (čūskas).

Elizabete Das

Bībele saka:

*Jūs esat mani liecinieki, saka Tas Kungs, un mans kalps, ko Es esmu izredzējis, lai jūs zinātu un ticētu man, un saprastu, ka **Es esmu Viņš**; pirms manis nav bijis Dieva un pēc manis nebūs. Es, es esmu Tas Kungs, un bez manis nav **glābēja**. (Jesajas 43:10-11)*

Tā ir vieta, kur sātans iedibināja trīsvienību.

Šodien viņi ir atraduši Aleksandrijas manuskripta oriģinālo kopiju, pasvītrojot vārdu un Rakstus, lai izņemtu no oriģinālā patiesā ebreju un grieķu manuskripta. Tas pierāda, ka viņi bija tie, kas sagrozīja patieso Dieva vārdu.

Tumsas laikmets iestājās, vienkārši likvidējot patiesību un izmainot patieso Bībeles dokumentu.

Dieva vārds ir zobens, gaisma un patiesība. Dieva vārds ir spēkā mūžīgi un mūžīgi.

NIV Bībele, mūsdienu Bībele un daudzas citas Bībeles valodas tika tulkotas no bojātas vecās Aleksandrijas kopijas. Tagad lielākā daļa citu Bībeles eksemplāru ir iegūti no NIV versijas un ir tulkoti citās valodās. Sātana Bībeles un NIV Bībeles kopēšanas tiesības pieder cilvēkam vārdā Rūperts Mērdoks.

Kad 1603. gadā karalis Džeimss pārņēma varu pēc Elizabetes kundzes nāves, viņš uzņēmās Bībeles tulkošanu no tās oriģinālā ebreju un grieķu manuskripta. Šo projektu īstenoja daudzi ebreju, grieķu un latīņu teologi, zinātnieki un cilvēki, kuri bija ļoti cienīti citu acīs. Arheologi ir atraduši vecos īstos ebreju un grieķu oriģinālos manuskriptus, kas 99 % apmērā saskan ar KJV Bībeli. Viens procents ir nelielas kļūdas, piemēram, interpunkcijas.

Slava Dievam! KJV ir publisks īpašums, un ikviens var izmantot KJV Bībeli, lai to pārtulkotu savā dzimtajā valodā. Mans ierosinājums ir

Es to darīju "Viņa veidā"

tāds, ka mums ir jātulko no Bībeles KJV, jo tā ir publisks īpašums un ir visprecīzākā Bībele.

Izņemot patiesību no oriģinālās Bībeles, pazuda vārds "Jēzus Kristus", kas ir spēks, kurš atbrīvo cilvēkus.

Tas izraisīja daudzu konfesiju rašanos. Tagad jūs sapratīsiet, kāpēc Bībelē ir teikts, ka nedrīkst ne pievienot, ne atņemt.

Uzbrukums ir vērsts pret iemiesoto Dievu.

Bībele saka.

Un Tas Kungs būs ķēniņš pār visu zemi; tanī dienā būs viens Kungs un Viņa vārds viens. (Caharijas 14:9)

Viņa vārds ir JĒZUS!!!

Elizabete Das

25. nodaļa

Dzīves izmainīšanas personīgās liecības

Sveicieni Jēzus vārdā:

Šīs personīgās liecības, kas "maina dzīvi", ir pievienotas kā iedrošinājums par Visvarenā Dieva spēku. Es patiesi ceru, ka jūsu ticība pieaugs, lasot šīs iedvesmojošās liecības no pazemīgiem ticīgajiem un kalpotājiem, kuriem ir aicinājums un aizraušanās ar Dievu. "Iepazīstiet Viņu Viņa Mīlestības tuvumā caur ticību, lūgšanu un Dieva Vārdu." Zinātne un medicīna nespēj izskaidrot šos brīnumus, tāpat kā tie, kas apgalvo, ka ir gudri, nespēj saprast Dieva lietas.

> *Un es tev došu tumsas **dārgumus** un noslēpumu bagātības, lai tu zinātu, ka es, Tas Kungs, kas tevi sauc tavā vārdā, esmu Israēla Dievs. (Jesajas 45:3)*

"Tas ir Ticības ceļš, ko nevar sadalīt un ko nevar iedomāties."

> *"Gudrie vīri ir kaunā, viņi ir izbijušies un pārsteigti; redzi, viņi ir noraidījuši Tā Kunga vārdu, un kāda gudrība ir viņos?" (Jeremijas 8:9)*

Es to darīju "Viņa veidā"

"Bēdas tiem, kas gudri paši savās acīs un apdomīgi savās acīs!"
(Jesajas 5:21)

"Jo jūs, brāļi, redzat savu aicinājumu, ka ne daudzi gudrie pēc miesas, ne daudzi varenie, ne daudzi dižciltīgie ir aicināti: Bet Dievs ir izredzējis pasaules muļķus, lai samulsinātu gudros, un Dievs ir izredzējis pasaules vājos, lai samulsinātu varenos."
(1.Kor.1:26-27).

Piesauc mani, un es tev atbildēšu un parādīšu tev lielas un varenas lietas, ko tu nezini. (Jeremijas 33:3)

Sirsnīgs paldies tiem, kuri ir snieguši savas personīgās liecības un laiku, lai šī grāmata taptu par godu Dievam.

Lai Dievs jūs svētī
Elizabeth Das, Teksasa

Elizabete Das

Cilvēku liecības

Visas liecības tiek sniegtas brīvprātīgi, lai dotu Dievam godu, un gods pieder vienīgi Dievam.

Es to darīju "Viņa veidā"

Terry Baughman, mācītājs
Gilbert, Arizona, ASV

Elizabete Das ir ietekmīga sieviete. Apustulis Pāvils un viņa misionārs Silass tika piesaistīti sieviеš ulūgšanu grupai netālu no Tiatīras upes krastā. Tieši šajā lūgšanu sanāksmē Lidija uzklausīja Pāvila un Sīlas mācību un pēc tam uzstāja, lai viņi savas kalpošanas laikā šajā reģionā apmetas pie viņas mājās. (Sk. Ap.d.16:13-15) Šīs sievietes viesmīlība un... kalpošana ir ierakstīta Svētajos Rakstos, lai to atcerētos uz visiem laikiem.

Elizabete Das ir Dieva sieviete, līdzīga ietekmīgajai sievietei Līdijai no Apustuļu darbu grāmatas. Ar savu centību un aizrautību viņa ir vedusi citus pie patiesības atziņas, koordinējusi lūgšanu grupas un bijusi instruments, lai sūtītu Evaņģēlija kalpotājus uz savu dzimteni Gudžaratu, Indijā. Pirmo reizi par Elizabeti Das dzirdēju, kad es biju pasniedzējs un akadēmiskais dekāns Christian Life College Stokktonā, Kalifornijā. Darels Rašs, mūsu misiju direktors, pastāstīja man par viņas labo darbu, uzrunājot kalpotājus doties uz Ahmadabadu, Indijā, mācīt un sludināt konferencēs, ko sponsorēja mācītājs Džaiprakaša Kristiešu un ticības draudze, kas apvieno vairāk nekā 60 draudzes Gudžaratas štatā, Indijā. Viņa piezvanīja uz Christian Life College, lūdzot uzaicināt runātājus gaidāmajā konferencē, kas paredzēta baznīcām Indijā. Mēs nosūtījām divus no mūsu pasniedzējiem, lai tie sniegtu mācības un sludināšanu konferencē. Nākamajā reizē, kad zvanīja Elizabete Das; Derils Rašs man jautāja, vai es negribētu doties mācīt uz kādu no konferencēm. Es ar prieku devos un nekavējoties sāku gatavoties braucienam. Vēl viens instruktors, Braiens Henrijs, mani pavadīja un teica nakts dievkalpojumus konferencē. Tajā laikā es biju Christian Life koledžas izpildvaras viceprezidents un pilna laika pasniedzējs, tāpēc mēs sarunājām aizvietotājus savām nodarbībām un citiem pienākumiem un lidojām pāri puspasaulei, lai dalītos mūsu kalpošanā ar brīnišķīgajiem Gudžaratas iedzīvotājiem Rietumindijā. Otrajā ceļojumā uz Gudžaratu 2008. gadā mani pavadīja mans dēls, un viņš piedzīvoja notikumu, kas izmainīja viņa dzīvi Gara un patiesības konferencē Anandā. Lidot apkārt pasaulei un piedalīties šajās konferencēs un kalpošanas braucienos ir dārgs pasākums, taču atalgojums nav izmērāms naudas izteiksmē. Šajā ceļojumā uz Indiju mans dēls pieņēma jaunu apņemšanos Kungam, kas ir mainījusi viņa dzīves virzienu. Tagad viņš vada dievkalpojumus un ir mūzikas vadītājs draudzē, kurā es tagad kalpoju kā mācītājs Gilbertā, Arizonā. Kalpošana Indijā ne tikai svētī cilvēkus, bet arī tie, kas tur dodas, tiek svētīti, dažkārt pārsteidzošā veidā.

Elizabetes Das ietekme burtiski jūtama visā pasaulē. Viņa ne tikai palīdz nosūtīt kalpotājus no Amerikas Savienotajām Valstīm uz Indiju, bet arī aizrautīgi tulko materiālus gudžarati valodā, kas ir viņas dzimtā valoda. Ikreiz, kad esmu ar viņu runājis pa telefonu, viņa nepārtraukti meklē jaunus veidus, kā dalīties ar Evaņģēlija patiesību. Viņa aktīvi darbojas lūgšanu kalpošanā un aktīvi meklē veidus, kā kalpot, izmantojot Bībeles stundas drukātā formātā un internetā, izmantojot YouTube ierakstus. Elizabete Das ir dzīvs piemērs tam, ko viens cilvēks var paveikt, lai mainītu pasauli ar aizrautību, neatlaidību un lūgšanām.

Veneda Ing
Milāna, Tenesee, ASV

Es dzīvoju nelielā pilsētiņā Tenesī rietumos un piederu vietējai Vasarsvētku draudzei. Pirms dažiem gadiem es apmeklēju lūgšanu konferenci Sentluisā, Sentluisas štatā, un satiku sievieti vārdā Tammija, un mēs uzreiz kļuvām par draudzenēm. Kad mēs iepazināmies, viņa man pastāstīja par lūgšanu grupu, kurai viņa piederēja un kuru vadīja māsa Elizabete Das no savas mājas Teksasā. Šajā nelielajā grupā bija cilvēki no dažādām Amerikas Savienoto Valstu daļām, kas pievienojās ar telefonsarunu palīdzību.

Kad es atgriezos mājās, es sāku zvanīt uz lūgšanu grupu, un Dievs mani uzreiz svētīja. Kad pievienojos šai grupai, es biju draudzē aptuveni 13 gadus, tāpēc lūgšana nebija nekas jauns, tomēr "Saskaņotās lūgšanas" spēks bija pārsteidzošs! Es uzreiz sāku saņemt rezultātus saviem

Es to darīju "Viņa veidā"

lūgšanu lūgumiem un katru dienu klausījos slavēšanas ziņojumus. Pieauga ne tikai mana lūgšanu dzīve, bet arī mana Jailas kalpošana, kā arī citas Gara dāvanas, ar kurām Dievs mani bija svētījis. Līdz šim es nekad nebiju satikusi māsu Das. Viņas lielā vēlme lūgt un palīdzēt citiem izmantot sevī esošās dāvanas vienmēr lika man atgriezties, lai saņemtu vēl. Viņa ir ļoti iedrošinoša un ļoti drosmīga, nebaidās apšaubīt lietas un noteikti nebaidās pateikt, ja jūt no Dieva, ka kaut kas nav kārtībā. Jēzus vienmēr ir viņas atbilde. Kad man bija iespēja doties uz Teksasu, lai piedalītos īpašā lūgšanu sanāksmē māsas Das mājās, es ļoti vēlējos doties.

Es iekāpu lidmašīnā un jau pēc dažām stundām atrados Dalasas un Fort Vortas lidostā, kur mēs pirmo reizi tikāmies vairāk nekā gadu ilgās kopīgās lūgšanās.

Pazīstama balss, bet šķita, ka esam pazīstami jau gadiem ilgi. Arī citi bija ieradušies no citām valstīm, lai pievienotos šai tikšanās reizei.

Mājas lūgšanu sapulce bija kaut kas tāds, ko es nekad iepriekš nebiju piedzīvojis. Es biju sajūsmā par to, ka Dievs ļāva mani izmantot, lai sniegtu labumu citiem. Šīs tikšanās laikā mēs redzējām daudzus dziedinātus no muguras un kakla problēmām. Mēs redzējām un piedzīvojām kā aug kājas un rokas, un bijām liecinieki tam, ka kāds cilvēks tika dziedināts no diabēta, kā arī daudziem citiem brīnumiem un notikumiem, kas mainīja dzīvi, piemēram, dēmonu izdzīšanu. Tas man radīja vēl lielāku vēlmi pēc Dieva lietām un vēlmi iepazīt Viņu augstāk. Ļaujiet man uz mirkli apstāties un piebilst, ka Dievs šos brīnumus darīja Jēzus vārdā un vienīgi Viņa vārdā. Dievs izmanto māsu Das, jo viņa vēlas palīdzēt un mācīt citus, lai viņi iemācītos, kā ļaut Dievam arī viņus izmantot. Viņa ir dārga draudzene un mentore, kas mani ir mācījusi būt atbildīgākai Dieva priekšā. Es pateicos Dievam, ka mūsu dzīves ceļi ir krustojušies un mēs esam kļuvuši par lūgšanu partneriem. Trīsspadsmit gadu laikā, kopš dzīvoju Dievam, es nekad nebiju iepazinusi patieso lūgšanas spēku. Es iedrošinu jūs izveidot vienotu lūgšanu grupu un vienkārši redzēt, ko Dievs darīs. Viņš ir apbrīnojams Dievs.

Diāna Gevara
Kalifornija El Monte

Kad es piedzimu, mani audzināja ģimenes katoļu reliģijā. Kad kļuvu vecāks, es nepraktizēju savu reliģiju. Mani sauc Diāna Gevara, un jau kā maza meitene es vienmēr zināju, ka man vajadzētu kaut ko just, kad apmeklēju baznīcu, bet nekad to nedarīju. Mana ikdiena bija lūgšana "Mūsu Tēvs" un "Slava Dievam", kā man to mācīja kā mazam bērnam. Patiesība ir tāda, ka es patiesībā nepazinu Dievu. 2007. gada februārī es uzzināju, ka manam 15 gadus vecajam draugam ir romāns un ka viņš ir dažādās interneta iepazīšanās vietnēs. Es biju tik ļoti ievainota un izpostīta, ka nonācu depresīvā stāvoklī, visu laiku gulēdama uz dīvāna un raudādama. Es tik ļoti pārdzīvoju, ka 21 dienas laikā zaudēju 25 kg, jo jutu, ka manai pasaulei ir pienācis gals. Kādu dienu man piezvanīja māsa Elizabete Das, sieviete, kuru nekad nebiju redzējusi. Viņa mani iedrošināja, lūdza par mani un citēja Bībeles pantus. Divus mēnešus mēs runājām, un viņa turpināja par mani lūgt, un katru reizi es sajutu Dieva Mieru un Mīlestību. 2007. gada aprīlī man kaut kas teica, ka man jādodas uz Teksasu, uz māsas Elizabetes mājām. Es veicu rezervāciju un biju ceļā uz Teksasu uz 5 dienām. Šajā laikā māsa. Elizabete un es lūdzāmies un studējām Bībeli. Viņa man parādīja Rakstu vietas par kristīšanos Jēzus vārdā. Es uzdevu daudz jautājumu par Dievu un zināju, ka man pēc iespējas ātrāk ir jākristās Jēzus Vārdā. Pēc tam, kad es biju kristīts, es zināju, ka tas bija iemesls, kāpēc es jutu, ka man steidzami jādodas uz Teksasu. Es beidzot biju atradis to, kā man trūka bērnībā, Visvarenā Dieva klātbūtni! Kad atgriezos Kalifornijā, es sāku apmeklēt Dzīvības draudzi.

Šeit es saņēmu Svētā Gara dāvanu ar pierādījumiem par runāšanu mēlēs. Es patiesi varu teikt, ka ir atšķirība starp patiesību un reliģiju. Tā bija Dieva mīlestība, ka Viņš izmantoja māsu Elizabeti, lai mācītu man Bībeles studijas un parādītu glābšanas plānu saskaņā ar Dieva vārdu. Es piedzimu reliģijā, un tas bija viss, ko es zināju, neizpētot Bībeli pašam. Pēc tam, kad man tika iemācītas atkārtotas lūgšanas, manas lūgšanas tagad nekad nav rutīnas vai garlaicīgas. Man patīk runāt ar To Kungu. Es vienmēr zināju, ka Dievs ir, bet toreiz nezināju, ka varu sajust Viņa klātbūtni un Viņa mīlestību, kā tas ir tagad. Viņš ne tikai ir klātesošs manā dzīvē, bet Viņš ir devis man Mieru un izārstējis manu sirdi, kad es domāju, ka manai pasaulei ir pienācis gals. Kungs Jēzus man ir devis Mīlestību, kuras man vienmēr trūka. Es nekad nevaru iedomāties savu dzīvi bez Jēzus, jo bez Viņa es neesmu nekas. Tā kā Viņš ir aizpildījis tukšās vietas manā sirdī ar Savu mīlestību, es dzīvoju Viņam un tikai Viņam. Jēzus ir viss, un Viņš var dziedināt arī jūsu sirdi. Visu godu un slavu es atdodu tikai mūsu Kungam Jēzum Kristum.

Jairo Pina Mana liecība

Mans vārds ir Jairo Pina, un šobrīd man ir 24 gadi un es dzīvoju Dalasā, Teksasā. Augot es un mana ģimene apmeklējām baznīcu tikai reizi gadā, ticot katoļu ticībai. Es zināju par Dievu, bet nepazinu Dievu. Kad man bija 16 gadi, man diagnosticēja ļaundabīgu audzēju uz labās augšstilba kaula kaula, ko sauc par osteosarkomu (kaulu vēzi). Lai cīnītos ar šo slimību, man bija jāveic gads ķīmijterapijas un operāciju. Tieši šajā laikā man ir pirmās atmiņas par to, kā Dievs man atklājās. Tas aizvilināja mani uz šo mazo ēku Garlandā, Teksasas štatā, kopā ar draugu un viņa māti. Mana drauga māte draudzējās ar kristiešu pāri, kas mūs aizveda pie mācītāja, kurš bija afrikāņu izcelsmes. Vēlāk es atklāju, ka šim mācītājam bija pravietošanas dāvana.

Mācītājs pravietoja par cilvēkiem, kas kopā ar mums devās uz šo nelielo ēku, bet tas, ko viņš pravietoja par mani, man palika atmiņā uz visiem laikiem. Viņš teica: "Vau! Tev būs liela liecība un tu ar to atvedīsi pie Dieva daudzus cilvēkus!". Es biju skeptiski noskaņots un vienkārši paraustīju plecus, īsti nezinādams, kas notiks vēlāk manā dzīvē. Ātri paejot uz priekšu apmēram 2 gadus pēc tam, kad pabeidzu savu pirmo cīņu ar vēzi, man atkārtojās apmēram tajā pašā vietā, kā iepriekš minēts. Tas mani ārkārtīgi sarūgtināja, jo man bija vēl vairāk plānotas ķīmijterapijas un vajadzēja amputēt labo kāju. Ap šo laiku es daudz laika pavadīju viens pats, cerot, ka garīgi sagatavosies. Kādu dienu es piestājos pie ezera un sāku no sirds lūgt Dievu. Es nezināju, ko īsti nozīmē lūgt, tāpēc es vienkārši sāku runāt ar Dievu no tā, kas bija manā prātā un sirdī. Es sacīju: "Dievs, ja Tu esi patiesi patiess, parādi man, un ja Tev rūp es esmu, parādi man, ka es rūpējos par Tevi".

Apmēram 15 minūtes vēlāk es devos atcelt dalību sporta zālē LA Fitness, kur redzēju strādājam vienu no saviem draugiem. Es viņam paskaidroju, kāpēc atceļu dalību, un viņš apšaubīja, kāpēc es vēlos to atcelt. Tad viņš teica: "Tev vajadzētu iet uz manu baznīcu. Es tur esmu redzējis daudzus brīnumus un dziedinātus cilvēkus". Man nebija ko zaudēt, tāpēc es sāku iet. Viņš sāka man rādīt pantus Apustuļu darbu grāmatā par kristīšanu un piepildīšanos ar Svēto Garu. Viņš man pastāstīja par visu to runāšanu mēlēs, kas man šķita dīvaini, bet viņš mani novirzīja uz Bībeles pierādījumiem. Nākamais, ko es zināju, bija brīdis, kad es biju viņa draudzē, kad viņi jautāja, kurš vēlas atdot savu dzīvi Kristum un kristīties. Es piegāju pie kanceles, kad mācītājs uzlika roku virs manas galvas. Viņš sāka par mani lūgt, un es sāku runāt mēlēs tajā pašā dienā, kad viņi mani kristīja. Tas piezemēja manas piedzimšanas pieredzes zīmi, nezinot, ka tagad esmu garīgajā karā.

Pat pēc šīs pieredzes es sāku saņemt uzbrukumus un novērsties no Dieva. Vēlos arī pieminēt, ka vēl pirms kristīšanas man garīgi uzbruka dēmoni, un dažus no tiem pat dzirdēju dzirdami. Es dzirdēju, kā viens no tiem 3 naktī aiz loga smējās bērna balsī, otrs smējās, kad seksuāli pieskārās man, un trešais man teica, ka aizvedīs mani uz elli. Esmu piedzīvojis vēl dažus uzbrukumus, bet šie ir tie, kas izceļas visvairāk. Tagad atgriežos pie tā, kur es pārtraucu par to, ka mani aizvilina prom no Dieva. Man bija attiecības ar meiteni, kura mani galu galā krāpa un salauza manu sirdi gabalos. Mēs bijām kopā apmēram gadu, un viss beidzās traģiski. Mēģinot tikt galā ar tukšumu, es sāku dzert un smēķēt. Tad es sāku lūgt Dievu, lai Viņš man palīdz un atkal tuvina mani Viņam, kamēr es raudāju. Es to patiešām domāju nopietni un sāku piedzīvot Dieva žēlastību, īsti nezinādams, kas tas īsti ir.

Es atkal sāku iet uz baznīcu kopā ar savu draugu un viņa mammu, kur mani kristīja Vasarsvētku draudzē. Šajā laikā manas zināšanas par Bībeli sāka ievērojami pieaugt. Es izgāju fundamentālos kursus un tik daudz iemācījos, lasot Dieva vārdu. Mana drauga mamma galu galā man uzdāvināja Elizabetes Dasas grāmatu "Es darīju tā, kā Viņš", sakot, ka tā ir ietekmīga grāmata par viņas gaitām ar Dievu. Kad es pabeidzu grāmatu, es pamanīju, ka tajā ir norādīts viņas e-pasts. Es sazinājos ar Elizabeti, un mana draudzenes mamma pastāstīja viņai arī par mani. Es sāku ar viņu runāt pa tālruni un galu galā satikt viņu klātienē. Kopš tikšanās ar viņu es pamanīju, ka viņa patiešām mīl un savā dzīvē pielieto Dieva vārdu. Viņa ir uzlikusi rokas uz slimajiem un savā laikā lūdzas par daudziem cilvēkiem. Es viņu uzskatu par savu garīgo skolotāju, jo viņa man ir iemācījusi ļoti daudz par Dievu un Viņa vārdu, par ko esmu viņai ārkārtīgi pateicīga. Es teiktu, ka mēs pat esam kļuvušas par draudzenēm un turpinām pārbaudīt viena otru vēl šodien.

2017. gada janvārī man bija dzīvokļa īres līgums, kas piederēja universitātei, kurā mācījos. Patiesībā es mēģināju panākt, lai kāds pārņem manu īres līgumu finansiālu problēmu dēļ. Es nestrādāju un man nebija naudas, lai turpinātu maksāt dzīvokļa īres maksu. Diemžēl es nevarēju atrast kādu, kas pārņemtu manu īres līgumu, un tādējādi es būtu atbildīgs par to, lai turpinātu maksāt īres maksu. Es, kā jau bieži daru, piezvanīju Elizabetei Das, lai lūgtu lūgšanu par šo jautājumu, kas saistīts ar līguma laušanu tīrā veidā. Tajā pašā janvārī man tika veikta krūškurvja datortomogrāfija, kas atklāja, ka man ir plankumaina vieta labās plaušas apakšējā daivā. Man bija jāveic operācija, lai izņemtu skenējumā redzamo plankumu, kas izrādījās ļaundabīgs. Lai gan tas bija slikti, tajā pašā mēnesī es varēju izbeigt dzīvokļa īres līgumu. Saka, ka Dievs darbojas noslēpumainos veidos, tāpēc es uzticējos Viņam par to, kas notika. Šajā laikā es mācījos sagatavošanas kursos, cerot pabeigt un tikt uzņemta medicīnas māsu skolā. Elizabete lūdzās par mani, lai es dabūtu labu darbu un iestātos medmāsu skolā saskaņā ar Dieva gribu manai dzīvei.

Elizabete Das

Apmēram pēc trim mēnešiem man tika nozīmēta vēl viena krūškurvja datortomogrāfija, lai noskaidrotu, vai ar mani viss ir kārtībā. Tomēr skenēšanas laikā man plaušās parādījās vēl viens plankumains plankums, kas bija tuvu tam pašam, kas bija 2017. gada janvārī. Onkologs teica, ka, viņaprāt, tas ir vēzis, kas atkal atgriežas, un mums tas ir jāizoperē. Es nevarēju noticēt, ka tas notiek. Es domāju, ka ar to man viss ir beidzies. Es par to pastāstīju Elizabetei, un šajā laikā par mani sāka lūgt daudzi citi cilvēki. Lai gan tas notika, man joprojām bija neliela ticība, ka viss būs labi un ka Dievs par mani parūpēsies. Atceros, kā kādu dienu naktī braucu ar automašīnu un lūdzu Dievu: "Ja Tu mani izvilksi no šīs nepatikšanas, es apsolu dalīties ar citiem par to, ko Tu man esi darījis".

Pēc dažām nedēļām es devos uz operāciju, un man tika izņemta lielāka diametra labās plaušas apakšējā daiva. Elizabete un viņas draudzene pat ieradās slimnīcā, lai uzliktu pār mani rokas un lūgtos, lai Dievs man nestu dziedināšanu. Apmēram divas nedēļas pēc operācijas es atgriezos slimnīcā, lai saņemtu rezultātus. Nemaz nerunājot par to, ka šajā laikā es vēl meklēju darbu slimnīcā, lai uzlabotu savas izredzes iestāties medicīnas māsu skolā. Tajā pašā dienā, tuvojoties reģistratūrai, lai saņemtu operācijas rezultātus, es pajautāju, vai viņi pieņem darbā. Kamēr es reģistrējos, pie durvīm bija viena menedžere, kura man deva savu informāciju, lai es viņai paziņotu, kad iesniegšu savu pieteikumu tiešsaistē. Nākamais, ko jūs zināt; es gaidīju istabā, kad onkologs ieradīsies ar maniem rezultātiem. Es biju ārkārtīgi nervozs un baidījos no tā, ko viņš man pateiks.

Istabā ienāca onkologs, un pirmais, ko viņš teica, bija: "Vai kāds jums jau pateica rezultātus?". Es viņam atbildēju, ka nē, un gribēju, lai viņš vienkārši noliek uz galda manas iespējas, kas man jādara tālāk. Tad viņš man teica: "Tātad jūsu rezultāti parādīja, ka tas ir tikai kalcija uzkrāšanās, tas nav vēzis." Tad viņš man teica: "Tātad jūsu rezultāti parādīja, ka tas ir tikai kalcija uzkrāšanās, tas nav vēzis. Es biju pilnīgā šokā, jo zināju, ka tas bija Dievs, kas to izdarīja manā labā. Es devos uz savu automašīnu un sāku raudāt prieka asaras! Es piezvanīju Elizabetei un paziņoju viņai labās ziņas. Mēs abi kopā svinējām. Pēc

Es to darīju "Viņa veidā"

dažām dienām es piedalījos darba intervijā slimnīcā, un jau pēc nedēļas man piedāvāja šo darbu. Dažas nedēļas pēc tam, kad es saņēmu darbu, mani uzņēma medicīnas māsu skolā. Gods Dievam par to, ka viņš to visu salika kopā, jo man joprojām ir prieks par to runāt.

Šobrīd esmu pēdējā medicīnas māsu skolas semestrī un 2019. gada maijā beidzu skolu. Esmu piedzīvojusi tik daudz un esmu pateicīga par visām durvīm, ko Dievs man ir atvēris un aizvēris. Es pat esmu nonākusi attiecībās ar otru cilvēku, un viņa ir bijusi pārsteidzoša, esot man līdzās, kopš 2017. gada janvārī vēzis metastāzēja plaušās, līdz pat šim brīdim šodien. Elizabete man ir tik daudz iemācījusi un ir daudzkārt par mani lūgusi, kas man parāda lūgšanas un roku uzlikšanas uz slimajiem spēku. Lasītāj, es nekādā ziņā neesmu īpašāks par tevi. Dievs tevi mīl vienādi, un Jēzus Kristus ir miris par taviem un maniem grēkiem. Ja tu meklē Viņu no visas sirds, tu Viņu atradīsi.

"Jo Es zinu, ko Es domāju par jums, saka Tas Kungs, Es domāju par mieru, nevis par ļaunu, lai dotu jums gaidīto galu. Tad jūs Mani piesauksiet, un jūs iesiet un lūgsieties pie Manis, un Es jūs uzklausīšu. Un jūs Mani meklēsit un atradīsit, kad jūs Mani meklēsit no visas sirds." Jeremijas 29:11-13 KJV.

Madalyn Ascencio
El Monte, Kalifornija, Amerikas Savienotās Valstis.

Agrāk es ticēju, ka vīrietis mani papildinās. Kad iemīlējos Jēzū, es atklāju, ka tikai un vienīgi Viņš ir tas, kas mani piepilda. Es esmu radīta, lai pielūgtu un pielūgtu Viņu! Mans vārds ir Madalīna Ašencio, un šī ir mana liecība.

2005. gada martā 3 gadus sāku ciest no trauksmes un panikas lēkmēm. Es vairākkārt devos uz slimnīcu, un viss, ko man piedāvāja, bija antidepresanti un Valiums, bet es atteicos būt atkarīga no medikamentiem, lai justos normāli. Es lūdzos, lai Dievs man palīdz. Kādā sestdienas rītā 2008. gada oktobra vidū man bija ļoti spēcīga panikas lēkme, tāpēc es piezvanīju māsai Elizabetei. Viņa man jautāja, kas notiek, un lūdza par mani. Kad es jutos labāk, viņa man iedeva lasīt dažas Rakstu vietas. Es lūdzos un lūdzu Dievu dot man gudrību un sapratni. Kad es lasīju Rakstus,

> *Jņ.ev.3:5-7: Jēzus atbildēja: Patiesi, patiesi, patiesi Es tev saku**: ja cilvēks neatdzimst no ūdens un Gara, tas nevar ieiet Dieva valstībā**. Kas dzimis no miesas, tas ir miesa, bet kas dzimis no Gara, tas ir gars. Nebrīnies, ka Es tev sacīju: Tev jādzimst no jauna!*

> *Jņ.ev.8:32: Un jūs atzīsit patiesību, un patiesība darīs jūs brīvus.*

> *Jņ.ev.10:10: Zaglis nenāk, bet lai zagtu, nogalinātu un pazudinātu; Es esmu nācis, lai viņiem būtu dzīvība un lai viņiem tās būtu vairāk.*

Es zināju, ka Dievs runā uz mani. Jo vairāk es lūdzos un runāju ar māsu Elizabeti, jo vairāk es zināju, ka man vajag no jauna kristīties. Es tik daudz biju lūdzis, lai Dievs mani pietuvina. No 2001. līdz 2008. gadam es apmeklēju kristiešu bezkonfesionālo draudzi, un 2007. gada aprīlī es tiku kristīts. Māsa Elizabete man jautāja, ko es jutu, kad es tiku kristīts, un es viņai atbildēju" :Es jutos labi". Viņas atbilde bija: "Un tas ir viss"? Viņa jautāja, vai esmu kristīts Jēzus vārdā, un es viņai atbildēju, ka esmu kristīts Tēva, Dēla un Svētā Gara vārdā. Viņa man teica, lai lasu un studēju.

> *Ap.d.gr.2:38: Tad Pēteris tiem sacīja: Atgriezieties no grēkiem un topiet kristīti **Jēzus Kristus vārdā grēku piedošanai**, un jūs saņemsiet Svētā Gara dāvanu.*

> *Apustuļu darbi 8:12-17: Bet, kad viņi noticēja Filipam, kas sludināja par Dieva valstību un Jēzus Kristus vārdu, viņi kristījās, gan vīrieši, gan sievietes. Tad arī pats Sīmanis noticēja, un, kristīts, viņš palika kopā ar Filipu un brīnījās, redzēdams brīnumus un zīmes, kas bija notikuši. Bet kad apustuļi, kas bija Jeruzalemē, dzirdēja, ka Samarija ir pieņēmusi Dieva vārdu, tie sūtīja pie viņiem Pēteri un Jāni, kas, nolaidušies lejā, lūdza par viņiem, lai viņi saņemtu Svēto Garu, (jo*

Es to darīju "Viņa veidā"

*Viņš vēl nebija nolaidies uz nevienu no viņiem; tikai viņi tika **kristīti Kunga Jēzus vārdā.**) Tad viņi uzlika uz tiem rokas, un tie saņēma Svēto Garu.*

*Apustuļu darbi 10:43-48: Viņam visi pravieši apliecina, ka Viņa Vārdā ikviens, kas Viņam tic, saņems grēku piedošanu. Kamēr Pēteris vēl runāja šos vārdus, Svētais Gars nolaidās pār visiem, kas klausījās šo vārdu. Un tie no apgraizītajiem, kas ticēja, bija pārsteigti, visi, kas bija nākuši kopā ar Pēteri, jo arī uz pagāniem bija izlieta Svētā Gara dāvana. Jo viņi dzirdēja tos runājam mēlēs un slavējam Dievu. Tad Pēteris atbildēja: Vai kāds var aizliegt ūdeni, lai šie, kas ir saņēmuši Svēto Garu tāpat kā mēs, netiktu kristīti? Un viņš **tiem pavēlēja kristīties Kunga vārdā.***

*Ap.d.19:1-6: Kad Apolls bija Korintā, Pāvils, šķērsojis augšējos krastus, ieradās Efezā un, atradis dažus mācekļus, sacīja viņiem: "Vai jūs esat saņēmuši Svēto Garu, kopš esat ticējuši? Bet viņi viņam atbildēja: Mēs neesam ne dzirdējuši, vai ir Svētais Gars. Un Viņš tiem sacīja: Uz ko tad jūs esat kristīti? Un viņi sacīja: Jāņa kristībā. Tad Pāvils sacīja: Jānis patiesi kristīja ar grēku nožēlas kristību, sacīdams ļaudīm, lai tie ticētu tam, kam jānāk pēc viņa, tas ir, Kristum Jēzum. To dzirdēdami, **tie kristījās Kunga Jēzus vārdā**. Un, kad Pāvils bija uzlicis uz tiem rokas, Svētais Gars nāca pār tiem, un tie runāja mēlēs un pravietoja.*

*Ap.d.22:16 Un tagad, kāpēc tu kavējies, celies, **kristies un nomazgā savus grēkus, piesaucot Kunga vārdu.***

*Kungs man atklāja, ka Svētais Gars ir pieejams arī man, un, ja es tiktu **kristīts Jēzus vārdā,** es tiktu dziedināts un atbrīvots no šīm briesmīgajām ciešanām. Dienās, kad bija ļoti slikti, es piezvanīju māsai Elizabetei, un viņa par mani lūdza. Es sapratu, ka man uzbrūk ienaidnieks, galu galā viņa uzdevums ir zagt, nogalināt un iznīcināt, kā teikts Jāņa evaņģēlija 10:10. Es apzinājos, ka man uzbrūk ienaidnieks. Pirms daudziem gadiem es izlasīju Efeziešiem 6:10-18 un* *sapratu, ka man katru dienu jāvalkā visas Dieva bruņas. Katru reizi, kad sāku just, ka mani pārņem trauksme, es sāku cīnīties, nevis baidīties. 2008. gada 2. novembrī es tiku kristīts Jēzus Vārdā Life draudzē Pasadenā, Kalifornijā. Es sajutu visbrīnišķīgāko Mieru, kādu nekad iepriekš nebiju piedzīvojis, un tas bija vēl pirms es iegāju ūdenī, lai tiktu kristīts.* Kad es izkāpu no ūdens, es jutos viegls kā spalviņa, it kā es staigātu pa mākoņiem, un nevarēju pārtraukt smaidīt. Es sajutu Dieva klātbūtni, mieru un mīlestību kā nekad agrāk. 2008. gada 16. novembrī es saņēmu Svētā Gara dāvanu, apliecinot to ar runāšanu citās valodās. Tukšums, ko vienmēr jutu kopš bērnības, tagad bija piepildīts. Es zināju, ka Dievs mani mīl un ka tam ir liels mērķis manai dzīvei, un jo vairāk es Viņu meklēju un lūdzu, jo vairāk Viņš man atklāj Sevi. Dievs man parādīja, ka man ir jādalās savā ticībā, jādod cerība un mīlestība. Kopš manas jaunās apustuliskās piedzimšanas un atbrīvošanas no trauksmes Jēzus manā dzīvē ir ievedis daudzus cilvēkus, kuri arī cieš no trauksmes. Tagad man savā liecībā ir kalpošana, kurā dalīties ar viņiem.

Es esmu ļoti pateicīga Jēzum par māsu Elizabeti Dašu. Pateicoties viņas lūgšanām un mācībām, es tagad arī strādāju Jēzus labā. Caur viņas lūgšanām un kalpošanu viņa pie Kunga aizveda arī manu māti, meitu, tanti un dažus draugus. Es esmu radīta, lai dotu Jēzum visu slavu! Slavēts lai ir Viņa Svētais Vārds!

Martin Razo
Santa Ana, Kalifornija, ASV.

Bērnībā es dzīvoju bēdās. Lai gan man apkārt bija cilvēki, es izjutu dziļu vientulību. Mani sauc Martins Razo, un tāda bija mana bērnība. Vidusskolā visi zināja, kas es esmu, pat ja viņi nebija to cilvēku lokā, kurus es uzskatīju par "foršiem cilvēkiem". Man bija pāris draudzenes, es lietoju narkotikas un dzīvoju tā, it kā tas būtu kaut kas normāls, jo gandrīz visi citi to darīja. Piektdienu un sestdienu vakaros es kopā ar draugiem iereibu un gāju uz klubiem, lai bildinātu meitenes. Tēvs vienmēr bija man mugurā un vēroja, ko un kur es daru.

Es to darīju "Viņa veidā"

Ģimenes draudzene māsa Elizabete dalījās ar mani savā liecībā. Patiesībā tas nebija garlaicīgi, patiesībā tas bija ļoti interesanti, ko viņa stāstīja. Man šķita, ka viņa patiešām ticēja tam, ko teica. Tad pēkšņi mājās viss sagāja greizi. Šķita, ka Tas Kungs mani brīdina un aicina caur bailēm. Man bija trīs ļoti biedējošas pieredzes, kas lika man tam noticēt. Pirmkārt, mani pieķēra ar narkotikām un es aizbēgu no mājām, bet ne uz ilgu laiku. Mana tante lika man piezvanīt mammai, un, uzzinājis, ka mammai ir diabēts, es atgriezos mājās. Otrkārt, 2.00 naktī es braucu no naktskluba un iekļuvu autoavārijā, kurā automašīna uzsprāga un pacēlās gaisā. Tajā laikā es apmeklēju Bībeles studijas kopā ar māsu Das. Treškārt, es palūdzu kādam draugam, lai mani aizved, un, kad mēs sākām sarunāties, viņš man pastāstīja, ka ir pārdevis savu dvēseli velnam un ka viņam ir vara ieslēgt un izslēgt gaismas. Izmantojot ielu lukturus, viņš man to demonstrēja, mirkšķinot ar acīm, lai tos ieslēgtu un izslēgtu. Es redzēju viņa seju tā, it kā tā pārvērstos par dēmonu. Es izlēcu no mašīnas un skrēju mājās, cik ātri vien varēju. Pēc stundām es sāku domāt par to, ko teica māsa Elizabete, un nodomāju, ka arī tas droši vien ir reāli. Māsa Dasa pa telefonu man deva Bībeles mācību par kristīšanu Jēzus vārdā, par ko runāts Apustuļu darbu grāmatā un agrīnajā draudzē. Tolaik viņa vēl nezināja par manām pašnāvnieciskajām tieksmēm, bet kaut kas viņai teica, ka man to vajag dzirdēt nekavējoties, jo viņa mani var vairs neredzēt. Es kristījos, kad apmeklēju draudzi, kas ticēja, ka Dievs ir trīs personu svētā trīsvienība. No šīs baznīcas es pārgāju uz apustuļu mācību. Dievs ir viens! Dievs ir Gars, Jēzus bija Dievs, kas nācis miesā, lai dzīvotu starp cilvēkiem, un Svētais Gars ir Dievs mūsos. Tā bija un ir apustuļu mācība. Es biju pieņēmis tikai to, ko man mācīja kā patiesību. Es nezināju, kad un no kurienes šī pārliecība radās.

Nedēļu vēlāk māsa Elizabete mani uzaicināja doties pie mana tēvoča uz Bībeles studijām. Kopā ar viņu nāca arī brālis Džeimss Mins, kuram ir dziedināšanas un atbrīvošanas dāvana. Tajā vakarā notika brīnumi, un pēc Bībeles studijām viņi mums jautāja, vai mēs vēlamies saņemt Svēto Garu. Lielākā daļa no mums teica "jā". Es joprojām domāju, ka tas ir traki un nav iespējams, bet es tik un tā pieteicos.

Elizabete Das

Kad brālis Džeimss un māsa Elizabete lūdza par mani, mani pārņēma spēks. Es nezināju, kā atbildēt uz šo spēcīgo prieka sajūtu. Vispirms es apslāpēju šo spēka sajūtu. Tad otro reizi tā nāca spēcīgāka nekā pirmajā reizē, tā kļuva spēcīgāka, kad es atkal mēģināju to apspiest.

Trešajā reizē es nespēju apspiest Garu, un es sāku runāt citā valodā vai valodā, ko nezināju. Es domāju, ka runāšana mēlēs ir meli, tāpēc, kad mani pirmo reizi pārņēma Svētā Gara prieks; es mēģināju runāt, bet centos to apturēt, jo baidījos. Tajā dienā Jēzus mani dziedināja no visas depresijas un domām par pašnāvību.

Tagad man ir 28 gadi, un Kungs patiesi ir mainījis manu dzīvi uz labo pusi. Esmu pabeidzis Bībeles skolu, un Kungs mani svētījis ar skaistu sievu. Mūsu draudzē mums ir jauniešu kalpošana, un es arī turpinu kalpot kā Dieva kalps. Māsa Das nekad nav atteikusies ne no Razo ģimenes, ne no manis. Pateicoties viņas daudzajām lūgšanām un dalīšanās liecībās par Dieva spēku, visai Razo ģimenei ir nācis labais. Arī daudzi mūsu radinieki un kaimiņi ir pievērsušies Kungam Jēzum Kristum. Tagad arī man ir liecība. Ļaujiet man teikt, ka nekad nekad nedrīkst atmest lūgšanas par mīļajiem un cilvēkiem vispār. Jūs nekad nevarat zināt, ko Dievs dara un kā Viņš veido stratēģiju, lai to paveiktu Savā Ceļā!!!

Tammy Alford
Kalns. Herman, Luiziāna, ASV.

Būtībā es visu mūžu esmu bijis baznīcā. Mans pienākums ir rūpēties par cilvēkiem, kuri cieš, un es vēlos viņus sasniegt ar patiesības vārdu, lai viņi zinātu, ka Jēzus ir viņu cerība. Kad Kungs man deva šo nastu, es uzrakstīju uz lūgšanu auduma "Tauta" un dalījos tajā ar savu draudzi. Mēs sākām lūgt un aizlūgt, un rezultātā katrs saņēma lūgšanu drānu, ko paņemt līdzi uz mājām, lai lūgtos par to.

Tieši caur mūsu bijušo mācītāju un viņa ģimeni (kuri tagad ir aicināti uz Indiju kā misionāri) es pirmo reizi satiku māsu. Elizabeti Das. Mūsu lauku draudze Franklintonā, Luiziānas štatā, uzņēma viņu, kad viņa

Es to darīju "Viņa veidā"

dalījās savā spēcīgajā liecībā. Visi tika svētīti. Dažus mēnešus vēlāk mēs ar māsu Elizabeti kļuvām par lūgšanu partneriem. Spoža dāma, kas ne tikai mīl lūgties, bet arī dzīvo lūgšanu! Apbrīnojami patiesi, viņa dzīvo: "Laikā un ārpus laika." Mūsu Lūgšanu laiks bija agri no rīta pa telefonu, Teksasai savienojoties ar Luiziānu. Mēs saņēmām Tā Kunga svētības. Viņš deva pieaugumu, un drīz vien mums bija lūgšanu grupa no dažādiem štatiem.

Ar konferences koplietošanas līnijas starpniecību mēs sākām lūgt un gavēt, tad sāka pienākt slavēšanas ziņojumi. Mūsu Dievs ir tik apbrīnojams! Māsa Elizabete ir tā starojošā sieviete, kurai ir tik dedzīga vēlme redzēt glābtas dvēseles. Viņas degošā liesma ir aizdedzinājusi un aizdedzinājusi daudzus citus lūgties un redzēt. Nav slimības, sāpju vai velna ellē, kas viņu apturētu. Jau daudzus gadus viņa sasniedz un lūdz par pazudušajiem un mirstošajiem; to rādīs tikai mūžība. Es pateicos Dievam par viņas buldogu apņēmību un mīlestību pret "tautu". Esmu redzējis, kā Dievs caur viņu dara brīnišķīgus darbus, brīnumus un atbild uz lūgšanām. Mani draugi šeit un cilvēki, kurus es pazīstu, visi var apliecināt, ka, kad mēs saucam māsu. Elizabete, tiek lūgta ticības lūgšana. Lietas notiek! Piemēram, kādai dāmai, kas laiku pa laikam apmeklē mūsu draudzi, bija paredzēta nopietna operācija. Lai gan viņa dzīvoja ārpus pilsētas, es viņai teicu, ka piezvanīšu māsai Elizabetei un mēs pa telefonu lūgsimies par viņas slimību. Mēs lūdzāmies, un viņas sāpes pārgāja. Māsa Elizabete viņai teica: "Jums nav vajadzīga operācija, jūs esat dziedināta." Māsa Elizabete teica: "Jums nav vajadzīga operācija, jūs esat dziedināta." Viņai joprojām bija plānota operācija, līdz no slimnīcas piezvanīja, lai atceltu operāciju, un viņa devās uz priekšu un pārplānoja operāciju. Slimnīca vairs neveica pirmsoperācijas pārbaudes un turpināja operāciju. Pēc operācijas viņai tika paziņots, ka viņai nav konstatēts nekas slikts, pat ne pēdas no nopietnās slimības.

Vēl viens brīnums bija saistībā ar manu draudzeni, kurai ir mazs zēns. Viņš bija saslimis ar drudzi un aizmidzis. Mēs izsaucām māsu. Elizabetei un lūdzāmies pa skaļruni. Mazais zēns pēkšņi pamodās, piecēlās, normāli skraidīja un bija dziedināts. Daudzas reizes mēs esam lūguši par mājām, kurās bija dēmoniskie gari, un mēs tiešām varējām sajust, ka kaut kas ir noticis. Mēs priecājāmies par to, ka viņi mums stāstīja, ka pēkšņi sajutuši mieru vai ka varēja mierīgi izgulēties, neciešot mokas.

Es zinu, ka mana ticība ir pieaugusi, kopš esmu kļuvusi par šīs lūgšanu grupas dalībnieci. Māsa Elizabete man ir bijusi skolotāja tik daudzos veidos. Viņa ir devusi man garīgu vadību caur Dieva vārdu. Viņas dzīve ir tas skaistais piemērs, kas parāda Bībeles metaforas, kur tiek runāts par "gaismu uz kalna, ko nevar noslēpt", un arī par "koku, kas iestādīts pie ūdens upēm". Viņas saknes ir dziļi iesakņojušās Jēzū, un viņa spēj sniegt citiem nepieciešamo spēku un gudrību. Cauri tumšajiem pārbaudījumiem, ko esmu izgājusi, es zinu, ka māsa. Elizabete mani ir lūgusi cauri, un es esmu pateicīga par viņas kalpošanu. Viņa patiesi ir tas žilbinošais dārgakmens, kas izredzēts Kristū un tiek vareni izmantots Viņa Valstībai. Katru agru rītu viņa atnes šos tukšos traukus Jēzus priekšā, un Viņš tos atkal un atkal piepilda. Paldies māsai Elizabetei par to, ka viņa patiesi, bet tīri nodevusies Jēzum un Viņa Valstībai. Dievam lai ir slava!

Ronda Callahan
Fort Vorta, Teksasa
maijs 20, 2011

Kādā 2007. gadā, braucot cauri Dalasas pilsētai pa kādu pārbrauktuvi, es pamanīju, ka zem tilta guļ pāris bezpajumtnieku. Mani pārņēma līdzjūtība, un es sacīju Tam Kungam" :Kungs, ja Tu šodien būtu uz šīs zemes, Tu pieskartos šiem cilvēkiem, dziedinātu viņu prātus un padarītu viņus veselus! Viņi kļūtu par produktīviem sabiedrības locekļiem, kas dzīvo normālu dzīvi."..... Tūlīt Jēzus uzrunāja manu sirdi un sacīja: "Jūs esat Manas rokas, un jūs esat Manas kājas." Un es teicu: "Es esmu jums palīdzējis. Tajā brīdī es sapratu, ko Dievs man saka. Es sāku raudāt un slavēt Viņu. Manī bija spēks pieskarties šiem cilvēkiem un padarīt viņus veselus. Ne no sava spēka, bet no Viņa spēka.

Saskaņā ar Apustuļu darbiem 1:8 "Bet jūs saņemsiet spēku, kad Svētais Gars nāks pār jums, un jūs būsiet man liecinieki gan Jeruzalemē, gan visā Jūdejā, gan Samarijā, gan līdz pat zemes malām.

Turklāt Vēstulē efeziešiem 1:13-14 ir teikts;

"Uz kuru arī jūs paļāvāties, kad dzirdējāt patiesības vārdu, jūsu pestīšanas evaņģēliju, un kurā arī pēc tam, kad ticējāt, esat apzīmogoti ar apsolījuma svēto Garu, kas ir mūsu mantojuma ķīla līdz izpirkšanas brīdim, līdz iegādātais īpašums tiks izpirkts Viņa godības slavai.""

Es biju saņēmis šo spēku un biju apzīmogots 1986. gadā, kad Dievs mani godam kristīja ar Svēto Garu. Tik daudz reižu mēs domājam tā, ka, ja Dievs būtu šeit šodien, mūsu vidū notiktu brīnumi. Mums ir jāsaprot, ka tad, kad Viņš piepilda jūs ar Savu Svēto Garu, Viņš ir devis jums spēku darīt brīnumus. Mēs kļūstam par Viņa rokām un kājām, mēs esam aicināti sludināt šo brīnišķīgo vēsti visiem, kam tā ir vajadzīga.

Lūkas 4:18

"Tā Kunga Gars ir pār mani, jo Viņš mani svaidīja sludināt evaņģēliju nabagiem; Viņš mani sūtīja dziedināt satrieklus sirdīs, sludināt gūstekņiem atbrīvošanu un aklajiem atgriezt redzi, atbrīvot satriektus, sludināt Tā Kunga patīkamo gadu."

Lai gan kopš 1986. gada es biju piepildīts ar Svēto Garu, pēdējo gadu laikā man bija vairāki smagi triecieni. Es uzticīgi apmeklēju baznīcu, biju svētdienas skolas skolotājs un tikko pabeidzu 4 gadus Bībeles koledžā. Brīvprātīgi darīju visu, ko no manis lūdza baznīcā.

Tomēr es biju kļuvis ļoti nomākts. Es joprojām ticēju, ka Dievs spēj darīt visu, ko Viņš bija apsolījis, bet es biju salauzts trauks. Bija laiks, kad es strādāju Tā Kunga priekšā lūgšanā un aizlūgšanā, katru dienu lasīju Bībeli, liecināju, kad vien man radās iespēja, bet tagad atklāju, ka es nemaz daudz nelūdzos. Apbēdināts un nomākts, es biju pārņemts ar pastāvīgām garīgām mokām. Mana meita nesen bija pametusi vīru un iesniegusi šķiršanās pieteikumu. Manam mazdēlam tobrīd bija četri gadi, un es redzēju, kādas sāpes viņam sagādāja salauztā ģimene. Mani arvien vairāk mocīja domas par to, kādu dzīvi viņš dzīvos, uzaugot salauztā ģimenē. Es uztraucos par iespēju, ka viņu var ļaunprātīgi izmantot audžuvecāki, kuri viņu nemīl, vai par iespēju, ka viņš varētu izaugt, nejūtoties mīlēts ne no tēva, ne no mātes puses šīs šķiršanās dēļ. Man prātā mutuļoja briesmīgas domas, un es katru dienu raudāju. Es izteicu šīs domas dažiem tuviem draugiem. Viņi vienmēr atbildēja vienādi... Uzticieties Dievam! Es zināju, ka Dievs ir spējīgs, bet es biju zaudējusi ticību sev. Kad es lūdzos, es atklāju, ka lūdzos, raudāju un vēlējos, lai Dievs viņu pasargā. Es zināju, ka Viņš var, bet vai Viņš to darīs man?

Es cīnījos ar ēšanu, un man nepārtraukti vajadzēja sevi uzpildīt. Mana miesa bija kļuvusi par manas dzīves valdnieci. Es vairs nestaigāju garā, bet vairāk staigāju miesā un pastāvīgi piepildīju miesas kārības, vai vismaz tā es jutos.

2011. gada 27. martā pēc dievkalpojuma notika dāmu sadraudzības pusdienas. Mani lūdza uzstāties. Atcerieties, ka es joprojām strādāju draudzē kā parasti, bet es biju salauzta, un tikai retais, ja vispār kāds, saprata mana salaušanas dziļumu. Pēc pusdienām pie manis pienāca māsa Elizabete Das ar mīļu smaidu un deva man savu telefona numuru. Viņa teica: "Zvaniet man, ja jums kādreiz pēc baznīcas būs vajadzīga vieta, kur iet, jūs varat palikt pie manis mājās." Iemesls, kāpēc viņa man teica, ka varu palikt pie viņas, ir tāds, ka man līdz baznīcai ir 65 jūdžu brauciens vienā virzienā un ir ļoti grūti doties mājās un atkal atgriezties uz vakara dievkalpojumu, tāpēc es vienkārši centos uzkavēties līdz vakara dievkalpojumam, nevis braukt mājās starp dievkalpojumiem.

Es to darīju "Viņa veidā"

Bija pagājušas aptuveni divas nedēļas, un es jutos tā, it kā man būtu vēl lielāka depresija. Kādu rītu, ejot uz darbu, es pašķirstīju somiņā un atradu māsas Elizabetes numuru. Es viņai piezvanīju un lūdzu, lai viņa lūdz par mani lūgties.

Gaidot, ka viņa teiks ok un beigs telefona sarunu. Bet man par pārsteigumu viņa teica, ka tagad par tevi lūgsimies. Es piestāju ar mašīnu ceļa malā, un viņa par mani aizlūdza.

Nākamajā nedēļā pēc baznīcas es ar viņu aizgāju mājās. Pēc ilgas sarunas viņa lūdza par mani lūgties. Viņa uzlika rokas uz manas galvas un sāka lūgt. Ar spēku un autoritāti balsī viņa lūdza Dievu mani atbrīvot. Viņa atmaskoja tumsu, kas mani ieskauj; pārēšanās, garīgās mokas, depresiju un apspiestību.

Es zinu, ka tajā dienā Dievs izmantoja šīs rokas, lai atbrīvotu mani no briesmīgās apspiestības, ko es cietu. Tajā brīdī, kad māsa Elizabete padevās Dievam, Viņš mani atbrīvoja!

Marka evaņģēlijā 16:17-18 ir teikts" :Un šīs zīmes sekos tiem, kas ticēs: Manā vārdā tie izdzīs ļaunos garus, tie runās jaunām valodām, tie ķers čūskas, un, ja viņi dzers ko nāvējošu, tas tiem nekaitēs, tie liks rokas uz slimiem, un tie izveseļosies."

Jesajas 61:1 "Tā Kunga DIEVA Gars ir pār mani, jo Tas Kungs mani ir svaidījis, lai es pasludinātu labo vēsti lēnprātīgajiem, Viņš mani ir sūtījis, lai es saviļņotu salauztās sirdis, pasludinātu gūstekņiem brīvību un cietuma atvēršanu tiem, kas ir sasieti."

Jēzum ir nepieciešams, lai mēs būtu Viņa rokas un kājas. Māsa. Elizabete ir patiesa Dieva kalpone. Tā ir piepildīta ar Viņa spēku un ir paklausīga Viņa balsij. Es esmu tik pateicīga, ka ir tādas sievietes kā sis. Elizabete staigā mūsu vidū, kuras joprojām tic Jēzus dārgo asiņu izglābjošajam spēkam, kuras ir svaidītas ar Viņa Garu un pilda šo brīnišķīgo aicinājumu, uz ko Viņš viņu ir aicinājis. Tajā dienā Dievs pārvērta manas sāpes par skaistumu un izņēma smaguma garu, aizstājot to ar prieka eļļu.

> *Jesajas 61:3 "Lai tiem, kas sēro Ciānā, piešķirtu skaistumu par pelniem, prieka eļļu par sēru, slavas drēbes par smaguma garu, lai tie tiktu saukti par taisnības kokiem, par Tā Kunga stādiem, lai Viņš tiktu pagodināts".*

Šodien es jūs izaicinu: meklējiet Dievu no visas sirds, lai jūs varētu staigāt Viņa spēka pilnībā. Viņam ir nepieciešams, lai jūs dalītos Jēzū ar citiem un būtu Viņa rokas un kājas. Amen!

Vicky Franzen Josephine Teksasa

Mani sauc Vicki Franzen, es apmeklēju katoļu baznīcu gandrīz visu savu pieaugušo mūžu, tomēr vienmēr jutu, ka man kaut kā pietrūkst. Pirms dažiem gadiem es sāku klausīties radio programmu, kurā tika stāstīts par beigu laiku. Tika atbildēts uz daudziem jautājumiem, kas man bija aktuāli visu mūžu. Tas mani aizveda uz apustulisko baznīcu, lai turpinātu patiesības meklējumus. Tur es tiku kristīts Jēzus vārdā un saņēmu Svētā Gara kristību ar liecībām par runāšanu mēlēs, kā aprakstīts Apustuļu darbos.

Nākamos četrus gadus šķita, ka spēja runāt mēlēs man vairs nav pieejama, lai gan es regulāri apmeklēju baznīcu, lūdzu, studēju un biju iesaistīts dažādās kalpošanās. Es jutos ļoti "sauss" un tukšs no Svētā Gara. Cita manas draudzes locekle man stāstīja, ka, kad māsa Līza uzlikusi viņai rokas un lūgusi, no viņas "kaut kas" izplūdis, liekot viņai justies pilnīgi brīvai no apspiestības, depresijas utt.

Vairākas dāmas no mūsu draudzes bija sanākušas pusdienās, kas man deva iespēju iepazīties ar māsu Elizabeti. Sākās saruna par dēmoniem un garīgo pasauli. Mani vienmēr bija ļoti interesējusi šī tēma, bet nekad nebiju dzirdējusi par to kādu mācību. Mēs apmainījāmies ar telefona numuriem un sākām Bībeles studijas viņas mājās. Es jautāju, kā

Es to darīju "Viņa veidā"

cilvēkam, kas ir kristīts Jēzus vārdā un kristīts ar Svēto Garu, var būt dēmons. Viņa man teica, ka ir jādzīvo taisna svēta dzīve, lūdzoties, gavējot, lasot Dieva vārdu un paliekot Svētā Gara pilnam, katru dienu runājot mēlēs. Tajā laikā es dalījos savā pieredzē par to, ka jūtos sausa un nespēju runāt mēlēs. Viņa uzlika pār mani rokas un lūdza. Es jutos labi, bet ļoti noguris. Liza paskaidroja, ka tad, kad ļaunais gars iziet no ķermeņa, tas atstāj jūs nogurušus un iztukšotus. Viņa turpināja lūgties par mani, un es sāku runāt mēlēs. Es biju tik sajūsmināts un prieka pilns. Spēja runāt mēlēs ļāva man zināt, ka man joprojām ir Svētais Gars.

Mēs ar Līzi kļuvām labas draudzenes, kopā lūdzāmies. Māsai Elizabetei piemīt tik mīļš un maigs gars, bet, kad viņa lūdzas, Dievs viņu svaida ar dievišķu drosmi dziedināt slimos un izdzīt dēmonus. Viņa lūdzas ar varu un gandrīz vienmēr uzreiz redz atbildi. Dievs viņai ir devis talantu mācīt Svētos Rakstus, kas padara to jēgu man ļoti skaidru.

Es stāstīju Lizai par savas draudzenes Valērijas meitu Mariju. Viņai tika diagnosticēta ADD un HOPS. Viņai bija arī plīsuši diski, ko mēģināja ārstēt bez operācijas. Viņa pastāvīgi atradās slimnīcā ar dažādām fiziskām problēmām. Viņa lietoja daudz dažādu medikamentu bez labiem rezultātiem. Marija bija tik slikta ar invaliditāti, ka nevarēja strādāt, un viņai bija četri bērni, par kuriem bija jārūpējas, bet bijušais vīrs viņai nesniedza nekādu atbalstu.

Māsa Līza sāka stāstīt, ka dažas no šīm lietām ir dēmoni un ka tās var izdzīt Jēzus vārdā. Man par to bija šaubas, jo es nekad nebiju dzirdējis, ka šo konkrēto slimību izraisa dēmoni. Kad mēs ar draudzeni un viņas māti nesen sēdējāmies pie kafijas tases, viņas sāka man stāstīt, cik visnotaļ sirsnīgi Marija viņām runājusi. Viņa kliegusi, kliegusi un kliegusi uz viņām. Viņas zināja, ka viņai ir bijušas lielas sāpes ar muguras problēmām un stipras galvassāpes, kuras medikamenti, šķiet, nemazināja, tomēr šis bija citādāks. Viņi runāja par to, cik naidīgas brīžiem bija viņas acis un cik ļoti tās viņus biedēja.

Pēc dažām dienām mana draudzene piezvanīja, lai pateiktu, ka vairs nevar to izturēt! Apraksti par to, kā viņas meita uzvedās, sāka apstiprināt to, ko māsa. Liz stāstīja par dēmoniem. Visu, ko viņa man stāstīja, Dievs apstiprināja caur citiem. Marijas stāvoklis pasliktinājās, un viņa sāka runāt par savas dzīves izbeigšanu. Mēs sākām vienoti lūgt par dēmonu izdzīšanu Marijā un viņas mājās. Dievs pamodināja māsu Līzi divas naktis pēc kārtas, lai aizlūgtu par Mariju. Liza īpaši lūdza Dievu parādīt Marijai, kas tur notiek.

Kad Marija naktī lūdza Dievu, viņai bija vīzija, ka viņas vīrs (kurš viņu pameta un dzīvoja ar citu sievieti) ir viņas mājā. Viņa domāja, ka šī vīzija ir Dieva atbilde uz viņas lūgšanu, ka viņš atgriezīsies mājās pie viņiem uz Ziemassvētkiem. Māsa Liza man teica, ka viņai bija aizdomas, ka pret Mariju tiek izmantoti raganu burvestības līdzekļi. Iespējams, to darīja viņas bijušais vīrs vai sieviete, ar kuru viņš dzīvoja kopā. Es patiešām nesapratu, kā viņa to varēja zināt. Es ne ar vienu no lietām, ko Liz man stāstīja, ne ar vienu nedalījos. Pēc pāris dienām Valērija man pastāstīja, ka viņas meita Marija saņem dīvainas, neglītas īsziņas no sievietes, kas dzīvo kopā ar viņas bijušo vīru. Marija zināja, ka šī valoda noteikti tika izmantota raganu darbiem. Tas bija apstiprinājums tam, ko māsa Liza man bija stāstījusi.

Pēdējo pāris mēnešu laikā, kopš zinājām par Marijas stāvokli, mēs centāmies iet un lūgt par viņu. Tas nekad nav izdevies. Māsa Līza teica: "Lai gan mēs nevaram nokļūt viņas mājās, Dievs dosies un parūpēsies par šo situāciju." Māsa Līza teica, ka, lai gan mēs nevaram nokļūt viņas mājās, Dievs to izdarīs.

Kad Jēzus bija iegājis Kafarnaumā, pie Viņa pienāca simtnieks un lūdza Viņu, sacīdams: "Kungs, mans kalps guļ mājās slims ar triekas slimību un smagi mocās. Un Jēzus viņam sacīja: Es nāku un dziedināšu viņu. Un simtnieks atbildēja un sacīja: Kungs, es neesmu cienīgs, lai Tu ienāktu zem mana jumta, bet tikai pasaki vārdu, un mans kalps taps dziedināts. Jo es esmu vīrs, kam ir vara, un man ir kareivji; un es saku šim: Ej, un viņš iet, un citam: Nāc, un viņš nāk, un manam kalpam: Dari to, un viņš to dara. To dzirdēdams, Jēzus

Es to darīju "Viņa veidā"

brīnījās un sacīja tiem, kas sekoja: Patiesi Es jums saku: tik lielu ticību Es neesmu atradis, ne Izraēlā. (Mateja 8: 5-10)

Divu dienu laikā pēc tam, kad mēs lūdzāmies, lai izdzītu dēmonus no Marijas un viņas mājām, viņa ziņoja savai mātei, ka viņa labāk guļ un vairs nesapņo. Šī ir viena no daudzajām lietām, ko māsa. Līza man teica, ka tad, ja jums ir daudz sapņu un nakts murgu, tas var liecināt par ļauniem gariem jūsu mājā. Nākamajā dienā kāda Valērijas kolēģe pastāstīja viņai par sapni, kas viņai bija iepriekšējā naktī. No Marijas mājas rēgojās plakana melna čūska. Tajā dienā Marija piezvanīja mātei un teica, ka jūtas tik laimīga un priecīga. Viņa bija izgājusi iepirkties kopā ar saviem 15 mēnešus vecajiem dvīnīšiem, ko viņa nebija darījusi jau ilgu laiku. Tas bija vēl viens apstiprinājums tam, ka ADD, ADHD, bipolārā slimība un šizofrēnija ir ienaidnieka uzbrukumi. Mums ir vara pār skorpioniem un čūskām (tie visi ir ļaunie gari, kas minēti Bībelē), kurus mēs varam izdzīt tikai Jēzus vārdā.

Redzi, es jums dodu varu staigāt pa čūskām un skorpioniem un pār visu ienaidnieka spēku, un nekas jums nekādi nekaitēs. Lk.ev.10:19

Māsa Līza man arī teica, ka mums katru dienu ir jāsmaržo sava ģimene, mājas un mēs paši ar svētītu olīveļļu pret ienaidnieka uzbrukumiem. Mums arī jāļauj, lai Dieva vārds caurstrāvo mūsu mājas.

Šī pieredze ir palīdzējusi man ieraudzīt dažas situācijas, kuras noteikti kontrolē dēmoni, kā par to runā Bībele.

Jo mēs cīnāmies ne pret miesu un asinīm, bet pret valdībām, pret varām, pret šīs pasaules tumsības valdniekiem, pret garīgo ļaunumu augstumos. (Efeziešiem 6:12)

Es varu runāt tikai par sevi. Es uzaugu ticībā, ka brīnumi, runāšana mēlēs, slimo dziedināšana un dēmonu izdzīšana bija tikai Bībeles laikos, kad Jēzus un Viņa apustuļi bija uz zemes. Es nekad īpaši nedomāju par dēmonu apsēstību mūsdienās. Tagad es zinu un saprotu, ka mēs joprojām dzīvojam Bībeles laikos! Viņa Vārds vienmēr ir bijis domāts tagadnei. "Tagadne" bija vakar, "tagadne" ir tagad, un "tagadne" būs rīt!

Jēzus Kristus ir tas pats vakar un šodien, un mūžīgi. (Ebreju 13:8)

Sātanam ir izdevies mūs maldināt un aizvest prom no spēka, ko Dievs devis Savai Baznīcai. Dieva Baznīca ir tie, kas nožēlo grēkus, tiek kristīti Jēzus vārdā un saņem Svētā Gara dāvanu, kas apliecinās runāšanu mēlēs. Tad viņi saņems spēku no augšienes.

Bet jūs saņemsiet spēku, kad Svētais Gars nāks pār jums, un jūs būsiet man liecinieki gan Jeruzalemē, gan visā Jūdejā, gan Samarijā, gan līdz zemes galam. (Apustuļu darbi 1:8)

Un mana runa un mana sludināšana nebija ar vilinošiem, cilvēka gudrības vārdiem, bet ar Gara un spēka apliecinājumu. (1.Kor.2:4)

Jo mūsu evaņģēlijs nenāca pie jums tikai vārdos, bet arī spēkā, Svētajā Garā un lielā pārliecībā, jo jūs zināt, kādi mēs bijām starp jums jūsu dēļ. (1. Tesaloniķiešiem 1:5)

Dieva Vārds ir mums tagad!

Es to darīju "Viņa veidā"

II sadaļa

Elizabete Das

Inekad nedomāju par šīs otrās daļas iekļaušanu savā grāmatā. Tomēr es atradu laiku un pievienoju šo daļu, jo daudzi cilvēki pieprasīja šo informāciju. Kopš es sāku vadīt Bībeles studijas dažādu tautību cilvēkiem, mēs saskārāmies ar izmaiņām mūsdienu Bībelē. Es sāku iedziļināties vēsturē un atklāju ļoti šokējošu informāciju. Iegūstot šo informāciju, es uzskatu, ka mans pienākums ir darīt zināmu saviem brāļiem un māsām šo patiesību un apturēt ienaidnieku, lai viņš vairs nemaldinātu cilvēkus.

Es to darīju "Viņa veidā"

A.

Valodas, ko Dievs izmantoja

O gadsimtu gaitā Bībele ir piedzīvojusi daudzus dažādus veidus un, kas ir vēl pamanāmāk, arī dažādas valodas. Vēstures gaitā mēs redzam četras galvenās valodas, kurās Bībele ir tulkota: vispirms ebreju, pēc tam grieķu, tad latīņu un visbeidzot angļu. Turpmākajās rindkopās īsi aprakstīti šie dažādie posmi.

Aptuveni no 2000. gada p.m.ē., kad dzimis Ābrahāms, līdz aptuveni 70. gadam pēc Kristus dzimšanas, kad tika sagrauts otrais Jeruzalemes templis, Dievs izvēlējās runāt ar Savu tautu semītu valodās, galvenokārt ivritā. Tieši caur šo valodu Viņa izredzētajai tautai tika parādīts ceļš, kā arī tas, ka tai patiešām bija nepieciešams Glābējs, lai labotu to, kad tā grēkoja.

Pasaulei attīstoties, radās lielvara, kuras galvenais saziņas līdzeklis bija grieķu valoda. Grieķu valoda bija nozīmīga valoda trīs gadsimtus, un tā bija loģiska Dieva izvēle. Dievs izvēlējās grieķu valodu, lai izplatītu Jauno Derību; un, kā pierāda vēsture, tā izplatījās kā ugunsgrēks. Saprotot, ka Bībeles teksts, kas uzrakstīts masu valodā, varēja radīt draudus, sātans nolēma iznīcināt Bībeles ticamību. Šī "viltus" Bībele tika uzrakstīta grieķu valodā, bet tās izcelsme bija Aleksandrijas Ēģiptē; Veco Derību sauca par "Septuagintu", bet Jauno Derību - par "Aleksandrijas tekstu". Informāciju sagrozīja cilvēka idejas un izdzēsa daudzus Dieva vārdus. Ir arī redzams, ka mūsdienās šie apokrifi (grieķu valodā tie nozīmē "apslēptie", nekad netika uzskatīti par Dieva vārdu) ir iespiedušies mūsu mūsdienu Bībelē.

Līdz 120. gadam pēc Kristus dzimšanas latīņu valoda bija kļuvusi par izplatītu valodu, un 1500. gadā Bībele tika tulkota no jauna. Tā kā latīņu valoda tajā laikā bija tik plaši izplatīta, Bībele bija viegli lasāma visā Eiropā. Latīņu valodu tajā laikā uzskatīja par "starptautisku" valodu. Tas ļāva Bībelei ceļot pa valstīm un tikt tulkotai reģionālajos dialektos. Šo agrīno versiju sauca par Vulgātu, kas nozīmē "parastā Bībele". Velns atbildēja uz šiem draudiem, radot radniecīgu grāmatu Romā. Romieš iapgalvoja, ka viņu Bībele, kas bija piepildīta ar "izmestajām grāmatām" apokrifiem un tekstiem, kuri bija domāti, lai līdzinātos īstajai Bībelei, patiesībā ir īstā Bībele. Šajā brīdī mums bija divas Bībeles, kas krasi atšķīrās viena no otras; lai aizsargātu savu viltoto Bībeli, velnam nācās ķerties klāt un iznīcināt īstos tekstus. Romas katoļi sūtīja algotņus, lai iznīcinātu un nomocītu tos, kam piederēja īstā latīņu Vulgāta. Lielākoties algotņi guva panākumus, taču galu galā nespēja to pilnībā iznīcināt, un Dieva vārds tika saglabāts.

Laikā no 600. līdz 700. gadam mūsu ēras attīstījās jauna pasaules valoda - angļu valoda. Dievs sāka likt pamatus, kas pēc tam izraisīja masveida misionāru kustību. Vispirms Viljams Tindeils 1500. gadā sāka tulkot ebreju un grieķu oriģināltekstus jaunajā valodā. Daudzi pēc viņa mēģināja darīt to pašu, cenšoties pēc iespējas labāk saskaņot iepriekšējos ebreju un grieķu tekstus. Starp šiem cilvēkiem bija arī karalis Džeimss VI, kurš 1604. gadā uzdeva padomei sagatavot visprecīzāko tekstu versiju angļu valodā. Līdz 1611. gadam apritē jau bija apstiprināta versija, kas pazīstama kā Karaļa Džeimsa Bībele. No šīs Bībeles sāka tulkot misionāri visā pasaulē.

Es to darīju "Viņa veidā"

Sātans pastāvīgi uzbrūk Dieva vārdam:

Tagad mēs saskaramies ar vēl vienu velna uzbrukumu. 2011. gadā izdotajā Bībelē, kas apgalvo, ka tā ir 1611. gada KJV, ir iekļauti apokrifi, kas nekad nav uzskatīti par Dieva vārdu. Apokrifus no KJV svītroja autorizētie zinātnieki, zinot, ka tie nav Dieva vārds.

Sātans nekad nepadodas!

Elizabete Das

B.

Kā Dievs saglabāja Savu Vārdu?

Dievs piešķir vislielāko nozīmi Savam rakstītajam vārdam, un tas ir pilnīgi skaidrs.

Tā Kunga vārdi ir šķīsti vārdi, kā sudrabs, septiņas reizes attīrīts zemes krāsnī. Tu, Kungs, tos paturēsi, Tu tos pasargāsi no šīs paaudzes mūžīgi (Ps.12:6-7).

Dieva Vārds ir augstāks par visiem vārdiem:

*"Es gribu pielūgt Tavu svēto templi un slavēt Tavu vārdu par Tavu žēlastību un Tavu patiesību, **jo Tu esi paaugstinājis savu vārdu pāri visam savam vārdam**." (Psalmi 138:2)*

Tas Kungs mūs arī brīdināja par savu skatījumu uz Viņa vārdu. Viņš izteica nopietnus brīdinājumus tiem, kas vēlas sagrozīt Svētos Rakstus. Dievs brīdināja, lai nepievienotu Viņa vārdam:

Katrs Dieva vārds ir šķīsts*, Viņš ir vairogs tiem, kas uz Viņu paļaujas. Tu nepievieno Viņa vārdus, lai Viņš tevi nesodītu un tu netiktu atzīts par meli. (Salamana pamācība 30:5-6)*

Dievs ir saglabājis Savus Vārdus visām paaudzēm, un tas ir nemainīgi!

Daudzi dievbijīgi cilvēki varonīgi centās apturēt pieaugošo atkritības un neticības straumi, kas daļēji bija saistīts ar Dieva vārda autoritātes vājināšanos. Tumšajos viduslaikos katoļu baznīca kontrolēja cilvēkus, liekot Bībeli rakstīt tikai latīņu valodā. Vienkāršā tauta neprotēja lasīt un runāt latīņu valodā.

Līdz 400. gadam Bībele tika pārtulkota 500 valodās no oriģinālajiem manuskriptiem, kas bija patiesi. Lai kontrolētu cilvēkus, katoļu baznīca pieņēma stingru likumu, ka Bībeli drīkst rakstīt un lasīt tikai latīņu valodā. Šī latīņu valodas versija netika tulkota no oriģinālajiem manuskriptiem.

Džons Viklifs:

Džons Viklifs bija labi pazīstams kā mācītājs, zinātnieks, Oksfordas profesors un teologs. 1371. gadā J. V. ar daudzu uzticamu rakstnieku un sekotāju palīdzību sāka ar roku rakstīt manuskriptus angļu valodā. Viklifa pirmais ar roku rakstītais Bībeles manuskripts angļu valodā tika tulkots no latīņu Vulgātas. Tas palīdzēja apturēt Romas katoļu baznīcas viltus mācības. Tikai viena Bībeles eksemplāra uzrakstīšana un izplatīšana prasīja desmit mēnešus un izmaksāja četrdesmit mārciņas. Dieva roka bija pār Viklifu. Romas katoļu baznīca dusmojās pret Viklifa kungu. Viņa daudzie draugi palīdzēja viņam izvairīties no kaitējuma. Lai gan katoļu baznīca darīja visu, kas bija tās spēkos, lai savāktu un sadedzinātu katru eksemplāru, tas Viklifu neapturēja. Viņš nekad nepadevās, jo zināja, ka viņa darbs nav veltīgs. Katoļu baznīcai neizdevās iegūt visus eksemplārus. Palikuši simts septiņdesmit eksemplāri. Dievam lai ir slava!

Romas katoļu baznīca turpināja dusmoties. Četrdesmit četrus gadus pēc Džona Viklifa nāves pāvests pavēlēja izrakt viņa kaulus, sasmalcināt un iemest upē. Aptuveni simts gadus pēc J. Viklifa nāves Eiropa sāka mācīties grieķu valodu.

Jānis Huss:

Viens no Jāņa Viklifa sekotājiem, Jānis Huss, turpināja Viklifa iesākto darbu; arī viņš iestājās pret viltus mācībām. Katoļu baznīca bija apņēmības pilna apturēt jebkādas izmaiņas, kas atšķīrās no tās, un draudēja sodīt ar nāvi ikvienu, kurš lasīja Bībeli, kas nebija latīņu valodā. Viklifa ideja, ka Bībele ir jātulko savā valodā, būtu noderīga. Jāni Husu 1415. gadā sadedzināja uz kūlas kopā ar Viklifa kunga manuskriptu, kas tika izmantots ugunsgrēka aizdegšanai. Viņa pēdējie vārdi bija: "Pēc 100 gadiem Dievs uzmodinās cilvēku, kura aicinājumus uz reformām nevar apspiest!". Viņa pravietojums piepildījās 1517. gadā, kad Mārtiņš Luters Vitenbergā publicēja savu slaveno tēzi par katoļu baznīcu. Tajā pašā gadā Foksa grāmatā par mocekļiem rakstīts, ka Romas katoļu baznīca sadedzināja uz kūlas septiņus cilvēkus par to, ka viņi "mācīja saviem bērniem lūgties "Kungu lūgšanu" angļu, nevis latīņu valodā".

Johannes Guttenberg:

Pirmā grāmata, kas tika iespiesta iespiedmašīnā, bija Bībele latīņu valodā, un to 1440. gadā izgudroja Johannes Gūtenbergs.

Šis izgudrojums ļāva ļoti īsā laikā iespiest lielu skaitu grāmatu. Tas izrādījās būtisks instruments protestantu reformācijas virzībā uz priekšu.

Dr. Tomass Linakrs:

1490. gados Oksfordas profesors Dr. Tomass Linakrs nolēma apgūt grieķu valodu. Viņš izlasīja un pabeidza Bībeli grieķu oriģinālvalodā. Pabeidzis studijas, viņš paziņoja" :Vai nu tas nav Evaņģēlijs, vai arī mēs neesam kristieši".

Romas katoļu latīņu Vulgātas versijas bija kļuvušas tik sagrozītas, ka patiesība tika slēpta. Katoļu baznīca turpināja censties ieviest savu stingro un bargo likumu, pieprasot, lai cilvēki lasītu Bībeli tikai latīņu valodā.

Džons Kolets:

1496. gadā Oksfordas profesors Džons Kolets sāka tulkot Bībeli no grieķu valodas uz angļu valodu saviem studentiem un vēlāk arī publikai Sv.Pāvila katedrālē Londonā. Sešu mēnešu laikā sākās atmoda, un viņa dievkalpojumu apmeklēja vairāk nekā 40 000 cilvēku. Viņš mudināja cilvēkus cīnīties par Kristu un neiesaistīties reliģiskajos karos. Viņam bija daudz draugu augstos amatos, un viņš izvairījās no nāvessoda izpildes.

Desiderius Erasmus, 1466-1536:

Dezidērijs Erasms, liels zinātnieks, novēroja Kola un Linakra kunga notikumus. Viņam radās iespaids, ka latīņu Vulgātas teksts tika pārveidots atpakaļ uz patiesību. Tas tika paveikts ar J. Frobena kunga palīdzību, kurš 1516. gadā iespieda un publicēja manuskriptu.

Erasma kungs vēlējās, lai ikviens zinātu, cik sagrauta ir kļuvusi latīņu Vulgāta. Viņš mudināja viņus pievērsties patiesībai. Viņš uzsvēra, ka, izmantojot oriģinālos manuskriptus, kas bija grieķu un ebreju valodā, tas noturēs cilvēku uz pareizā ceļa, lai turpinātu dzīvot uzticībā un brīvībā.

Viens no slavenākajiem un jautrākajiem pazīstamā zinātnieka un tulkotāja Erasma citātiem bija,

Kad man ir nedaudz naudas, es pērku grāmatas, un, ja man paliek, es pērku pārtiku un apģērbu."

Katoļu baznīca turpināja uzbrukt ikvienam, kurš bija iesaistīts kādā citā Bībeles tulkojumā, izņemot latīņu valodu.

Elizabete Das

Viljams Tindeils (1494-1536):

Viljams Tindeils dzimis 1494. gadā un nomira 42 gadu vecumā. Tindeila kungs bija ne tikai reformatoru armijas kapteinis, viņš bija pazīstams arī kā viņu garīgais vadītājs. Viņš bija godīgs un cienījams cilvēks. Tinddeila kungs mācījās Oksfordas universitātē, kur viņš studēja un auga. Pēc maģistra grāda iegūšanas divdesmit viena gada vecumā viņš devās uz Londonu.

Viņš bija apdāvināts runāt daudzās valodās: Bija apveltīts ar daudzām valodām: ivritā, grieķu, spāņu, vācu, latīņu, franču, itāļu un angļu. Viens no Tindeila kunga līdzgaitniekiem teica, ka, dzirdot viņu runājam kādā no šīm valodām, ikviens domāja, ka viņš runā savā dzimtajā valodā. Viņš izmantoja šīs valodas, lai svētītu citus. Viņš tulkoja grieķu Jauno Derību angļu valodā. Pārsteidzoši, ka viņš bija pirmais cilvēks, kas iespieda Bībeli angļu valodā. Bez šaubām, šī dāvana ļāva viņam veiksmīgi bēgt no varas iestādēm, kad viņš bija izsūtījumā no Anglijas. Galu galā Tindale kungs tika notverts un arestēts par ķecerības un valsts nodevības noziegumu. Pēc netaisnīgas tiesas prāvas un piecsimt dienu ieslodzījuma cietumā ar nožēlojamiem apstākļiem 1536. gada oktobrī Tinddeila kungs tika sadedzināts pie kūlas. Ir reģistrēts, ka Tyndale House Publishers ir mūsdienu uzņēmums, kas nosaukts šī apbrīnojamā varoņa vārdā.

Mārtiņš Luters:

Romas katoļu baznīca bija valdījusi pārāk ilgi, un Mārtiņš Luters nebija iecietīgs pret baznīcas korupciju. Viņam bija apnikušas viltus mācības, kas tika uzspiestas cilvēkiem. 1517. gada Helovīna dienā, kad viņš Vitenbergas baznīcā izvietoja savu 95. tēzi par strīdiem, viņam nebija nekādu pārdomu. Baznīcas izveidotais Vērmsas koncils plānoja Mārtiņu Luteru nogalināt mocekļa nāvē. Katoļu baznīca baidījās no iespējamā varas un ienākumu zaudējuma. Viņi vairs nevarētu pārdot indulgences par grēkiem vai tuvinieku atbrīvošanu no "šķīstītavas", kas ir katoļu baznīcas izdomāta doktrīna.

Es to darīju "Viņa veidā"

Mārtiņš Luters bija priekšā Tindeilam, un 1522. gada septembrī viņš publicēja savu pirmo Erasma grieķu-latīņu Jaunās Derības tulkojumu vācu valodā. Tindeils vēlējās izmantot to pašu oriģināltekstu. Viņš sāka šo procesu, un varas iestādes viņu terorizēja. 1525. gadā viņš pameta Angliju un devās uz Vāciju, kur strādāja Mārtiņa Lutera pusē. Līdz gada beigām Jaunā Derība bija iztulkota angļu valodā. 1526. gadā Tindeila Jaunā Derība kļuva par pirmo Svēto Rakstu izdevumu, kas tika iespiests angļu valodā. Tas bija labi! Ja cilvēkiem būtu iespēja lasīt Bībeli savā valodā, katoļu baznīcai vairs nebūtu varas un kundzības pār viņiem. Baiļu tumsa, kas kontrolēja cilvēkus, vairs nebija drauds. Sabiedrība iegūtu iespēju apstrīdēt baznīcas autoritāti par jebkuru atklātu meli.

Beidzot bija pienākusi brīvība; Pestīšana bija brīva visiem ticībā, nevis darbos. Tas vienmēr būs patiess Dieva Vārds, nevis cilvēka Vārds. Dieva Vārds ir patiess, un Patiesība darīs jūs brīvus.

Karalis Džeimss VI:

1603. gadā, kad Džeimss VI kļuva par karali, tika izstrādāts jauna Bībeles tulkojuma projekts. Jaunā tulkojuma iemesls bija tas, ka lietotās Lielā Bībele, Mateja Bībele, Bīskapa Bībele, Ženēvas Bībele un Koverdeila Bībele bija bojātas. Hemptonkortas konferencē karalis Džeimss apstiprināja Bībeles tulkojumu. Četrdesmit septiņi Bībeles zinātnieki, teologi un valodnieki tika rūpīgi izvēlēti šim lielajam tulkošanas darbam. Tulkotāji tika sadalīti sešās grupās un strādāja Vestminsteras, Kembridžas un Oksfordas universitātēs. Šiem ebreju, grieķu, latīņu un angļu valodas zinātniekiem tika uzticētas dažādas Bībeles grāmatas. Lai šis tulkojums varētu notikt, bija jāievēro noteiktas vadlīnijas. Bībeles tulkojums no oriģinālvalodām tika pabeigts 1611. gadā un izplatījās visā pasaulē.

Elizabete Das

1. sižets: Sātans uzbrūk Dieva vārdam Aleksandrijā, Ēģiptē.

- Pareizticīgo baznīca 1054
- Romas katoļu 440-461.
- Lutherius, 1517.
- 1533 Anglikāņu baznīcas vai anglikāņu garīdznieki
- Jēkaba 2:19 Sātans trīc, kad viņš redz, ka Dievs ir viens.
- Dieva draudzes 20. gadsimtā.
- 2. plāns: "Sadali un valdi". Zagt, nogalināt un iznīcināt.
- Presbiterieši, 1555.
- Vienīgais patiesais Dievs sadalīja Sevi trīs daļās.
- Kalvārijas kapela. 1965.
- Zrození Trojice, 325
- 1609 E.KR. Baptista.
- Tā teikts Bībelē: Pazīt Jēzu ir atklāsme (Mt.ev.16:13-19).
- Scientoloģijas baznīca 1952 AD.
- Metodisti, 1738. gads.
- Tad sākās tumšās stundas.
- Jehovas liecinieki, 1879. gads.
- Mormoņi 1830 AD (Pēdējo dienu svētie)
- 1879 N. L. Kristīgā zinātniece.
- 1860. adventisti septītajā dienā.

Tad sākās tumšās stundas.

Es to darīju "Viņa veidā"

C.

Bībeles tulkojumi mūsdienās:

T patiesība par dažādām Bībeles versijām: Dieva Vārds ir mūsu dzīves galīgā autoritāte.

Pašlaik ir daudz dažādu Bībeles tulkojumu, izņemot Karaļa Jēkaba versiju (KJV). Patiesi Kristus sekotāji vēlētos zināt, vai visas Bībeles versijas ir pareizas vai nē. Meklēsim patiesību visās šajās dažādajās Bībeles versijās. Mums ir NIV, NKJV, Katoļu Bībele, Latīņu Bībele, Amerikāņu standarta versija, Pārskatītā standarta versija, Angļu standarta versija, Jaunā amerikāņu standarta versija, Starptautiskā standarta versija, Grieķu un Ebreju Bībele, Jaunā pasaules tulkojuma (Jehovas liecinieku) Bībele utt. Ir arī daudzas citas Bībeles, ko dažādos laikos un laikmetos tulkojuši dažādi zinātnieki. Kā mēs varam zināt, vai visas šīs dažādās versijas ir pareizas vai arī ir sagrozītas? Ja tās ir sagrozītas, tad kā un kad tas notika?

Elizabete Das

Sāksim mūsu ceļojumu cauri šīm daudzajām variācijām, lai atrastu patiesību:

Mums ir jāzina, lai varētu noteikt, kura no tām ir patiesā versija:

Nesen atklātajā Aleksandrijas Oriģinālajā Rakstu krājumā virs vārdiem un rakstiem ir līnija, līnijas vai svītras. Tas nozīmēja, ka tulkojumā šie konkrētie vārdi un panti ir izlaisti. Šīs līnijas tika atrastas virs tādiem vārdiem kā: Svētais, Kristus un Gars, kā arī daudzi citi vārdi un panti. Rakstu mācītāji, kuru uzdevums bija rediģēt šos manuskriptus, neticēja Kungam Jēzum Kristum kā Mesijam (Glābējam). Tie, kas veica rediģēšanu, izņēma un izmainīja daudzus vārdus un Rakstu vietas. Šis manuskripts nesen tika atrasts Aleksandrijā, Ēģiptē.

Tas ir brīnišķīgs pierādījums tam, ka Bībeli Aleksandrijā mainīja un sagrozīja tās korumpētie reliģiskie un politiskie vadītāji.

Bībeles Karaliskās Jēkaba versijā ir teikts:

Visi Raksti ir Dieva iedvesti un noderīgi mācībai, atmaskošanai, labošanai un pamācībai taisnībā: (2.Tim.3:16).

Vispirms zinot, ka neviens Rakstu pravietojums nav privāti interpretējams. Jo pravietojums senatnē nav nācis no cilvēka gribas, bet svētie Dieva vīri runāja, kā viņus Svētais Gars bija pamudinājis. (2.Pēt.1:20-21)

Šo patieso Dieva vārdu ir uzrakstījis vienīgais Dievs.

Dieva Vārds ir mūžīgs:

Patiesi es jums saku: kamēr debesis un zeme nepazudīs, no bauslības nepazudīs ne viena vienība, ne viena vienība, līdz viss būs piepildīts. (Mt.ev.5:18)

Es to darīju "Viņa veidā"

Un ir vieglāk, lai debesis un zeme pāriet, nekā lai viena bauslības daļiņa neizdodas. (Lūkas ev. 16:17)

Nepievienojiet vai neatņemiet Dieva vārdam:

Dieva Vārdu nevar atņemt, pievienot vai sagrozīt:

Jo es apliecinu ikvienam, kas dzird šīs grāmatas pravietojuma vārdus: ja kāds pie šīm lietām kaut ko pievienos, tad Dievs viņam pievienos šinī grāmatā rakstītās kaites: Un ja kāds atņems no šīs pravietojuma grāmatas vārdiem, tad Dievs atņems viņa daļu no dzīvības grāmatas un no svētās pilsētas, un no tā, kas rakstīts šajā grāmatā. (Atklāsmes 22:18-19)

Vārdam, ko es jums pavēlu, jūs neko nepievienosiet un no tā neko nemazināsiet, lai jūs turētu Tā Kunga, sava Dieva, baušļus, ko es jums pavēlu. (5. Mozus 4:2)

Dieva vārds ir dzīvs un asāks par abpusēji asu zobenu:

Katrs Dieva vārds ir <u>šķīsts</u>; Viņš ir vairogs tiem, kas uz Viņu paļaujas. (Salamana pamācība 30:5)

119. psalmā ir teikts, ka Dieva Vārds palīdz mums palikt šķīstiem un augt ticībā. Dieva Vārds ir vienīgais ceļvedis šķīstai dzīvei.

*Tavs vārds ir **gaismeklis** manām kājām un **gaisma** manam ceļam. (Psalmi 119:105)*

*Atdzimuši no jauna, ne no iznīcīgas sēklas, bet no iznīcīgas, ar **Dieva vārdu,** kas ir dzīvs un paliek mūžīgi. (1.Pēt.1:23)*

No daudzajām mūsdienās pieejamajām angļu valodas versijām tikai Karaļa Džeimsa versija (1611) bez kļūdām seko tradicionālajam masoretiskajam ebreju tekstam. Šo skrupulozo metodi izmantoja masoriāņi, veidojot Vecās Derības kopijas. Uzticams pierādījums tam, ka Dievs ir apsolījis saglabāt Savu Vārdu, un tas nekad nav izgāzies.

Dievs saglabās Savu Vārdu:

*Tā Kunga vārdi ir **šķīsti vārdi**, kā sudrabs, septiņas reizes attīrīts zemes krāsnī. Tu, Kungs, tos paturēsi,* ***Tu tos pasargāsi no šīs paaudzes mūžīgi****. (Psalmi 12:6, 7).*

Mūsdienu tehnoloģijas ir pierādījušas, cik precīza un patiesa ir Bībeles karaļa Jēkaba versija.

The Journal of Royal Statistical Society and Statistical Science ir jauna pētniecības aģentūra:

Ebreju zinātnieki, divi Hārvardas un divi Jēlas matemātiķi, izmantoja šīs divas statistiskās zinātniskās metodes un bija pārsteigti par KJV Bībeles precizitāti. Viņi veica datorizētu informatīvo pētījumu, izmantojot vienādu burtu secību. Viņi ievadīja vārdu no Bībeles pirmajām piecām grāmatām (Toras), un, ievadot šo vārdu, vienādo burtu secības tests spēja automātiski ievadīt šīs personas dzimšanas datumu, nāves datumu un pilsētu, kurā tā piedzima un nomira. Viņi konstatēja, ka šis ir visprecīzākais ziņojums. Tas viegli un precīzi atzīmēja cilvēkus, kas dzīvoja gadsimta sākumā. Šie bija vienkārši testi, bet rezultāti bija ļoti precīzi.

Tas pats paņēmiens neizdevās, kad viņi ielika nosaukumus, kas izmantoti NIV, New American Standard Version, The Living Bible un citās valodās un tulkojumos no šīm versijām. Šī metode pierāda Bībeles bojāto eksemplāru neprecizitāti.

Tādu pašu matemātisko analīzi viņi izmēģināja samariešu Pentatēhā, kā arī Aleksandrijas versijā, un arī tā nedeva rezultātus.

Es to darīju "Viņa veidā"

Atklāsmes grāmatā ir teikts, ka:

Un ja kāds atņems no šīs pravietojuma grāmatas vārdiem, tad Dievs atņems viņa daļu no dzīvības grāmatas un no svētās pilsētas, un no tā, kas rakstīts šajā grāmatā. (Atklāsmes 22:19)

Pēc šī pētījuma viņi nonāca pie secinājuma, ka KJV Bībele ir vispatiesākā Bībele, kāda mūsdienās mums ir pieejama.

Bībeles pamatā ir grieķu teksts, kura pamatā ir Masoretes teksts un Textus Receptus: (vienkārši nozīmē "visu pieņemtie teksti"), kas sākotnēji tika uzrakstīts KJV Bībelē. Vairāk nekā pieci tūkstoši manuskriptu 99 % apmērā saskan ar Bībeles KJV.

KJV Bībele ir publisks īpašums, un tās tulkošanai nav vajadzīga atļauja.

Mūsdienu Bībeles versijas neizmanto ebreju masoretisko tekstu. Tās ir izmantojušas Ļeņingradas manuskriptu, kas rediģēts pēc Vecās Derības grieķu valodas sagrozītās Septuagintas versijas. Abi šie viltotie Biblia Hebraica ebreju teksti savās zemsvītras piezīmēs piedāvā ierosinātās izmaiņas. Viltus ebreju teksti, BHK vai BHS, tiek izmantoti Vecās Derības tulkojumiem visās mūsdienu versijās.

Tradicionālais masoretiskais ebreju teksts, kas ir KJV pamatā, ir tieši tāds pats kā oriģinālais manuskripts. Mūsdienās arheologi ir atraduši visas Bībeles grāmatas, kas pierāda, ka KJV Bībele ir precīzs oriģinālgrāmatas tulkojums.

Dieva vārds ir mainījies:

Bībelē ir teikts, ka Dieva vārds ir mūsu zobens, un tas tiek lietots kā vienīgais ierocis uzbrukumam pret ienaidnieku, tomēr mūsdienu tulkojumos Dieva vārds nevar tikt lietots kā uzbrukums vai zobens pret ienaidnieku. Dieva Vārdā ir tik daudz izmaiņu, ka, redzot cilvēku, kurš lieto mūsdienu tulkojumus, mēs redzam, ka viņš ir nestabils, nomākts, nemierīgs un ar emocionālām problēmām.

Tāpēc baznīcā ienāca psiholoģija un medicīna; par to ir atbildīgi jaunie tulkojumi.

Apskatīsim dažas izmaiņas un to smalko iemeslu:

Mēs redzēsim izmaiņas šādās Bībeles versijās. Es pieminēju dažas no šīm versijām, bet ir vēl daudzas citas versijas un tulkojumi, kas veikti, pamatojoties uz šo Bībeli, un par kurām jūs varat veikt savu izpēti. New Living Translation, English Standard Version, New American Standard Bible, International Standard Version, American Standard Version, Jehovas liecinieku Bībele un NIV Bībele un citi tulkojumi.

> *KJV: Lūkas 4:18 Kunga Gars [ir] pār mani, jo Viņš mani svaidīja sludināt evaņģēliju nabagiem; Viņš mani sūtīja **dziedināt salauztās sirdis**, sludināt gūstekņiem atbrīvošanu un aklajiem atgriezt redzi, atbrīvot satriektos,*

Šajā Rakstu vietā ir teikts, ka Viņš dziedina salauztas sirdis.

> *Lk.ev.4:18: "Tā Kunga Gars ir pār mani, jo Viņš mani svaidīja, lai es sludinātu labo vēsti nabagiem. Viņš mani ir sūtījis pasludināt cietumniekiem brīvību un aklajiem atgriezt redzi, lai atbrīvotu apspiestos;*

(NIV un arī citās versijās ir izlaisti vārdi dziedināt salauztās sirdis. Mūsdienu tulkojumi nevar dziedināt salauztu sirdi.)

> *KJV: Mk.ev.3:15: Un lai viņam būtu **vara dziedināt slimības un izdzīt** ļaunos garus:*

> *NIV: Mk.ev.3:15: Un lai viņiem būtu vara izdzīt dēmonus.*

(**"Un lai viņiem būtu vara dziedināt slimības"** ir izlaists NIV un citos tulkojumos. Jūs esat bezspēcīgi dziedināt slimniekus.)

Es to darīju "Viņa veidā"

*KJV: Apustuļu darbi 3:11 Un, kad **dziedinātais klibs** turēja Pēteri un Jāni, visi ļaudis skrēja pie viņiem uz priekšnamu, ko sauc par Salamana namu, un ļoti brīnījās.*

NIV: Apustuļu darbi 3:11: Kamēr ubags turējās pie Pētera un Jāņa, visi ļaudis brīnījās un skrēja pie viņiem uz vietu, ko sauca par Salamana kolonādi.

NIV Bībelē ir izņemta: "**Klīnis, kas tika dziedināts**", kas ir galvenais pants.

Turklāt NIV ir svītrots "žēlastības krēsls" piecdesmit trīs reizes. Dieva žēlastība ir izlaista. Vārds "asinis" ir izlaists četrdesmit vienu reizi.

Vēstulē efeziešiem 6:4 ir runa par draudzes kopšanu... Vārds kopšana ir atvasināts no vārda kopt. Līdzīgi kā tur un aprūpē bērnu, Dievs mūs audzina un pazemo, bet dažās mūsdienu versijās ir teikts "disciplinē" un "soda".

*Daniēla evaņģēlijā 3:25b ir teikts: un ceturtā tēls ir kā **Dieva Dēls**.*

*NIV Daniēla 3:25b: ir mainījis vārdus, un ceturtais izskatās kā **dievu dēls**."*

Dieva dēls nav dievu dēls... tas atbalstīs politeismu.

Mainot "The" uz "A", tiks atbalstītas citas reliģijas. Piemērs: Jēzus nav vienīgais Glābējs?!?!?!?

Bībele saka:

Jēzus viņam saka: Es esmu ceļš, patiesība un dzīvība; neviens nenāk pie Tēva, kā vien caur mani. (Jņ.ev.14:6)

*KJV: Kad Cilvēka Dēls nāks savā godībā un visi **svētie eņģeļi** ar Viņu, tad Viņš sēdēs savas godības tronī.*

*NIV: Kad Cilvēka Dēls nāks savā godībā un visi **eņģeli** ar Viņu, Viņš sēdēs savā tronī debesu godībā.*

(NIV ir svītrots vārds "Svētais". Mēs zinām, ka Bībele runā arī par ļauniem un nesvētiem eņģeļiem).

Dievs ir Svētais:

NIV dažās vietās svētais Gars vai Svētais Gars ir svītrots. Šie ir tikai daži piemēri no daudzajām izmaiņām NIV, NKJV, Katoļu Bībelē, Latīņu Bībelē, Amerikāņu standarta versijā, Pārskatītajā standarta versijā, grieķu un ebreju Bībelē, kā arī citās Bībeles versijās, kas tika tulkotas no vecā, bojātā Aleksandrijas raksta un NIV.

<u>Turpmāk ir pierādīts, ka Bībele NIV ir antikrists:</u>

Daudzi vārdi, piemēram, Jēzus Kristus, Mesija, Kungs u.c., ir svītroti no Bībeles NIV un citiem Bībeles tulkojumiem. Bībele saka, kas ir antikrists.

Antikrists:

Kas ir melis, ja ne tas, kas noliedz, ka Jēzus ir Kristus? Tas ir antikrists, kas noliedz Tēvu un Dēlu. (1.Jņ.ev.2:22)

*Mūsu Kunga **<u>Jēzus Kristus</u>** žēlastība lai ir ar jums visiem. Amen. (Atklāsmes grāmata 22:21)*

*Kunga Jēzus žēlastība lai ir ar Dieva tautu. Amen. (Atklāsmes grāmatas 22:21 ir izņemts **<u>Kristus.</u>**)*

KJV Jņ.ev.4:29: Nāciet, redzi, cilvēks, kas man visu, ko es jebkad darīju, stāstīja: vai tas nav Kristus?

Jņ.ev.4:29: "NIV saka: "Nāciet, redziet cilvēku, kas man visu, ko es jebkad darīju, ir stāstījis. Vai tas varētu būt Kristus?"

Es to darīju "Viņa veidā"

(Kristus dievišķība tiek apšaubīta) Izņemot vārdus, nozīme tiek mainīta.

Antikrists noliedz Tēvu un Dēlu...

*KJV: Jņ.ev.9:35: "Tu tic **Dieva Dēlam**".*

*NIV: Vai jūs ticat **Cilvēka Dēlam**?".KJV Apustuļu darbi 8:37 "Un Filips sacīja: "Ja tu tic no visas sirds, tu vari. Un viņš atbildēja un sacīja: Es ticu, ka Jēzus Kristus ir Dieva Dēls."*

Apustuļu darbi 8:37; viss pants ir izņemts no NIV

*KJV: Galatiešiem 4:7 Tāpēc tu vairs neesi kalps, bet dēls, un, ja dēls, tad **Dieva** mantinieks **caur Kristu.***

NIV: Tā tu vairs neesi vergs, bet dēls, un, tā kā esi dēls, Dievs tevi ir darījis arī par mantinieku.

NIV izlaists Dieva mantinieks caur Kristu.

*KJV: Efeziešiem 3:9 Un lai visi [cilvēki] redzētu, kāda [ir] tā noslēpuma sadraudzība, kas no pasaules sākuma ir apslēpts Dievā, kurš visu radīja **caur Jēzu Kristu**:*

NIV: Efeziešiem 3:9 un visiem atklāt šo noslēpumu, kas no seniem laikiem bija apslēpts Dievā, kas visu radījis.
NIV ir svītrots **"caur Jēzu Kristu"**. Jēzus ir visu lietu Radītājs.

Jēzus Kristus nāk miesā:

*1.Jāņa 4:3...Un katrs gars, kas neizsūdz, ka **Jēzus Kristus ir nācis miesā**, nav no Dieva.*

NIV saka: Bet katrs gars, kas neatzīst Jēzu, nav no Dieva.

("Jēzus Kristus ir nācis miesā" ir izņemts)

Apustuļu darbu grāmatā 3:13, 26 KJV ir teikts, ka Viņš ir Dieva Dēls. NKJV svītrots Dieva Dēls un teikts Dieva kalps.

Jaunās Bībeles versijas nevēlas, lai Jēzus būtu "Dieva Dēls". Dieva Dēls nozīmē Dievs miesā.

*Jņ.ev.5:17-18 KJV Bet Jēzus tiem atbildēja: **Mans Tēvs** līdz šim strādā, un es strādāju. Tāpēc jūdi vēl jo vairāk meklēja Viņu nonāvēt, jo Viņš ne tikai sabatu bija pārkāpis, bet arī sacīja, ka **Dievs ir Viņa Tēvs**, un darīja sevi **līdzīgu Dievam**.*

KJV Bībele definē Jēzu, Jēzu Kristu vai Kungu Jēzu. Bet jaunie mūsdienu tulkojumi tā vietā saka "Viņš vai Viņu".

*KJV: Un viņi dziedās Dieva kalpa Mozus dziesmu un Jēra dziesmu, sacīdami: "Lieli un brīnišķīgi ir Tavi darbi, Kungs Dievs Visvarenais, taisnīgi un patiesi ir Tavi ceļi**, Tu, svēto Karalien**!".*
(Atklāsmes gr.15:3)

*NIV: un dziedāja Dieva kalpa Mozus dziesmu un Jēra dziesmu: "Lieli un brīnišķīgi ir Tavi darbi, Kungs, Dievs Visvarenais. Taisni un patiesi ir Tavi ceļi, **mūžu Karal,** un Tavi ceļi ir Tavi ceļi.*
(Atklāsmes gr.15:3)

(Viņš ir svēto, kas ir piedzimuši no jauna, Ķēniņš. Kas ir kristīti Jēzus vārdā un saņēmuši Viņa Garu.)

*KJV: Un **Dievs** noslaucīs visas asaras no viņu acīm;*
(Atklāsmes gr.21:4)

*NIV: **Viņš** noslaucīs katru asaru no viņu acīm. (Atklāsmes gr.21:4)*

" Vārds**Dievs**" tiek mainīts uz "Viņš". Kas ir "Viņš"? (Tas atbalstīs citas reliģijas.)

Es to darīju "Viņa veidā"

KJV: Un es skatījos, un, lūk, Jērs stāvēja uz Ciānas kalna, un ar Viņu simts četrdesmit [un] četri tūkstoši, kam Tēva**vārds** *bija rakstīts uz pieres. (Atklāsmes gr.14:1)*

NIV: Tad es uzlūkoju, un tur manā priekšā bija Jērs, kas stāvēja uz Ciānas kalna, un ar Viņu 144 000 cilvēku, kam uz pieres bija rakstīts **Viņa un Viņa** Tēva**vārds**. *(Atklāsmes14: 1)*

NIV ir pievienots "Viņa vārds" ar "Viņa Tēvavārds", kas tagad ir divi vārdi.

Jņ.ev.5:43b: Es esmu nācis sava Tēvavārdā.

Tātad Tēva vārds ir Jēzus. Jēzus ebreju valodā nozīmē Jehovas Glābējs

*Caharija 14:9 Un Tas Kungs būs ķēniņš pār visu zemi; tanī dienā būs viens Kungs un Viņa **vārds viens.***

*KJV Jesaja 44:5 Viens sacīs: "Es esmu Kunga," un cits sauksies Jēkaba vārdā, un cits parakstīsies ar savu roku Kungam **un sauksies** Izraēla vārdā.*

NIV: Citā gadījumā viņš sauksies Jēkaba vārdā, bet vēl cits uzrakstīs uz savas rokas: "Tā Kunga" un pieņems vārdu Izraēls.

(NIV Noņemts vārds **uzvārds**)

Tagad mēs dzirdam, ka "Hermas gans" tiks iekļauts mūsdienu Bībeles versijā. Hermas grāmatā ir teikts: "Pieņemiet Vārdu, nododiet to zvēram, izveidojiet vienotu pasaules valdību un nogaliniet tos, kas nepieņem Vārdu. (Jēzus nav tas vārds, uz kuru viņi šeit atsaucas).

KJV Atklāsmes gr.13:17: Un neviens nedrīkstēja ne pirkt, ne pārdot, kā vien tas, kam bija zīme vai zvēra vārds, vai viņa vārda skaitlis.

Un nebrīnieties, ja Atklāsmes grāmata pazudīs no Bībeles. Atklāsmes grāmatā ir aprakstīta pagātne, tagadne un nākamās lietas. Hermas gans ir Sinaitikas manuskriptā, kas ir Bībeles NIV pamatā.

Simboli:

Kāda ir simbola nozīme un kas izmanto šo simbolu:
Simbols ir kaut kas tāds kā īpaša zīme, kas apzīmē kādu informāciju, piemēram, sarkans astoņstūris var būt simbols "STOP". Kartē telts attēls var simbolizēt kempingu.

666 =

Pravietojumu grāmata saka:

> *Šeit ir gudrība. Kas ir saprotošs, lai saskaita zvēra skaitli, jo tas ir cilvēka skaitlis, un viņa skaitlis ir seši simti sešdesmit seši.*
> *(Atklāsmes gr.13:18)*

Šo simbolu jeb 666 (seno trīsvienības simbolu) izmanto cilvēki, kas tic Trīsvienības doktrīnai.

Dievs nav trīsvienība vai trīs dažādas personas. Viens Dievs Jehova nāca miesā, un tagad Viņa Gars darbojas Baznīcā. Dievs ir viens un vienmēr būs viens.

> *Bet Ap.d.17:29 ir teikts: Tā kā mēs esam Dieva pēcnācēji, mums nevajadzētu domāt, ka dievišķība ir līdzīga zeltam vai sudrabam, vai akmenim, kas iegravēts ar cilvēka prātu.*

(Izveidot simbolu, kas simbolizē Dievišķību, ir pretrunā ar Dieva Vārdu) New Agers atzīst, ka trīs savijušies sešinieki " jeb666" ir Zvēra zīme.

Es to darīju "Viņa veidā"

Bībele mūs brīdina, ka sātans ir viltots:

"Un nav brīnums, jo pats sātans ir pārvērties par gaismas eņģeli. Tāpēc nav nekas liels, ja arī viņa kalpi pārvēršas par taisnības kalpiem." (2. Korintiešiem 11:14-15).

Sātans galu galā ir viltojums:

Es pacelšos virs mākoņu augstumiem, Es būšu kā Visaugstākais. (Jesajas 14:14)

Es būšu kā Visaugstākais Dievs. Ir acīmredzams, ka sātans ir mēģinājis atņemt Jēzus Kristus identitāti, mainot Dieva Vārdu. Atcerieties, ka sātans ir viltīgs, un viņa uzbrukums ir vērsts pret "Dieva Vārdu".

Jaunā karaļa Džeimsa versija:

Aplūkosim šo Bībeles versiju ar nosaukumu NKJV. New King James Version **nav** King James Version. King James Version Bībeli 1611. gadā pārtulkoja 54 ebreju, grieķu un latīņu teologi.

Jaunā karaļa Jēkaba versija pirmo reizi tika publicēta 1979. gadā. Pētot Jauno K.J.K.V., mēs uzzināsim, ka šī versija ir ne tikai nāvējošākā, bet arī ļoti maldinoša Kristus miesai.

Kāpēc??????

NKJV izdevējs saka:

.... ka tā ir Bībele pēc karaļa Jēkaba, kas nav taisnība. KJV nav kopēšanas tiesību, to var tulkot jebkurā valodā bez atļaujas saņemšanas. NKJV ir kopēšanas tiesības, kas pieder Thomas Nelson Publishers.

.... Tas ir balstīts uz Textus Receptus, kas ir tikai daļēja patiesība. Tas ir vēl viens smalks uzbrukums. Esiet uzmanīgi attiecībā uz šo jauno KJV. Jūs pēc brīža uzzināsiet, kāpēc.

Jaunā karaļa Džeimsa Bībele apgalvo, ka tā ir karaļa Džeimsa Bībele, tikai labāka. NKJV ir izlaisti un izmainīti daudzi panti.

Divdesmit divas reizes " vārdselle" ir mainīts uz "Hades" un "Sheol". New age sātaniskā kustība saka, ka "Hades" ir attīrīšanās vidusceļš!

Grieķi uzskata, ka "Hades" un "Sheol" ir mirušo pazemes mājoklis.

Daudzos gadījumos ir svītroti šādi vārdi: nožēlot grēkus, Dievs, Kungs, debesis un asinis. No NKJV ir svītroti vārdi Jehova, velni un nolādēšana, kā arī Jaunā Derība.

Pārpratumi par pestīšanu:

KJV	NKJV
1. Korintiešiem 1:18	
"Ir saglabāti" Ebreju 10:14	Būt izglābtam.
"Ir svētīti" II Korintiešiem 10:5	tiek svētīti.
"Atmetot iztēli" Mateja ev. 7:14	Argumentu noraidīšana.
"Šaurais ceļš" II Korintiešiem 2:15	Grūts veids
"Ir glābti"	Būt izglābtam

Es to darīju "Viņa veidā"

"Sodomīti" ir mainīts uz "perversiem cilvēkiem". NKJV ir antikrista izkropļota versija.

Sātana lielākais uzbrukums ir vērsts pret Jēzu kā Dievu.

*NIV: Jesajas 14:12 ir smalks uzbrukums Kungam Jēzum, kurš ir pazīstams **kā Rīta zvaigzne.***

Kā tu esi nokritis no debesīm, Ak, rīta zvaigzne, rītausmas dēls! Tu esi nomests uz zemes, tu, kas reiz pazemoji tautas!

(NIV šim Rakstu fragmentam ir pēdiņas piezīmes 2.Pēt.1:19 "Un mums ir praviešu vārds, kas ir kļuvis drošāks, un jūs darīsiet labi, ja tam pievērsīsiet uzmanību kā gaismai, kas spīd tumšā vietā, līdz diena uzausīs un rīta zvaigzne uzausīs jūsu sirdīs."

*Pievienojot **rīta zvaigzne** un dodot citu atsauci Atklāsmes grāmatā 2:28 maldina lasītāju, ka Jēzus ir rīta zvaigzne, kas ir krituši.)*

Bet KJV Jesajas 14:12 lasām: "Kā tu esi nokritis no debesīm, Lucifer, rīta dēls! [kā] tu esi nogāzts zemē, kas vājini tautas!"

(NIV Bībelē Lucifera vārds ir svītrots un " vārdsrīta dēls" aizstāts ar "**rīta zvaigzne.**") Atklāsmes grāmatā Jēzus tiek saukts par "Rītausmas zvaigzni".

Es, Jēzus, esmu sūtījis savu eņģeli, lai jums to apliecinātu draudzēs. Es esmu Dāvida sakne un pēcnācējs, spožā un rīta zvaigzne (KB 22:16).

Tādējādi Jesajas grāmatas 14:12 NIV versija nepareizi interpretē Bībeles nozīmi, apgalvojot, ka Jēzus ir nokritis no debesīm un pazeminājis tautas.) KJV Bībelē ir teikts, ka Jēzus ir spožā un rīta zvaigzne.

*"Es, Jēzus, esmu sūtījis savu eņģeli liecināt jums par to baznīcās. Es esmu Dāvida sakne un pēcnācējs, **spožā un rīta zvaigzne**." (Atklāsmes 22:16).*

KJV:

Mums ir arī drošāks pravietojuma vārds, uz ko jūs labi darāt, ka uzmanāties kā uz gaismu, kas spīd tumšā vietā, līdz diena uzaus un zvaigzne uzspīdēs jūsu sirdīs. (Pētera 2.Pēt.1:19).

*Un Viņš tos pārvaldīs ar dzelzs zizli; kā podnieka trauki tie tiks sašķelti, tāpat kā es to esmu saņēmis no sava Tēva. Un Es viņam došu **rīta zvaigzni**. (Atkl.gr.2:27-28).*

Mūsdienu tulkojumi ir pielāgoti visām reliģijām, Jēzus, Kristus vai Mesijas vietā lietojot "viņš" vai "Viņu", kā arī svītrojot daudzus vārdus un pantus par Jēzu. Šie tulkojumi pierāda, ka Kungs Jēzus nav ne Radītājs, ne Glābējs, ne Dievs miesā; tie padara Viņu tikai par vēl vienu mītu.

Šie atkritēji izveidoja Bībeles manuskriptu, kas vairāk atbilda viņu pašu vēlmēm. Viņi uzbruka Jēzus Kristus dievišķībai un citām Bībeles doktrīnām. Tika bruģēts ceļš New Age Bībelei, lai radītu vienu pasaules reliģiju. Visu baznīcu un reliģiju apvienošanās radīs "vienu pasaules reliģiju".

Tagad jūs saprotat, kādu viltīgu un smalku plānu ir izstrādājis sātans. Viņš pat uzdrošinājās mainīt Dieva vārdu. Sātans izstrādāja viltīgu plānu, lai maldinātu cilvēkus!

Atcerieties, ko teica sātans:

Es pacelšos virs mākoņu augstumiem, Es būšu kā Visaugstākais. (Jesajas 14:14)

Es to darīju "Viņa veidā"

D.

KJV Vs mūsdienu Bībele: Izmaiņas, kas ir pievienotas vai noņemtas.

NIV TULKOJUMS:

Tvestkota un Horta grieķu valodas teksts ir no Sinaiticus un Vaticanus manuskriptiem. Agrīnā baznīca to uzskatīja par viltīgu uzbrukumu Dieva vārdam, izlaižot un izmainot Bībeles patiesību. Gan Sinaiticus (Aleph), gan Vaticanus (Codex-B) agrīnā baznīca ir noraidījusi un apbrīnoja viltus skolotājus. NIV Bībeles avots ir balstīts uz Westcott & Hort sagrozītajām versijām, kuras jūs atradīsiet NIV zemsvītras piezīmēs. Bez plašiem pētījumiem mums nav iespējams uzzināt, kā un kur šis Vestkota un Horta grieķu teksts ir radies. Kad mēs redzam atsauces uz Vestkota un Horta tekstiem, mēs parasti tiem ticam bez šaubām, vienkārši tāpēc, ka tie ir iespiesti Bībelē.

NIV Bībele tiek apbrīnota, jo cilvēki uzskata, ka tā ir vieglāk saprotama, jo vecā angļu valoda ir mainīta uz mūsdienīgiem vārdiem. Patiesībā KJV Bībele ir visvienkāršākā valoda, kas saprotama jebkura vecuma cilvēkiem. KJV vārdnīca ir vienkāršāka nekā NIV vārdnīca.

Tikai mainot tādus vārdus kā tevi, tavs, tavs un tavs, cilvēki domā, ka tā ir vieglāk lasāma. Kā jūs zināt, Dieva Vārdu izskaidro tikai Svētais Gars, un to ir uzrakstījis Dievs. Dieva Gars ir KJV, kas palīdz mums saprast Viņa izpratni. Dieva Vārdā nav nepieciešamas izmaiņas, tomēr patiesajam Vārdam ir jāmaina mūsu domāšana.

Daudzas baznīcas tagad pieņem NIV versiju, kas aizstāj KJV versiju. Nelielas izmaiņas laika gaitā ietekmē mūsu domāšanu, un tas kļūst par smalku smadzeņu mazgāšanas veidu. Izmaiņas, ko Bībeles NIV versija ir veikusi savā versijā, nemanāmi vājina Evaņģēliju. Šīs izmaiņas lielākoties ir vērstas pret Kunga Jēzus Kristus kundzību. Kad tas ir izdarīts, daudzām reliģijām ir vieglāk pieņemt NIV Bībeli, jo tā atbalsta viņu doktrīnas. Tas savukārt kļūst par "starpkonfesionālismu ,"kas ir mērķis vienai pasaules reliģijai, par kuru runāts Atklāsmes grāmatā.

KJV pamatā bija Bizantijas manuskriptu ģimene, ko parasti dēvē par Textus Receptus manuskriptiem. NKJV (New King James Version) ir sliktākais tulkojums. Tas atšķiras no KJV 1200 reizes. Jaunā karaļa Džeimsa versija noteikti nav tā pati, kas karaļa Džeimsa versija. MKJV arī nav KJV. Lielākā daļa Bībeles tulkojumu nav cita versija, bet gan sagrozījums, un tie ir novirzīti no patiesības.

Turpmāk minētie panti nav atrodami **NIV** un **citos mūsdienu tulkojumos**. Turpmāk ir uzskaitīti "izlaidumi" NIV tulkojumā.

Jesajas 14:12

*KJV: 14:12: Kā tu esi nokritis no debesīm, **Lucifer, rīta dēls**! Kā tu esi nogāzts zemē, kas vājini tautas!*

*NIV Jes.14:12 Kā tu esi nokritusi no debesīm, **rīta zvaigzne**,* rītausmas dēls! Tu esi nomests uz zemes, tu, kas reiz pazemoji tautas!

(NIV Bībelē ir izņemts Lucifers un "rīta zvaigznes dēls" aizstāts ar "rīta zvaigzne". Tas jūs maldina, liekot domāt, ka "JĒZUS", kas ir "Rīta zvaigzne", ir nokritis no debesīm.

Es to darīju "Viņa veidā"

*Es, Jēzus, esmu sūtījis savu eņģeli, lai jums to apliecinātu draudzēs. Es esmu sakne un Dāvida pēcnācējs, un spožs un... **rīta zvaigzne**.*
(Atklāsmes grāmata 22:16)

(Jēzus ir rīta zvaigzne)

Jesajas 14:12 ir ļoti mulsinoša Rakstu vieta. Cilvēki domā, ka Jēzus ir nokritis no debesīm un nocirsts.

Bībelē Lucifers (sātans) ir pielīdzināts Jēzum Kristum; tā ir visaugstākā līmeņa zaimošana. Tāpēc daži cilvēki netic Jēzum Kristum, jo uzskata, ka Viņš ir līdzvērtīgs sātanam.

Daniēla 3:25

*KJV: Dan.3:25 Viņš atbildēja un sacīja: "Redzi, es redzu četrus brīvus vīrus, kas staigā uguns vidū, un viņiem nav nekā ļauna, un ceturtā tēls ir kā **Dieva Dēls**.*

*NIV: Dan. 3:25 Viņš sacīja: "Redzi, es redzu četrus vīrus, kas staigā ugunī, nesavaldītus un neskartus, un ceturtais izskatās kā **dievu dēls**."*

(Dieva Dēla aizstāšana ar **dievu Dēla** aizstāšana ar **dievu Dēla** aizstāšanu ļaus pieņemt politeisma ticību, un tādējādi tiks atbalstītas citas reliģijas.)

Mt.ev.5:22

*KJV Mt.5:22 Bet es jums saku, ka ikviens, kas **dusmojas uz savu brāli bez iemesla**, būs tiesas briesmās, un ikviens, kas sacīs savam brālim: "Raca!", būs padomes briesmās, bet ikviens, kas sacīs: "Tu, muļķīt!", būs elles uguns briesmās.*

*NIV Mt.5:22 Bet es jums saku, ka ikviens, kas **dusmojas** uz savu brāli, tiks tiesāts. Un atkal: ikviens, kas saka savam brālim: "Raca," tas **ir***

***atbildīgs Sanhedrīnam**. Bet ikviens, kas sacīs: "Tu, muļķis!", būs pakļauts elles uguns briesmām.*

(KJV Bībele saka, **dusmīgs bez iemesla** NIV saka vienkārši dusmīgs. Vārda patiesība ir tāda, ka mēs varam **dusmoties**, ja ir iemesls, bet neļausim saulei uz to uzspīdēt.)

Mt.ev.5:44

*KJV Mt.5:44 Bet es jums saku: mīliet savus ienaidniekus, **svētījiet tos, kas jūs nolād**, dariet labu tiem, kas jūs ienīst, un lūdzieties **par tiem, kas jūs nicina** un vajā;*

NIV Mt.5:44 Bet es jums saku: mīliet savus ienaidniekus un lūdzieties par tiem, kas jūs vajā,

(Izceltā daļa KJV Bībelē ir izņemta no NIV Bībeles)

Mt.ev.6:13

*KJV Mt.6:13 Un neved mūs kārdināšanā, bet atpestī mūs no ļaunā: **Jo Tava ir Tava valstība, vara un slava mūžīgi. Amen**.*

*NIV Mt. 6:13 Un neieved mūs kārdināšanā, bet pasargā mūs no kārdinājumiem, un pasargā mūs no **ļaunais**.*

(**Ļaunais** nav ļaunais. ***Jo Tavs ir valstība, vara un slava mūžīgi. Amen***: izņemts no NIV)

Mt.ev.6:33

*KJV Mt 6:33 Bet meklējiet vispirms **Dieva valstību** un Viņa taisnību, un tas viss jums tiks pielikts.*

*NIV Mt 6:33 Bet meklējiet vispirms Viņa valstību un **Viņa** taisnību, un tas viss jums tiks dots.*

Es to darīju "Viņa veidā"

(**Dieva valstība** ir aizstāta ar "Viņa" valstību....NIV aizstāja Dievu ar Viņa valstību. Kas ir "Viņa"?)

Mt.ev.8:29

KJV Mt.8:29 *Un, lūk, viņi kliedza, sacīdami: Kas mums ar Tevi,* **Jēzu***, Dieva Dēls, ir darāms? vai Tu nāc šeit mūs mocīt pirms laika? (Īpaši)*

NIV Mt.8:29 *"Ko tu gribi no mums,* **Dieva Dēls***?" viņi kliedza.*

"Vai jūs esat ieradušies šeit, lai mūs spīdzinātu pirms noteiktā laika?"

(**Jēzus** ir izņemts no NIV Bībeles, un viņi tur tikai Dieva Dēls... *Jēzus* ir Dieva Dēls. Dieva Dēls nozīmē, ka Visvarenais Dievs staigā miesā.)

Mateja 9:13b

KJV Mt.9:13b *Jo es neesmu nācis aicināt taisnos, bet grēciniekus* ***atgriezties***.

NIV Mt.9:13b *Jo es neesmu nācis aicināt taisnos, bet grēciniekus.*

(**Lai nožēlotu grēkus**. Grēku nožēla ir pirmais solis; jūs novēršaties no grēka un grēcīga dzīvesveida, apzinoties un atzīstot, ka esat kļūdījies.)

Mt.ev.9:18

KJV: *Mt 9:18 Kamēr Viņš tiem to runāja, redzi, atnāca kāds valdnieks* **un pielūdza Viņu***, sacīdams: "Mana meita jau ir mirusi, bet nāc un uzvelc savu roku uz tās, un viņa dzīvos.*

(pielūdza Jēzu)

NIV *Mt 9:18 Un, Viņam to runājot, pienāca kāds valdnieks*, **nogāza ceļos Viņa priekšā** *un sacīja" :Mana meita nupat nomira. Bet nāc un uzliksi viņai savu roku, un viņa atdzīvosies."*

(Pielūgsme tiek **mainīta uz ceļos**. Pielūgsme padara Jēzu par Dievu.)

Mt.ev.13:51

*KJV Mt 13:51 Jēzus tiem sacīja: Vai jūs to visu saprotat? Viņi Viņam atbild: **Jā, Kungs**.*

NIV Mt 13:51 "Vai jūs to visu esat sapratuši?" Jēzus jautāja.

(JĒZUS IR KUNGS. NIV svītrots **Jā, Kungs**; izlaižot Jēzus Kristus kundzību).

Mt.ev.16:20

*KJV Mt 16:20 Tad Viņš pavēlēja saviem mācekļiem, lai tie nevienam nesaka, ka Viņš ir **Jēzus** Kristus.*

(Vārds "JĒZUS" ir svītrots no vairākām Bībeles NIV vietām.)

NIV Mt 16:20 Tad Viņš brīdināja savus mācekļus, lai nevienam nesaka, ka Viņš ir Kristus.

(Kas ir "viņš"? Kāpēc ne Jēzus, Kristus? "Kristus" nozīmē Mesiju, šīs pasaules Glābēju: Jņ.ev.4:42.)

Mt.ev.17:21

KJV: Mt 17:21: Bet šādi cilvēki neiziet ārā, ja vien ar lūgšanu un gavēni.

(Lūgšana un gavēnis sagraus velna stipros ieročus. Gavēšana nogalina mūsu miesu.)

NIV paņēma no Rakstiem completly. Tas ir svītrots arī no Jehovas liecinieku "Bībeles". Mūsdienās gavēnis ir nomainīts uz Daniela diētu.

Es to darīju "Viņa veidā"

Tie ir vēl vieni meli. (Gavēšana ir bez ēdiena un ūdens. Ēšana nav gavēšana, un gavēšana nav ēšana vai dzeršana).

Daži Bībeles Bībeles piemēri par gavēni KJV Bībelē

Esteres 4:16 KJV:

*Ejiet, sapulcējiet visus jūdus, kas ir Šušanā, un **gavējiet** manis dēļ, **trīs** dienas **neēdiet un nedzeriet, ne** dienu, ne nakti: Arī es un manas kalpones tāpat **gavēni gavēni**, un tā es iešu pie ķēniņa, kas nav saskaņā ar likumu, un, ja es bojā eju, tad es bojā eju.*

*Jonas 3:5, 7 KJV Tad Ninīves ļaudis noticēja Dievam, **izsludināja gavēni** un uzvilka maisus, sākot no lielākajiem līdz pat mazākajiem. Un viņš lika to pasludināt un izsludināt pa Ninivi ar ķēniņa un viņa augstmaņu dekrētu, sacīdams: ,,Lai ne cilvēks, ne dzīvnieks, ne ganāmpulks, ne ganāmpulks **neko** negaršo**, lai neēd un nedzer ūdeni**:*

Mateja ev. 18:11

*KJV Mt 18:11: **Jo Cilvēka Dēls ir nācis glābt, kas pazudis**.*

(Šis pants ir svītrots no Bībeles NIV un daudzām citām Bībeles versijām. Jēzus nav vienīgais Glābējs. Mason māca, ka mēs varam glābt sevi paši, un jums nav nepieciešams Jēzus.)

Mateja ev. 19:9

*KJV: Mt 19:9: Un es jums saku: ikviens, kas atlaiž savu sievu, ja vien tā nav netiklība, un apprec citu, laulības pārkāpj**, un, kas apprecas ar atlaisto, laulības pārkāpj.***

NIV: Mt 19:9 Es jums saku, ka ikviens, kas šķiroties no savas sievas, izņemot laulības neuzticības dēļ, un apprecas ar citu sievieti, laulības pārkāpj."

("kas tā apprecas ar to, kura ir atlaista, tas laulības pārkāpj" ir izlaists).

Mt.ev.19:16,17

*KJV Mt 19:16 Un, lūk, kāds pienāca un sacīja Viņam: **Labais Meistar**, ko labu man darīt, lai es iemantotu mūžīgo dzīvību?*

7:17 Un Viņš sacīja Viņam: Kāpēc Tu mani sauc par labu? Nav neviena laba, tikai viens, tas ir, Dievs, bet, ja tu gribi ieiet dzīvībā, turiet baušļus.

NIV Mt 19:16 Bet pie Jēzus pienāca kāds cilvēks un jautāja" :Mācītāj, ko man darīt, lai es iemantotu mūžīgo dzīvību?

17 Kādēļ tu man jautā par to, kas ir labs? Jēzus atbildēja. "Ir tikai viens, kas ir labs. Ja jūs gribat ieiet dzīvē, turiet baušļus.

(Jēzus sacīja: "Kāpēc jūs Mani saucat par labu?" Tikai Dievs ir labs, un, ja Jēzus ir labs, tad Viņam jābūt Dievam. Labais Skolotājs NIV tekstā ir mainīts uz "Skolotājs", un nozīme ir zudusi. Arī dažās reliģijās tiek atbalstīta ticība pašizglābšanai.)

Mt.ev.20:16

*KJV Mt 20:16: Tātad pēdējie būs pirmie, bet pirmie - pēdējie**; jo daudzi ir aicināti, bet tikai daži izredzēti**.*

(Ir svarīgi, ko mēs izvēlamies. Jūs varat apmaldīties, ja neizvēlēsieties pareizi.)

NIV UN RSV

NIV Mt.20:16:" Tātad pēdējie būs pirmie, un pirmie būs pēdējie."

(nav svarīgi izvēlēties)

Mt.ev.20:20

*KJV Mt 20:20: Tad nāca pie Viņa Zebedeja bērnu māte ar saviem dēliem, **pielūdzot Viņu** un lūdzot no Viņa kādu lietu.*

*NIV Mt 20:20: Tad Zebedeja dēlu māte ar saviem dēliem atnāca pie Jēzus un, **noliekusies ceļos**, lūdza Viņam kādu pakalpojumu.*

(**Pielūgsme vai noliekšanās ceļos...?..?**: Jūdi pielūdz tikai vienu Dievu). (Izslēdzot Jēzus Kristus kundzību, jūdi pielūdz tikai vienu Dievu)

Mateja 20:22, 23

*KJV Mt 20:22, 23: Bet Jēzus atbildēja un sacīja: Jūs nezināt, ko lūdzat. Vai jūs varat dzert no kausa, ko Es dzeršu, un **kristīties ar kristību, ar ko Es esmu kristīts**? Viņi sacīja Viņam, mēs spējam. Un Viņš tiem sacīja: Jūs dzersiet no mana biķera un **kristīsieties ar kristību, ar ko es esmu kristīts**, bet sēdēt man pa labi un pa kreisi nav manas tiesības, bet tas tiks dots tiem, kam tas ir mana Tēva sagatavots.*

(Vai jūs varētu iziet cauri ciešanām, ko es piedzīvoju?)

NIV Mt 20:22, 23: "Jūs nezināt, ko jūs lūdzat," Jēzus tiem sacīja. "Vai jūs varat dzert biķeri, ko Es dzeršu?" "Mēs varam," viņi atbildēja. Jēzus tiem sacīja: "Jūs tiešām dzersiet no Mana biķera, bet sēdēt Man pa labi vai pa kreisi, to Es nedrīkstu dot. Šīs vietas pieder tiem, kam tās ir sagatavojis mans Tēvs."

(Visas izceltās un pasvītrotās frāzes KJV ir izņemtas no NIV)

Mt.ev.21:44

*KJV Mt 21:44: Un, kas uz šā akmens uzkritīs, tas tiks sasists, bet, uz ko tas uzkritīs, **to** tas **sasmels**.*

*NIV Mt 21:44: Kas uz šā akmens uzkritīs, tas tiks **sadragāts**, bet uz ko tas uzkritīs, tas tiks satriekts."*

(Sasmalciniet viņu līdz pulverim ir noņemts)

Mateja ev. 23:10

*KJV Mt 23:10: Un arī jūs nesaucieties par **kungiem**, jo viens ir jūsu **Kungs - Kristus**.*

NIV Mt 23:10: Arī jūs nesaucieties par skolotājiem, jo jums ir viens Skolotājs - Kristus.

(Jums ir jānolaiž Dievs līdz mistiķu līmenim, lai Jēzus kļūtu par vēl vienu mistiķi. Patiesība ir tāda, ka Kristus apmierina visus.)

Mateja ev. 23:14

KJV: Mt 23:14: Bēdas jums, rakstu mācītāji un farizeji, liekuļi! Jo jūs apdzerat atrait ņunamus un izliekaties, ka ilgi lūdzaties, tādēļ jūs saņemsiet lielāku nolādējumu.

(NIV, New L T, English Standard Version, New American Standard Bible un New world translations šis pants ir svītrots.) Pārbaudiet to savā Bībelē.)

Mateja 24:36

KJV: Mt 24:36: Bet par to dienu un stundu neviens nezina, ne debesu eņģeļi, bet tikai mans Tēvs.

*NIV: Ne eņģeļi debesīs, **ne Dēls**, bet tikai Tēvs.*

("ne dēls" ir pievienots Bībelē. Jņ.ev.10: 30 **Es un Mans Tēvs esam viens**. Tātad Jēzus zina Savu nākamo laiku. Tas nozīmē, ka Jēzus nav

Es to darīju "Viņa veidā"

dievībā. Bet tajās dienās, pēc šīs bēdas, saule aptumsīs un mēness nedos savu gaismu, Mk.13:24. Būs grūti noteikt laiku.)

Mateja ev. 25:13

> KJV: Mt 25:13 Tāpēc esiet nomodā, jo jūs nezināt ne dienu, ne stundu, **kad Cilvēka Dēls nāks**.

> NIV: Mt 25:13 "Tāpēc esiet nomodā, jo jūs nezināt ne dienu, ne stundu."

("**Kur nāk Cilvēka Dēls**." Izlaižot, kas atgriežas? Kādas sardzes?)

Mateja ev. 25:31

> KJV: Mt 25:31Kad Cilvēka Dēls nāks savā godībā un visi **svētie eņģeļi** ar Viņu, tad Viņš sēdēs savas godības tronī.

> NIV: Mt 25:31 "Kad Cilvēka Dēls nāks savā godībā un visi **eņģeļi** ar Viņu, Viņš sēdēs savā tronī debesu godībā."

(KJV saka, ka visi "svētie" eņģeļi. NIV saka tikai "eņģeļi". Tas nozīmē, ka kritušie jeb nesvētie eņģeļi nāk kopā ar Jēzu. Vai ne? Ir izplatīta ķecerība, ka nav svarīgi, ko tu dari labu vai sliktu, tu tik un tā nonāksi debesīs. Mūsu mirušo tuvinieku, kuri nekad nav ticējuši Jēzum, gariem vajadzētu atgriezties, lai pastāstītu saviem mīļajiem, ka debesīs viņiem viss ir kārtībā, un jums nav nekas jādara, lai nokļūtu debesīs. Tā ir velna doktrīna.)

Mt.ev.27:35

> KJV MT 27:35: Un tie Viņu krustā sistu sadalīja Viņa drēbes, metot lozi, **lai piepildītos pravieša sacītais: "Viņi sadalīja manas drēbes savā starpā, un par maniem tērpiem meta lozi"**.

NIV MT 27:35: Kad tie bija Viņu sistu krustā, viņi sadalīja Viņa drēbes, metot lozi.

("Lai piepildītos praviešu sacītais, viņi sadalīja manas drēbes savā starpā, un manas drēbes viņi izlozēja.") Pilnībā ņemts no Bībeles NIV).

Marka 1:14

*KJV MARK.1:14: Kad Jānis bija ieslodzīts cietumā, Jēzus nāca Galilejā, **sludinādams Dieva valstības evaņģēliju.***

*MĀRĶA 1:14: Kad Jāni ieslodzīja cietumā, Jēzus devās uz Galileju, **sludinādams Dieva evaņģēliju.***

(Dieva valstības evaņģēlijs ir izlaists no NIV)

Marka 2:17

*KJV Mk.ev.2:17: To dzirdēdams, Jēzus tiem sacīja: veseliem nav vajadzīgs ārsts, bet slimiem: Es neesmu nācis aicināt taisnos, bet grēciniekus **uz atgriešanos**.*

NIV Marka 2:17: To dzirdēdams, Jēzus sacīja viņiem: "Ne veseliem ir vajadzīgs ārsts, bet slimiem. Es neesmu nācis aicināt taisnos, bet grēciniekus."

(Kamēr jūs ticat, ka tas ir labi, jūs varat darīt jebko, un tas ir labi.) Nedaudz mainot Svētos Rakstus Grēks ir apsveicams.)

Marka 5:6

*KJV Marka 5:6: Bet, redzēdams Jēzu no tālienes, viņš skrēja un **pielūdza Viņu**,*

(Viņš atzīst, ka Jēzus ir Kungs Dievs.)

Es to darīju "Viņa veidā"

*Mk 5:6: Viņš, no tālienes ieraudzījis Jēzu, skrēja un **krita Viņa priekšā uz ceļiem.***

(Viņš izrāda cieņu kā cilvēks, bet neatzīst Viņu kā Kungu Dievu.)

Marka 6:11

*KJV: Mk.ev.6:11 "Un, kas jūs neuzņems un neuzklausīs, kad jūs no turienes aiziesiet, noslauciet putekļus zem savām kājām par liecību pret tiem. **Patiesi Es jums saku: Sodomai un Gomorai tiesas dienā tas būs paciešamāk nekā šai pilsētai.***

NIV Mk.ev.6:11 "Un, ja kāda vieta tevi neuzņems un neuzklausīs, tad, izejot no tās, noslauci putekļus no savām kājām, lai liecinātu pret to."

(NIV ir svītrots: "Patiesi es jums saku: Sodomai un Gomorai tiesas dienā būs vieglāk nekā šai pilsētai." Tiesa ir svītrota, jo viņi tai netic, un nav svarīgi, kādu izvēli jūs izdarīsiet. Visi nepareizie izteikumi un darbi tiks izlaboti šķīstītavā jeb reinkarnācijā).

Marka 7:16

KJV Mk.ev.7:16: Ja kam ir ausis dzirdēt, lai klausās.

(NIV, Jehovas liecinieku Bībelē un mūsdienu tulkojumos šī Rakstu vieta ir izņemta. WOW!)

Marka 9:24

*KJV Mk.ev.9:24: Un bērna tēvs tūdaļ sauca un ar asarām sacīja: **Kungs,** es ticu, palīdzi manai neticībai!*

NIV Mk.ev.9:24: Bet zēnatēvs tūdaļ iesaucās: "Es ticu, palīdzi man pārvarēt manu neticību!"

(NIV tekstā trūkst Kunga. Jēzus Kristus kundzība ir izlaista.)

Marka 9:29

*KJV Mk.ev.9:29: Un Viņš tiem sacīja: "Tāda nevar rasties ne ar ko citu, kā vien ar lūgšanu un **gavēni**.*

NIV Mk.ev.9: 29: Viņš atbildēja: "Šāds var iznākt tikai ar lūgšanu."

(**Badošanās** ir atcelta. Ar gavēni mēs nojaucam sātana stipros ieročus. Dieva sejas meklēšana ar biblisko gavēni un lūgšanu dod īpašu svaidījumu un spēku.)

Marka 9 :44

KJV Mk.ev.9:44: Kur viņu tārps nemirst un uguns neapdzisst.

(Svētie Raksti ir izņemti no NIV, mūsdienu pārejas un Jehovas liecinieku Bībeles. Viņi netic sodam ellē.)

Marka 9:46

KJV: Marks 9:46: Kur viņu tārps nemirst un uguns nedzīst.

(Raksti ir izņemti no NIV, mūsdienu tulkojuma un Jehovas liecinieku Bībeles. Atkal, viņi netic spriedumam.)

Marka 10:21

*KJV Mk.ev.10:21: Bet Jēzus, uzlūkodams viņu, mīlēja viņu un sacīja viņam: Viena tev trūkst: ej, pārdod visu, kas tev pieder, un dod nabagiem, un tev būs dārgums debesīs, un nāc, **ņem krustu** un seko man.*

(Kristietim ir krusts, kas jānes. Jūsu dzīvē ir pārmaiņas.)

Es to darīju "Viņa veidā"

NIV Mk.ev.10:21: Jēzus uzlūkoja viņu un iemīlēja. "Viena tev trūkst," Viņš sacīja. "Ej, pārdod visu, kas tev ir, un dod nabagiem, un tev būs dārgums debesīs. Tad nāc un seko Man."

(NIV ir svītrots "uzņemties krustu" nav nepieciešams ciest par patiesību. Dzīvojiet tā, kā vēlaties dzīvot. Krusts ir ļoti svarīgs kristīgajā ceļā.)

Mk 10 :24

KJV Marka 10:24: Un mācekļi brīnījās par Viņa vārdiem. Bet Jēzus atkal atbild un saka viņiem: Bērniņi, cik grūti tiem, **kas paļaujas uz bagātību,** ieiet Dieva valstībā!

NIV Mk.ev.10:24: Mācekļi brīnījās par Viņa vārdiem. Bet Jēzus atkal sacīja: "Bērni, cik grūti ir ieiet Dieva valstībā!

("**kas paļaujas uz bagātību**" ir svītrots; šie vārdi Bībelē nav vajadzīgi, jo tie vēlas algas. Tas arī liek jums just, ka ir grūti iekļūt Dieva Valstībā, un attur jūs no tās).

Marka 11:10

KJV Mk.ev.11:10: Lai svētīta mūsu tēva Dāvida valstība, **kas nāk Tā Kunga vārdā**: Hosanna augstumos!

Mk.ev.11:10: "Svētīga mūsu tēva Dāvida **nākamā valstība!**" "Hosanna augstībā!"

(NIV" :kas nāk Tā Kunga vārdā" ir svītrots).

Marka 11:26

KJV: Mk.11:26 Bet ja jūs nepiedosiet, tad arī jūsu Tēvs, kas ir debesīs, nepiedos jūsu pārkāpumus.

(Šī Rakstu vieta ir pilnībā izņemta no NIV, Jehovas liecinieku Bībeles (tā sauktā Jaunās pasaules tulkojuma) un daudziem citiem mūsdienu tulkojumiem. Piedošana ir ļoti svarīga, ja vēlaties, lai jums tiktu piedots.)

Mk 13 :14

*KJV Mk.ev.13:14: Bet, kad jūs redzēsiet, ka posta bauslība, **par ko runājis pravietis Daniēls,** stāv tur, kur tai nevajadzētu stāvēt, (kas lasa, lai saprot), tad tie, kas ir Jūdejā, lai bēg uz kalniem:*

Mk.ev.13:14: "Kad jūs redzēsiet, ka "bauslība, kas rada postu", stāv tur, kur tai nav vietas, - lai lasītājs saprot, - tad tie, kas ir Jūdejā, lai bēg uz kalniem.

(Informācija par Daniēla grāmatu ir izņemta no NIV. Mēs studējam pēdējo laiku Daniēla un Atklāsmes grāmatā. SVĒTĪGI IR TIE, KAS LASA ŠĪS GRĀMATAS VĀRDUS. Svētīgs, kas lasa, un tie, kas klausās šīs **pravietojuma grāmatas** vārdus un ievēro, kas tajā rakstīts, jo laiks tuvojas. (Atklāsmes 1:3) Izņemot Daniēla vārdu, tas atstāj jūs neskaidrībā.)

Marka 15:28

KJV: Mk.ev.15:28: Un piepildījās Raksti, kas saka: Un Viņš tika pieskaitīts pie pārkāpējiem.

(Izņemts no NIV, Jehovas liecinieku Bībeles un mūsdienu tulkojumiem)

Lūkas 2:14

*KJV: Lūkas 2:14 Gods Dievam augstībā, un virs zemes miers, **labā griba pret cilvēkiem.***

Es to darīju "Viņa veidā"

Lk.ev.2:14: Gods Dievam augstībā un uz zemes miers cilvēkiem, uz kuriem ir Viņa labvēlība!"

(Smalkas izmaiņas: "Labas gribas pret cilvēkiem" vietā; Bībelē ir teikts, ka miers attiecas tikai uz dažiem cilvēkiem, kuriem Dievs ir labvēlīgs. Tas arī ir pret Dieva principu.)

Lūkas 2:33

*KJV Lūkas 2:33: Un **Jāzeps** un viņa māte*

Lk.ev.2:33: Bērna tēvs un māte.

(**Jāzeps** tiek noņemts)

Lūkas 4:4

*KJV Lūkas ev.4:4 Bet Jēzus viņam atbildēja, sacīdams: "Ir rakstīts, ka cilvēks nedzīvo no maizes vien, **bet no katra Dieva vārda**.*

Lk.ev.4:4 Jēzus atbildēja: "Ir rakstīts: Rakstīts: "Ne no maizes vien cilvēks dzīvos.

Sātana uzbrukums ir vērsts pret **DIEVA Vārdu** 1. Mozus grāmatas 3. nodaļā: Sātans uzbruka DIEVA Vārdam. Viņam ir smalks uzbrukums "**Bet ar katru Dieva vārdu**" ir izņemts no NIV

NIV un mūsdienu Bībeles tulkojums foramtor nerūpējas par Dieva Vārdu. Viņi maina formulējumu, lai tas atbilstu viņu doktrīnai, pamatojoties uz savu neobjektivitāti par to, kas, viņuprāt, tajā būtu jāsaka. Dieva vārds ir dzīvs un nes pārliecību. Kad Dievs jūs pārliecina par grēku, tas rada grēku nožēlu. Ja Dieva vārds ir izmainīts, tas nevar nest patiesu pārliecību, tādēļ grēku nožēla netiks meklēta. Šādi rīkojoties, NIV norāda, ka visa reliģija ir ok, kas, kā mēs zinām, nav taisnība.

Lūkas 4:8

KJV Lūkas ev.4:8 Bet Jēzus atbildēja un sacīja viņam: "**Aizkāp aiz manis, sātan**, jo ir rakstīts: Kungu, savu Dievu, tev būs pielūgt, un Viņam vien kalpot.

(Jēzus pārmeta sātanam. Jūs un es varam pārmest sātanam Jēzus vārdā.)

Lk.ev.4:8 Jēzus atbildēja: "Ir rakstīts: "Pielūgt Kungu, savu Dievu, un kalpot Viņam vien.

(Atkāpies"**no manis, sātan**!" ir pārņemts no NIV.)

Lūkas 4:18

KJV Lūkas ev.4:18: Tā Kunga Gars ir pār mani, jo Viņš mani svaidīja sludināt evaņģēliju nabagiem; Viņš mani sūtīja **dziedināt salauztās sirdis**, sludināt gūstekņiem atbrīvošanu un aklajiem atgriezt redzi, atbrīvot ievainotos,

Lk.ev.4:18 "Tā Kunga Gars ir pār mani, jo Viņš mani svaidīja, lai pasludinātu labo vēsti nabagiem. Viņš mani ir sūtījis pasludināt cietumniekiem brīvību un aklajiem atgriezt redzi, lai atbrīvotu apspiestos."

("**dziedināt salauztas sirdis**" ir izņemts no NIV: Cilvēki, kuri lieto šo sagrozīto versiju, parasti ir nemierīgi, emocionāli nestabili un nomākti. Dieva vārda pārveidošana atņem tam spēku. Patiesība darīs jūs brīvus, tāpēc no mūsdienu Bībeles tika izņemta patiesība.)

Lūkas 4:41

KJV Lūkas ev.4:41: Un no daudziem iznāca arī velni, kliedzdami un sacīdami: **Tu esi Kristus, Dieva Dēls**. Un Viņš, tos pārmācīdams, neļāva tiem runāt, jo tie zināja, ka Viņš ir Kristus.

Es to darīju "Viņa veidā"

(Vai cilvēki atzīst" :Tu esi Kristus, Dieva Dēls?" Nē, ja vien tas nav atklāts caur Viņa Garu.)

>NIV Lūkas ev.4:41: Un no daudziem cilvēkiem iznāca dēmoni, kliedzdami: "**Tu esi Dieva Dēls**!" Bet Viņš tos norāja un neļāva tiem runāt, jo tie zināja, ka Viņš ir Kristus.

(Izņemot " vārdu**Kristus**", dēmons neatzina Kristu kā Dieva Dēlu. Sātans nevēlas, lai cilvēki pieņemtu Jēzu kā Jehovas Glābēju, tāpēc ar dziļāku nodomu maina Dieva vārdu. Dēmons zināja, ka Jēzus ir Dievs miesā.)

Lūkas 8:48

>KJV Lk.ev.8:48: Un Viņš sacīja viņai: Meita, esi **mierīga**, tava ticība tevi ir izveseļojusi, ej mierā.

>Lk.ev.8:48: Tad viņš viņai sacīja: "Meita, tava ticība tevi ir dziedinājusi. Ej mierā."

(Esi"labs mierinājums," ir izlaists NIV. Tātad mierinājums ir pazudis, jūs nevarat būt mierināti, lasot NIV Bībeli).

Lūkas 9:55

>KJV Lk.ev.9:55: Bet Viņš, pagriezies, pārmeta tiem un sacīja: **Jūs nezināt, kāda gara esat**.

>Lk.ev.9:55: Bet Jēzus pagriezās un pārmeta viņiem.

(NIV ir svītroti šie vārdi" :**Jūs nezināt, kāda gara jūs esat**.")

Lūkas 9:56

>KJV: Lūkas 9:56: Jo **Cilvēka Dēls nav nācis pazudināt** cilvēku **dzīvības, bet gan glābt tos**. Un tie aizgāja uz citu ciemu.

NIV Lk.ev.9:56 Un tie aizgāja uz citu ciemu.

(NIV IZDZĒLĒTS: **Cilvēka Dēls nav nācis pazudināt** cilvēku **dzīvības, bet gan tos glābt**. Jēzus atnākšanas iemesls tiek iznīcināts, svītrojot šo Rakstu vietu.)

Lūkas 11:2-4

*KJV Lūkas 11:2-4: Un Viņš tiem sacīja**: Kad jūs lūdzaties, sakiet: Mūsu Tēvs, kas esi debesīs**, lai svētīts Tavs vārds! Lai nāk Tava valstība! **Lai notiek Tava griba, kā debesīs, tā arī virs zemes**. Ik dienas dod mums mūsu dienišķo maizi. Un piedod mums mūsu grēkus, jo arī mēs piedodam ikvienam, kas mums ir parādā. Un neieved mūs kārdināšanā, **bet atpestī mūs no ļaunā**.*

NIV Lūkas 11:2-4: Viņš tiem sacīja: "Kad jūs lūdzaties, sakiet: "Tēvs, lai svētīts Tavs vārds, lai nāk Tava valstība! Dod mums katru dienu mūsu dienišķo maizi. Piedod mums mūsu grēkus, jo arī mēs piedodam ikvienam, kas grēko pret mums. Un neieved mūs kārdināšanā."

(NIV nav specifiska.Viss izceltais no KJV ir izlaists no NIV un citām mūsdienu Bībeles versijām).

Lūkas ev. 17:36

KJV Lk.ev.17:36 Divi vīri būs uz lauka; vienu paņems, bet otru atstās.

(NIV, Modernā versija un Jehovas liecinieku Bībelē ir izņemta visa Svēto Rakstu vieta).

Lūkas 23:17

Lūkas 23:17: (Jo Viņam svētkos viens no viņiem bija jāatlaiž.)

Es to darīju "Viņa veidā"

(NIV, Jehovas liecinieku Bībelē un daudzās mūsdienu Bībeles versijās šī Rakstu vieta ir pilnībā izņemta.)

Lūkas 23:38

KJV Lk.ev.23:38: Un virs Viņa bija uzrakstīts __uzraksts grieķu, latīņu un ebreju valodā__: Tas ir jūdu ķēniņš.

Lk.ev.23:38: Virs viņa bija rakstīts uzraksts: ŠIS IR JŪDU ĶĒNIŅŠ.

(NIV un citos mūsdienu tulkojumos ir izņemts: "**grieķu, latīņu un ebreju valodās,**" Noņemtas liecības par tajā laikā lietotajām valodām.)

Lūkas 23:42

*KJV Lūkas 23:42: Un viņš sacīja Jēzum: **Kungs,** atceries mani, kad Tu nāksi savā valstībā.*

(Zaglis saprata, ka Jēzus ir Kungs)

Lk.ev.23:42: Tad viņš sacīja: "Jēzu, atceries mani, kad Tu nāksi savā valstībā!"

(nevēlas atzīt Jēzus kundzību)

Lūkas 24:42

*KJV Lk.ev.24:42: Un tie deva Viņam gabalu ceptas zivs un **medus kārumu**.*

Lk.ev.24:42: Viņi deva Viņam gabaliņu ceptas zivs.

(Mūsdienu Bībeles sniedz pusi no šīs informācijas. Bībeles NIV un citās Bībeles versijās trūkst " vārdaHoneycomb").

Jāņa 5:3

*KJV Jņ.ev.5:3: Tajos gulēja liels pulks bezspēcīgu ļaužu, aklu, apstulbušu, nokaltušu, kas **gaidīja, kad ūdens izdzisīs**.*

NIV Jņ.ev.Jāņa 5:3: Šeit gulēja liels skaits invalīdu - akli, klibi, paralizēti.

(Viņi izņēma informāciju, ka šajā vietā notika brīnums, "gaidot ūdens kustību".)

Jāņa 5:4

KJV: Jņ.ev.5:4: Katrs, kas pirmais pēc ūdens satricināšanas iegāja ūdenī, tika izārstēts no jebkuras slimības, kas viņam bija, jo eņģelis noteiktā laikā iegāja baseinā un satricināja ūdeni.

(NIV un mūsdienu tulkojumos, kā arī Jehovas liecinieku Bībelē šī Rakstu vieta ir pilnībā izņemta.)

Jāņa 6:47

*KJV: Jņ.ev.6:47: Patiesi, patiesi, patiesi es jums saku: kas **tic uz mani,** tam ir mūžīgā dzīvība.*

NIV: Jņ.ev.6:47: Patiesi saku jums: kas tic, tam ir mūžīgā dzīvība.

(**Believeth on me** ir mainīts uz **Believes**. Kam ticēt? Vārda Believeth beigās ir "et", kas nozīmē, ka šis vārds ir nepārtraukts. Jebkurš vārds, kura beigās ir "et", nozīmē, ka tas ir pastāvīgs, nevis tikai vienreizējs.)

Jāņa 8:9a

*KJV Jņ.ev.8:9a: Un tie, kas to dzirdēja, **savas sirdsapziņas pārliecināti**, izgāja ārā.*

Es to darīju "Viņa veidā"

NIV Jņ.ev.8:9a: tie, kas dzirdēja, sāka iet prom.

(NIV ir svītrots "**pārliecināti pēc savas sirdsapziņas** ,"jo viņi netic, ka viņiem ir sirdsapziņa.)

Jāņa 9:4a

KJV Jņ.ev.9:4a: **Man** *jādara darbi Tā, kas mani sūtījis.*

NIV Jņ.ev.9:4a: **Mums** *jādara darbs Tam, kas mani sūtījis.*

(Jēzus teica "**Es**" NIV un dažas citas versijas, mainīja "**Es**" uz "**MĒS**")

Jāņa ev. 10:30

KJV: Jņ.ev.10:30: Es un **mans** *Tēvs esam viens.*

NIV: Jņ.ev.10:30: "Es un Tēvs esam viens."

(Es un mans tēvs esam **viens,** nevis divi. "Mans tēvs" padara Jēzu par Dieva Dēlu. Tas nozīmē Dievs miesā. NIV ir svītrots "mans" un izmainīta visa Rakstu vietas nozīme.)

Jāņa ev. 16:16

KJV: Jņ.ev.16:16: Vēl mazu brīdi, un jūs mani neredzēsiet, un atkal: mazu brīdi, un jūs mani redzēsiet, ***jo es eju pie Tēva.***

NIV: Jņ.ev.16:16: "Pēc neilga laika jūs mani vairs neredzēsiet, bet pēc neilga laika jūs mani redzēsiet."

(NIV svītrots "jo es eju pie Tēva. Daudzas reliģijas tic, ka Jēzus aizgāja uz Himalajiem vai kādu citu vietu un nemira.)

Apustuļu darbi 2:30

KJV: *Apustuļu darbi 2:30: Tāpēc viņš, būdams pravietis un zinādams, ka Dievs viņam ir zvērējis, ka no viņa miesas augļiem* ***uzcels Kristu, lai tas sēdētu viņa tronī.***

NIV: *Bet viņš bija pravietis un zināja, ka Dievs viņam ar zvērestu bija apsolījis, ka vienu no viņa pēcnācējiem Viņš iecels savā tronī.*

(**NIV ir svītrots "Viņš uzmodinās Kristu, lai sēdētu Viņa tronī**", jo pravietojums par Jēzus atnākšanu miesā ir izdzēsts.)

Apustuļu darbi 3:11

KJV: *Apustuļu darbi3:11: Un, kad* ***dziedinātais klibs*** *turēja Pēteri un Jāni, visi ļaudis skrēja pie viņiem uz priekšnamu, ko sauc par Salamana namu, un brīnījās.*

NIV: *Apustuļu darbi3:11: Kamēr ubags turējās pie Pētera un Jāņa, visi ļaudis brīnījās un skrēja pie viņiem uz vietu, ko sauca par Salamana kolonādi.*

("**klibs, kas tika dziedināts**" ir šī Rakstu fragmenta galvenā daļa, bet NIV to ir izdzēsis).

Apustuļu darbi 4:24

KJV: *Apustuļu darbi 4:24: To dzirdēdami, viņi vienprātīgi pacēla savu balsi uz Dievu un sacīja: "Kungs,* ***Tu esi Dievs,*** *kas esi radījis debesis, zemi, jūru un visu, kas tajās ir.*

NIV: *Apustuļu darbi 4:24: To dzirdēdami, viņi kopīgi pacēla savas balsis lūgšanā Dievam. "Kungs," viņi sacīja, "Tu esi radījis debesis, zemi un jūru, un visu, kas tajās ir.*

Es to darīju "Viņa veidā"

(NIV un mūsdienu tulkojumos svītrots "tu esi Dievs". Neatzīstot vienīgo patieso Dievu, kurš ir darījis brīnumu.)

Apustuļu darbi 8:37

> *KJV: Apustuļu darbi 8:37: Un Filips sacīja: "Ja tu tic no visas sirds, tu vari. Un viņš atbildēja un sacīja: Es ticu, ka Jēzus Kristus ir Dieva Dēls.*

(NIV un mūsdienu Bībeles versijas ir pilnībā izņēmušas šo rakstu vietu).

Mūsdienu Bībeles versijās vārds "Skolotājs" ir svītrots un aizstāts ar " vārduskolotājs", kas Jēzu nostāda vienā klasē ar visiem citu reliģiju skolotājiem. Šādu izmaiņu iemesls galvenokārt ir saistīts ar ekumenisko kustību, kas apgalvo, ka nedrīkst Jēzu uzskatīt par vienīgo glābšanas ceļu, jo tas pazemo visas citas ticības, kuras netic, ka Jēzus ir mūsu vienīgais un patiesais Glābējs. Piemēram, hinduisti un lielākā daļa citu austrumu reliģiju.

Apustuļu darbi 9:5

> *KJV Ap.d.9:5: Un viņš sacīja: Kas Tu esi, Kungs? Un Kungs sacīja: Es esmu Jēzus, kuru tu vajā;* **tev ir grūti sist pret dūrieniem***.*

> *NIV: Apustuļu darbi 9:5: Kas Tu esi, Kungs?" Sauls jautāja. "Es esmu Jēzus, kuru tu vajāji," viņš atbildēja.*

(NIV un mūsdienīgajos tulkojumos svītrots teikums "**tev ir grūti cīnīties pret dūrieniem**"." (NIV un mūsdienīgajos tulkojumos ir svītrots teikums "**tev ir grūti cīnīties pret dūrēm**". Tas nozīmē, ka, svītrojot visu šo Rakstu vietu, viņi nespēs uzvarēt.)

Apustuļu darbi 15:34

> *KJV: Tomēr Sīlam patika tur palikt.*

(NIV Bībelē un citos mūsdienu Bībeles tulkojumos šī Rakstu vieta ir izņemta.)

Apustuļu darbi 18:7

KJV Ap.d.18:7: *Un viņš no turienes aizgāja un iegāja kāda [cilvēka] namā, vārdā Justs, kas pielūdza Dievu un* **kura nams bija cieši saistīts ar sinagogu**.

NIV: *Apustuļu darbi 18:7: Tad Pāvils izgāja no sinagogas un aizgāja blakus uz Dieva pielūdzēja Tīcija Justa māju.*

("**kura māja bija cieši saistīta ar sinagogu**" ir svītrots)

Ap.d.23:9b.

KJV...**Nekarosimies pret Dievu**

(NIV, mūsdienu Bībele un Jehovas liecinieku Bībele ir svītrojuši "**Nekarosimies pret Dievu**" Iemesls ir acīmredzams, ir cilvēki, kas uzdrošinās cīnīties pret Dievu.)

Apustuļu darbi 24 :7

KJV: *Apustuļu darbi 24:7: Bet virspavēlnieks Līsija nāca pret mums un ar lielu vardarbību izrāva viņu no mūsu rokām,*

(NIV un mūsdienu Bībeles versijās šī Rakstu vieta ir pilnībā izņemta.)

Apustuļu darbi 28:29

KJV: *Kad viņš šos vārdus bija sacījis, jūdi aizgāja un savā starpā daudz sprieda.*

Es to darīju "Viņa veidā"

(NIV un citās Bībeles versijās šī Rakstu vieta ir pilnībā izņemta. Redziet, tur bija konflikts. Pārdomas bija par to, kas bija Jēzus? Tāpēc ir nepieciešams izņemt šo Rakstu vietu.)

Romiešiem 1:16

*KJV: Jo es nekaunos par **Kristus** evaņģēliju, jo tas ir Dieva spēks pestīšanai ikvienam, kas tic, vispirms jūdam un arī grieķim.*

NIV: Es nekaunos par evaņģēliju, jo tas ir Dieva spēks par pestīšanu ikvienam, kas tic: vispirms jūdam, pēc tam pagānam.

(NIV ir svītrots " vārdsKristus evaņģēlijs" un saglabāts tikai vārds "Evaņģēlijs". Lielākā daļa uzbrukumu ir vērsti pret Jēzu kā Kristu. Evaņģēlijs ir Jēzus Kristus nāve, apbedīšana un augšāmcelšanās. Nav vajadzības pēc šīs Rakstu vietas.)

Romiešiem 8:1

*KJV: Romiešiem 8:1: Tāpēc tagad nav nosodījuma tiem, kas ir Kristū Jēzū**, kas nestaigā pēc miesas, bet pēc Gara**.*

NIV: Vēstulē romiešiem 8:1: Tāpēc tiem, kas ir Kristū Jēzū, tagad nav nekādas nosodīšanas.

("**kas nestaigā pēc miesas, bet pēc Gara**." ir izņemts no NIV, lai jūs varētu dzīvot tā, kā vēlaties.)

Romiešiem 11:6

*KJV: Romas 11:6 Un, ja no žēlastības, tad tā vairs nav no darbiem, citādi žēlastība vairs nav žēlastība. **Bet ja no darbiem, tad tā vairs nav žēlastība, citādi darbs vairs nav darbs.***

NIV: Romas 11:6 Un, ja no žēlastības, tad vairs ne no darbiem; ja tā būtu, tad žēlastība vairs nebūtu žēlastība.

("Bet ja tas ir no darbiem, tad tā vairs nav žēlastība; citādi darbs vairs nav darbs.") Daļa Rakstu ir izņemta no NIV un citām versijām.)

Rom.13:9b

KJV: Romiešiem13:9b: **Tev nebūs liecināt nepatiesu liecību**

(NIV šie vārdi ir izņemti no Rakstiem. Bībelē ir teikts: nepievieno, neatņem).

Romiešiem 16:24

KJV: Vēstulē romiešiem 16:24: Mūsu Kunga Jēzus Kristus žēlastība lai ir ar jums visiem. Amen.

NIV: Romiešiem 16:24: (NIV un citas mūsdienu Bībeles šo vietu ir pilnībā izņēmušas.)

1.Korintiešiem 6:20

KJV:1Korintiešiem 6:20: Jo jūs esat dārgi nopirkti, tādēļ slavējiet Dievu savā miesā **un garā, kas pieder** *Dievam.*

NIV:1.Korintiešiem 6:20: Jūs esat izpirkti par dārgu cenu. Tāpēc godiniet Dievu ar savām miesām.

(Mūsdienu Bībelē un Bībelē ir svītroti " vārdiun jūsu garā, kas pieder Dievam." Mūsu miesa un gars pieder Kungam.)

1.Korintiešiem 7:5

KJV:1.Korintiešiem 7:5: Ja vien jūs viens otru neapkrāpjat, tad tikai ar piekrišanu uz kādu laiku, lai jūs varētu nodoties **gavēnim un lūgšanai**, *un atkal sanāciet kopā, lai sātans jūs nevilinātu par jūsu nesavaldību.*

Es to darīju "Viņa veidā"

*1.Korintiešiem 7:5: Lai jūs varētu veltīt sevi **lūgšanai**, neatņemiet viens otram neko, izņemot, ja vien savstarpēji vienojaties un uz kādu laiku. Tad atkal sanāciet kopā, lai sātans jūs nevilinātu, ka jūs nekontrolējat sevi.*

(NIV un mūsdienu Bībeles versijās ir svītrots " vārdsgavēšana", jo tas ir domāts sātana stipru ieroču nojaukšanai. Gavēšana arī nogalina miesu.)

2. Korintiešiem 6:5

*KJV:2.Korintiešiem 6:5: Rāpotās, cietumos, nemieros, darbos, nomocās**, gavēnos**;*

*NIV:2.Korintiešiem 6:5: kautiņos, cietumos un nemieros, smagā darbā, negulētās naktīs un **badā**;*

(**Gavēšana nav bads, bet** gan patiesības vārda maiņa. Velns nevēlas, lai jums būtu ciešākas, spēcīgākas, dziļākas attiecības ar Dievu. Atcerieties, ka ķēniņiene Estera un jūdi gavēja, un Dievs atdeva sātana plānu atpakaļ ienaidniekam).

2. Korintiešiem 11:27

*KJV: 2Korintiešiem 11:27: Nogurumā un sāpēs, biežos nomocījumos, badošanās, badā un slāpēs**, biežos gavēnos**, aukstumā un kailumā.*

NIV:2Korintiešiem 11:27: Es esmu strādājis un cēlies, un bieži esmu bijis bez miega; es esmu pieredzējis badu un slāpes, un bieži esmu bijis bez ēdiena; es esmu bijis auksts un kails.

(Atkal jāatgādina, ka Bībeles NIV un mūsdienu Bībeles versijās gavēšana nav iekļauta.)

Efeziešiem 3:9

*KJV Efeziešiem 3:9: Lai visi cilvēki redzētu, kāda ir tā noslēpuma sadraudzība, kas no pasaules pirmsākumiem ir apslēpts Dievā, kurš **visu** radīja **caur Jēzu Kristu**:*

NIV Efeziešiem 3:9:9:un lai ikvienam atklātu šī noslēpuma pārvaldīšanu, kas no seniem laikiem bija apslēpts Dievā, kas visu radījis.

(NIV un citās Bībeles versijās ir svītroti " vārdi**visas lietas caur Jēzu Kristu**". Jēzus ir Dievs, un Viņš ir visa Radītājs).

Efeziešiem 3:14

*KJV: Efeziešiem 3:14: Tāpēc es noliecu ceļus **mūsu Kunga Jēzus Kristus** Tēvam,*

NIV:Efeziešiem 3:14: Tāpēc es ceļos Tēva priekšā,

*("**mūsu Kunga Jēzus Kristus**" ir svītrots no NIV un citām versijām. Tas ir pierādījums tam, ka Jēzus ir Dieva Dēls. "Dieva Dēls" ir varens Dievs miesā, kas nāca izliet asinis par jums un mani. Atcerieties, ka sātans tic, ka ir viens Dievs, un trīc. Jēkaba 2:19)*

Efeziešiem 5:30

*KJV:Efeziešiem 5:30:Jo mēs esam Viņa miesas locekļi, no Viņa miesas un **no Viņa kauliem**.*

NIV:Efeziešiem 5:30:jo mēs esam Viņa miesas locekļi.

("**No miesas un no viņa kauliem**". Daļa Rakstu ir izņemta no Bībeles NIV un daudzām citām Bībeles versijām.)

Es to darīju "Viņa veidā"

Kolosiešiem 1:14

*KJV:Kolosiešiem 1:14: Viņā mums ir pestīšana **caur Viņa asinīm**, grēku piedošana:*

Vēstulē kolosiešiem 1:14: Viņā mums ir pestīšana, grēku piedošana.

*("**caur Viņa asinīm**" - Jēzus tiek saukts par Dieva Jēru, kas nāca, lai atņemtu šīs pasaules grēkus. Izpirkšana notiek **tikai** caur asinīm. Bez asins izliešanas nav grēku piedošanas Ebr.9:22. Tāpēc mēs kristāmies Jēzus vārdā, lai uzklātu Viņa asinis uz mūsu grēkiem.)*

1.Tim.3:16b

*KJV:1.Tim.3:16b: **Dievs** parādījās miesā.*

*1.Tim.3:16b: **Viņš** parādījās miesā.*

(Vai mēs visi neparādāmies kādā ķermenī? NIV un lielākā daļa mūsdienu versiju saka, ka "viņš" parādījās miesā. Nu, arī es parādos ķermenī. "Viņš" kas? Iepriekš minētajā pantā viņi atkal maina formulējumu, lai "Viņš" būtu cits dievs. Bet KJV mēs skaidri redzam : "Un bez pretrunām liels ir dievbijības noslēpums: "**Dievs** ir parādījies miesā." Dievs ir tikai viens. Tāpēc Jēzus teica, ka, ja jūs esat redzējuši Mani, jūs esat redzējuši Tēvu. Tēvs ir gars, un jūs nevarat redzēt garu. Bet garu, kas tērpies miesā, jūs varat redzēt.)

*Apustuļu darbi 20:28b saka: lai pabarotu **Dieva draudzi**, ko Viņš ir ieguvis ar **savām asinīm**.*

Dievs ir gars, un, lai Viņš varētu izliet asinis, Viņam ir nepieciešams miesa un asinis. **Viens Dievs, kas tērpies** miesā.

Vienkāršs piemērs: Ledus, ūdens un tvaiks - viena un tā pati lieta, bet atšķirīga izpausme.

KJV 1.Jāņa 5: 7: *"Jo trīs ir, kas apliecina debesīs: Tēvs, Vārds un Svētais Gars, un šie **trīs ir viens**."*

Dievs, Jēzus (Vārds, kas kļuvis miesa) un Svētais Gars ir viens, nevis trīs. (1.Jņ.ev.5:7 ir pilnībā izņemts no NIV un citiem pašreizējiem tulkojumiem.)

2. Timotejam 3:16

KJV: *2.Tim.3:16:* **Visi** *Raksti ir Dieva iedvesti un derīgi mācībai, atmaskošanai, labošanai un pamācībai taisnībā:*

ASV: *2.Tim.3:16:* **Visi** *Dieva iedvesmotie Raksti ir noderīgi arī mācībai.*

(Šeit viņi izlems, kurš no tiem ir un kurš nav.) Par ķecerību soda ar nāvi.)

1 Tesaloniķiešiem 1:1

KJV: *1 Tesaloniķiešiem 1:1: Pāvils, Silvāns un Timotejs tesaloniķiešu draudzei, kas ir Dievā Tēvā un Kungā Jēzū Kristū: Žēlastība jums un miers **no Dieva, mūsu Tēva, un Kunga Jēzus Kristus**.*

NIV: *1 Tesaloniķiešiem 1:1: Pāvils, Sīla un Timotejs, Tesaloniķiešu draudzei Dievā Tēvā un Kungā Jēzū Kristū: Žēlastība jums un miers.*

("no Dieva, mūsu Tēva, un Kunga Jēzus Kristus." ir izņemts no mūsdienu tulkojumiem un NIV.)

Ebrejiem 7:21

KJV: (***Jo tie priesteri tika iecelti bez zvēresta,*** *bet šis ar zvērestu, ko deva tas, kas viņam sacīja: "Kungs zvērēja un nenožēlos: Tu esi priesteris mūžīgi **pēc Melhisedeka kārtas"**):*

Es to darīju "Viņa veidā"

NIV: *Viņš kļuva par priesteri ar* **zvērestu**, *kad Dievs viņam sacīja: "Tas Kungs ir zvērējis un nemainīs savu prātu: 'Tu esi priesteris mūžīgi.'"*

(NIV ir svītrots teikums "Jo šie priesteri tika iecelti bez zvēresta" un "pēc Melhisedeka kārtas".)

Jēkaba 5:16

KJV: *Jēkaba 5:16: Atzīstieties cits citam savos* **grēkos** *un lūdzieties cits par citu, lai jūs tiktu dziedināti. Daudz ko dod taisna cilvēka dedzīga lūgšana.*

NIV: *Jēkaba 5:16: Tāpēc izsūdziet cits citam savus* **grēkus** *un lūdzieties cits par citu, lai jūs tiktu dziedināti. Taisna cilvēka lūgšana ir spēcīga un efektīva.*

(**Kļūdas pret grēkiem**: Grēki: Grēki, kurus tu atzīsti Dievam, jo Viņš vienīgais var piedot. Vārda "vainas" aizstāšana ar "grēki" palīdz atbalstīt katoļu uzskatu par "grēku" atzīšanu priesterim.)

1 Pētera 1:22

KJV: *1 Pētera 1:22: Kad jūs esat šķīstījuši savas dvēseles, paklausīdami patiesībai* **caur Garu**, *uz neviltotu brāļu mīlestību, raugieties, lai jūs mīlētu cits citu* **no tīras sirds un dedzīgi**:

NIV: *Pētera 1:22: Tagad, kad esat šķīstījušies, paklausīdami patiesībai, lai jūs patiesi mīlētu savus brāļus, mīliet cits citu no sirds.*

("**caur Garu uz**" un "**šķīsta sirds dedzīgi**" ir izņemts no NIV un citām mūsdienu versijām.)

1 Pētera 4:14

*KJV:1.Pēt.4:14: Ja jūs tiekat apgrēcināti Kristus vārda dēļ, jūs esat laimīgi, jo godības un Dieva gars ir pār jums, jo **<u>no viņu puses par Viņu runā ļaunu, bet no jūsu puses Viņš tiek slavēts</u>**.*

1.Pēt.4:14: Ja jūs tiekat apvainoti Kristus vārda dēļ, tad jūs esat svētīti, jo uz jums gulstas godības un Dieva gars.

("**<u>no viņu puses par Viņu runā ļaunu, bet no jūsu puses Viņš tiek slavēts</u>**." ir izņemts no NIV un citām mūsdienu versijām.)

1 Jāņa 4:3a

*KJV:1 Jāņa 4:3a: Un katrs gars, kas neizsūdz, ka Jēzus **<u>Kristus ir nācis miesā</u>**, nav no Dieva.*

1.Jņ.ev.4:3a: Bet katrs gars, kas neatzīst Jēzu, nav no Dieva.

("**<u>Kristus ir nācis miesā</u>**") Izņemot šos vārdus, NIV un citas versijas pierāda, ka tās ir antikristiskas.)

1 Jāņa 5:7-8

*KJV: Jņ.ev.5:7: **<u>Jo trīs ir, kas apliecina debesīs: Tēvs, Vārds un Svētais Gars, un šie trīs ir viens.</u>***

(Noņemts no NIV)

KJV: Jņ.ev.5:8: Un ir trīs, kas liecina virs zemes: Gars, ūdens un asinis, un šie trīs ir vienoti.

*NIV: 1 Jāņa 5:7, 8: **<u>Jo ir trīs, kas liecina</u>**: 8 Gars, ūdens un asinis, un tie trīs ir vienprātībā.*

Es to darīju "Viņa veidā"

(Šis ir viens no VELĀKIEM pantiem, kas liecina par Dievišķību. Viens Dievs, nevis trīs dievi. **Trīsvienība** nav bibliska. Vārda **Trīsvienība** nav Bībelē. Tāpēc NIV, mūsdienu Bībeles versijas un Jehovas liecinieki to ir izlaiduši no šī panta. Viņi netic dievišķībai un netic, ka Jēzū miesīgi mājo visa dievišķības pilnība. Bībelē nav nekādu sakņu vai pierādījumu, kas liecinātu par to, ka tiek atzīta **Trīsvienība**. Kāpēc NIV to izlaiž...? Par manuskriptu liecībām, kas pamato šī panta iekļaušanu Bībelē, ir sarakstītas veselas grāmatas. Vai jūs ticat dievgalvībai? Ja jā, tad šai svītrojumam vajadzētu jūs aizvainot. Jēzus nekad nav mācījis par Trīsvienību, un Viņš to nekad nav pieminējis. Sātans sadalīja vienu Dievu, lai varētu šķelt cilvēkus un valdīt).

1 Jāņa 5:13

*KJV:1John 5:13: To es jums, kas ticat Dieva Dēla vārdam, esmu rakstījis, lai jūs zinātu, ka jums ir mūžīgā dzīvība, **un lai jūs ticētu Dieva Dēla vārdam**.*

NIV:1Jāņa 5:13: Es to rakstu jums, kas ticat Dieva Dēla Vārdam, lai jūs zinātu, ka jums ir mūžīgā dzīvība.

("**un lai jūs ticētu Dieva Dēla vārdam**.") Ir izņemts no NIV un citiem mūsdienu tulkojumiem).

Atklāsmes 1:8

*KJV: Atklāsmes 1:8: Es esmu Alfa un Omega, **sākums un gals**, saka Tas Kungs, kas ir, kas bija un kas nāks, Visvarenais.*

NIV: Atklāsmes 1:8: "Es esmu Alfa un Omega," saka Kungs Dievs, "kas ir, kas bija un kas nāks, Visvarenais."

(NIV svītrots **sākums un beigas**)

Atklāsmes 1:11

*KJV:Atklāsmes grāmata 1:11:11:<u>**sacīdams: "Es esmu Alfa un Omega, pirmais un pēdējais, un, ko tu redzi, uzraksti grāmatā un aizsūti septiņām Āzijas draudzēm**</u>, Efezā, Smirnā un <u>**Āzijā**</u>. Pergamos, Tiatīrai, Sardai, Filadelfijai un Laodikejā.*

NIV: Atklāsmes 1:11: kas saka: "Uzraksti uz ruļļa, ko redzi, un aizsūti to septiņām draudzēm: Efezai, Smirnai, Pergāmai, Tiatīrai, Sardai, Filadelfijai un Laodikejā."

(Alfa un Omega, sākums un gals, pirmais un pēdējais; šie tituli Vecajā Derībā ir doti Dievam Jehovam, bet Atklāsmes grāmatā tie ir doti arī Jēzum.) Taču NIV un citas mūsdienu versijas to ir svītrojušas no Atklāsmes grāmatas, lai pierādītu, ka Jēzus nav Dievs Jehova).

Atklāsmes gr.5:14

*KJV:Atklāsmes gr.5:14: Un **<u>četri zvēri</u>** sacīja: "Amen! Un **<u>divdesmit četri un divdesmit</u>** vecākie krita un pielūdza To, **<u>kas ir dzīvs mūžīgi mūžos</u>**.*

NIV: Atklāsmes grāmata: Atklāsmes grāmatā 5:14: Četras dzīvās radības sacīja: "Amen!" Un vecākie krita un pielūdza.

(NIV un citas versijas sniedz tikai pusi no šīs informācijas. "**<u>četri zvēri</u>**", mainīts uz četras radības, "**<u>četri un divdesmit</u>**" ,**kas dzīvo mūžīgi mūžos**" ir izņemts.)

Atklāsmes 20:9b

*KJV: Atklāsmes grāmatā: Atklāsmes gr. 20:9b: Uguns nāca **<u>no Dieva</u>** no debesīm.*

NIV: Atklāsmes grāmatā 20:9b: Uguns nolaidās no debesīm

Es to darīju "Viņa veidā"

(NIV un citās versijās "**no Dieva**" ir svītrots.)

Atklāsmes gr.21:24a

KJV: *Atklāsmes grāmatā 21:24a: Un tās tautas, kas **izglābtas**, staigās tās gaismā.*

NIV: *Atklāsmes grāmatā 21:24a: Tautas staigās tās gaismā.*

("**no tiem, kas izglābti**" ir svītrots no Bībeles NIV un mūsdienu Bībeles versijām. Ne visi dosies uz debesīm, bet tikai tie, kas ir glābti.)

2 Samuēla 21:19

KJV: *2 Samuēla 21:19: Un atkal bija kauja Gobā ar filistīnieši, kur Betlēmes iedzīvotājs Elhanans, Jaareoregimes dēls, nogalināja gītieša **Goliāta brāli**, kura šķēpa kāts bija kā audēja sijas.*

*2.Sam.gr.21:19: Citā kaujā ar filistīniešiem pie Gobas Betlēmes Betlēmes Jāare-Oregima dēls Elhanans **nogalināja** getieti **Goliātu**, kuram bija šķēps ar kātu, kas līdzinājās audēja stienim.*

(Šeit tika nogalināts Goliāta brālis, nevis Goliāts. "Dāvids nogalināja Goliātu." NIV nepareizi atspoguļo informāciju.)

Hozejas 11:12

KJV: **Bet Jūda vēl valda ar Dievu un ir uzticīgs ar svētajiem.**

NIV: *Efraima apmet mani ar meliem, Israēla nams ar viltību. Un Jūda ir **nepaklausīgs pret** Dievu, pat **pret** uzticamo Svēto.*

(*Bībeles Svēto Rakstu tekstā šī Rakstu vieta ir sagrozīta, sagrozot vārda nozīmi.*) *Vārds "Jehova" Bībelē ir pieminēts četras reizes. NIV tie visi ir svītroti. Ņemot vērā, ka NIV Bībelē ir veiktas smalkas IZMAIŅAS, sātana misija kļūst skaidra. No iepriekš minētajām*

Elizabete Das

Rakstu vietām jūs varat redzēt, ka uzbrukums ir vērsts pret Jēzu. Tituli Dievs, Mesija, Dieva Dēls un Radītājs padara Jēzu par Dievu. Noņemot šos titulus, apjukums liek zaudēt interesi un neuzticēties Dieva vārdam. (1.Kor.14:33 Jo Dievs nav apjukuma, bet gan miera autors.)

Jehovas liecinieku Bībelē (Jaunajā pasaules tulkojumā) ir tādi paši svītrojumi kā Bībelē. Vienīgā atšķirība starp NIV un Jaunās pasaules tulkojuma svītrojumiem ir tā, ka Jehovas liecinieku Bībelē nav zemsvītras piezīmju! Šīs metodes jūs padara nejūtīgus pret smalkajām izmaiņām, kas pakāpeniski un nepārtraukti tiek veiktas Dieva Vārdā.

Mūsdienu aizņemtā un slinkā paaudze ir ietekmējusi daudzus kristiešu, kas apliecina, ka ir pieņēmuši slinkuma garu. Tas ir grūts darbs - veltīt laiku, lai studētu un pārliecinātos, ka mums sniegtā informācija ir patiesa. Mēs esam kļuvuši pārāk aizņemti ar ikdienas dzīvi, kas ir pilna ar mazsvarīgiem notikumiem un lietām. Mūsu prioritātes attiecībā uz to, kas patiešām ir svarīgs mūžīgajai dzīvei, ir atšķaidītas un sajauktas. Mēs pieņemam lielāko daļu mums sniegtās informācijas, nešauboties par to, vai tā ir valdības, medicīnas, zinātnes informācija, pārtikas produktu saturs un saraksts ir ļoti garš.

Daudzas mūsdienu Bībeles versijas ir sarakstījuši cilvēki, kas stāsta savu interpretāciju un doktrīnu, nevis to, kas patiešām ir rakstīts Bībeles manuskriptos. Piemēram, "dzimumu iekļaušana" nebija oriģinālajos manuskriptos. Tas ir mūsdienu feminisma jēdziens, kas radies REBELIJAS rezultātā. Es mudinu jūs iegādāties Bībeli karaļa Jēkaba versijā. Ja lasāt mūsdienu Bībeli, veltiet laiku, lai salīdzinātu Svētos Rakstus; vēlēsieties pieņemt pareizo lēmumu. Mēs būsim atbildīgi par saviem lēmumiem. Atšķirība starp nokļūšanu Debesīs vai ellē ir pietiekams iemesls, lai pārliecinātos, ka jūs izvēlaties Viņa Vārdu! Atcerieties, ka Jaunajā starptautiskajā versijā ir svītroti daudzi vārdi, piemēram: Dievišķība, atjaunošana, piedošana, nemainīgs, Jehova, Golgāta, žēlastības krēsls, Svētais Gars, Mierinātājs, Mesija, atdzīvināts, visvarenais, nekļūdīgs utt. Lielākā daļa mūsdienu Bībeles

Es to darīju "Viņa veidā"

ir cieši saistīta ar NIV, kā arī ar Jaunās pasaules tulkojuma Bībeli (Jehovas liecinieku Bībeli).

Tas ir Antikrista darbs....(Šādi Raksti ir ņemti no KJV)

> *Bērniņi, ir pēdējais laiks, un, kā jūs esat dzirdējuši, ka nāks **antikrists**, arī tagad ir daudz **antikristu**, tādēļ mēs zinām, ka ir pēdējais laiks. (1.Jāņa 2:18)*

> *Kas cits ir melis, ja ne tas, kas noliedz, ka Jēzus ir Kristus? Tas ir **antikrists**, kas noliedz Tēvu un Dēlu. (1.Jāņa 2:22)*

> *Un katrs gars, kas neizsūdz, ka Jēzus Kristus ir nācis miesā, nav no Dieva, un tas ir **antikrista** gars, par ko jūs esat dzirdējuši, ka tam jānāk, un pat tagad tas jau ir pasaulē. (1.Jāņa 4:3)*

> *Jo daudzi maldinātāji ir ienākuši pasaulē, kas neatzīst, ka Jēzus Kristus ir nācis miesā. Tas ir maldinātājs un **antikrists**. (2.Jāņa 1:7)*

Tas mums atgādina " parSēklas līdzību", kas ir "Dieva vārds" Bībelē

Vēl citu līdzību viņiem sacīja: "Debesu valstība līdzinās cilvēkam, kas savā laukā sēj labu sēklu. Bet, kamēr cilvēki gulēja, ienāca viņa ienaidnieks, iesēja ražu starp kviešiem un aizgāja. Bet, kad asna bija izaugusi un nesusi augļus, tad parādījās arī rauši. Tad pienāca saimnieka kalpi un sacīja viņam: "Kungs, vai tu savā laukā neesi sējis labu sēklu, no kurienes tad tās asaras? Viņš tiem sacīja: ienaidnieks to ir darījis. Un kalpi viņam sacīja: Vai tad tu gribi, lai mēs ejam un savācam tos? Bet Viņš sacīja: Nē, lai, vācot ražu, jūs kopā ar to neiznīdētu arī kviešus. Ļaujiet abiem augt kopā līdz pļaušanai; un

Elizabete Das

pļaujas laikā Es sacīšu pļāvējiem: Vispirms savāciet ražu un sasieniet tās saišķos, lai sadedzinātu, bet kviešus savelciet manā kūtī. Amen!
(Mateja 13:24-30)

AMEN!

www.ingramcontent.com/pod-product-compliance
Lightning Source LLC
Chambersburg PA
CBHW062157080426
42734CB00010B/1722